法治需求及其動力

孙笑侠 著

法律出版社

作者简介

孙笑侠　1963年8月出生，浙江温州人。教育部“长江学者”特聘教授，复旦大学特聘教授、法学院院长、博士生导师。中国社会科学院法学博士，哈佛大学高级访问学者。从事法理学–法哲学、司法理论、法律方法及行政法学研究。代表作有《程序的法理》（2005）、《法律对行政的控制》（1999）、《法的现象与观念》（1995）。在《中国社会科学》《法学研究》《中国法学》等刊物发表文章近百篇。

本研究得到教育部“长江学者”特聘教授项目、国家211计划“转型期法治的理论、制度与实践”项目、司法部“中国法治与法学理论项目”（先发地区先行法治化的理论与实践）、复旦大学法学院出版基金的资助，是这些项目的部分研究成果，谨此致谢。

目　录

三、法治内在合理性

四、法治与公法秩序

五、法治的细节

序：法治，有需求才有动力

一

2007 年至 2012 年，这五年是当下中国法治重新启动的原点。而这五年中的 2008 年，注定成为中国历史上一个重要的年份。这不仅因为 2008 年是十七大换届后开启的元年，还因为 2008 年是中国社会转型期的制度断层、矛盾爆发、乱象丛生的最具代表性的一年。我整理了这一年较为典型的乱象：

1 月 1 日《劳动合同法》正式施行，劳动力成本上升使中小型企业面临严峻挑战。1 月 10 日开始，中国华中、华南遭遇持续大规模雪灾，损失重大。

3 月 14 日拉萨发生打砸抢烧犯罪事件。3 月，刘铁男担任国家发展和改革委员会党组成员、副主任。

4 月 28 日安徽省阜阳市 3321 名儿童感染 EV71，22 人经全力抢救无效死亡。

5 月 3 日北京奥运会圣火结束历经艰难的境外传递。

5 月 12 日四川省汶川县发生里氏 8.0 级特大地

震,共造成69,227人遇难,374,643人受伤,17,923人失踪。5月22日,“许霆ATM机盗窃案”改判,自3月以来的沸沸扬扬的争议就此告一段落。5月29日,周永康主政的中央政法委通知要求在“大学习、大讨论”活动中,要集中抓好九项教育培训工作。

6月13日孝义安信煤业主井底发生炸药爆炸事故。6月21日正式在重庆市大中小学生中传唱市委书记薄熙来亲自推荐的27首经典革命歌曲。6月25日,“打黑英雄”王立军从辽宁空降到重庆。6月28日贵州爆发瓮安群体事件。6月29日陕西省政府新闻发布会公布“华南虎照”作假结论。

7月1日,杨佳手持利刃在上海闸北区政法办公大楼行凶,致6死4伤。7月19日,云南孟连橡胶林数百名胶农手持器械与警察发生冲突达11个小时,2名群众死亡,41名民警和19名群众受伤,9辆执行任务车辆不同程度损毁。

8月4日,喀什发生暴力恐怖袭警案。

9月8日——山西襄汾发生尾矿库溃坝事件,造成277人死亡,33人受伤,4人失踪。9月11日——三鹿牌婴幼儿奶粉被曝光,“三聚氰胺”导致婴儿食用后患上肾结石,6244例患儿中4例死亡。9月15日——前世界第四大投行,百年老字号雷曼兄弟公司于纽约南区法院递交破产申请,正式宣告破产。美国次贷危机至此演变为百年一遇的全球金融危机,随后中国出现“金融危机”。

10月国庆长假后,浙江绍兴政府方面透露江龙控股集团有限公司陷入了资金链危机,濒临倒闭,董事长失踪。10月21日,重庆市公安局通报夏季社会治安综合整治行动战果,为期80余天的整治行动中,全市公安共破获刑事案件32,771起,执行逮捕9512人。10月23日,中国人从南京中级法院宣判中获悉:苏州市原副市长姜人杰受贿金额达到1亿多元人民币的信息。10月29日晚上6点40分左右,中国政法大学教授程春明被学生用菜刀杀死在教室。

11 月 17 日，甘肃省陇南市武都区东江镇 30 多名拆迁户集体上访陇南市委，69 名武警、2 名民警和 3 名记者被打伤，砸烧房屋 110 间、车辆 22 辆，上访人数增加到 200 多人，围观群众超过 1000 人。11 月 17 日，北京大学教授贺卫方调往浙江大学受阻，引发社会强烈关注和议论。11 月 21 日，华东政法大学杨师群教授透露被举报“反革命”风波：两名大学生到上海市公安局和市教委检举他在上课时有批评政府等内容，被有关部门立案侦查。

俗话说“三十年河东，三十年河西”。从 1949 年到 1978 年，再从 1978 年到 2008 年，中国的许多事都是以 30 年为周期的。

在公元 2008 年这一年中，除了自然灾害、经济危机、政治事件、犯罪乱象、工程事故、思潮纷争等，还有频频爆发并席卷全国的群体事件。群体事件从 2007 年的 23 起发展到 2008 年的 78 起，2008 年是之后五年群体事件波浪线上升的起点。[1] 其中 2008 年 6 月的贵州瓮安“6·28 事件”是最典型的。[2] 从此以后群体事件数量成倍上涨。根据中国社

---

〔1〕 2008 年因北京奥运会，信访在严防死守的情况下，仅公安部信访办共受理群众来信来访，仍然有 46571 件（起），同比只下降 23.4%。尽管 2008 年是严防死守的一年，但是群体事件不断。发生在 2008 年内的 78 起群体性事件中，规模大影响广的至少包括：贵州瓮安 6·28 事件、陕西府谷县 7·5 警民抢尸事件、广东惠州 7·17 骚乱事件、云南孟连 7·19 事件、云南丽江 8·4 环保纠纷事件、川渝 9～10 月教师罢课事件、湖南吉首 9·3 非法集资事件、重庆巫溪 9·19车祸事件、河北廊坊 10·19 铁路征地事件、江西铜鼓 10·24 山林纠纷事件、重庆出租车 11·3 罢运事件、深圳宝安区 11·7 对讲机砸人事件、湖北武汉 11·18 下岗职工上访事件、甘肃陇南事件、重庆开县 11·21 村民煤矿冲突事件、广东东莞 11·25 劳资纠纷事件。参见杨琳、张芝云：《群体性事件推动反思》，载《瞭望新闻周刊》2008 年 12 月 22 日。

〔2〕 有关媒体对这起群体性事件真相的探究发现，在瓮安事件的背后是当地干部经商办企业现象的普遍化，是矿产资源开发、移民安置、建筑拆迁、国企改制中侵犯群众利益等诸多问题的长期积累沉淀，是社会治安恶化、社会管理失控、公共服务缺失，更是党群、干群、警民关系的紧张。参见杨琳、张芝云：《群体性事件推动反思》，载《瞭望新闻周刊》2008 年 12 月 22 日。

会科学院法学研究所课题组的调查,仅以100人以上的群体事件为统计对象,2009年91起、2010年163起、2011年172起、2012年209起。[1] 然后就是重庆王立军出走牵出那部"系列剧",以及十八大之后查处薄熙来、周永康,总结沉痛教训……

许多群体性事件,往往与公民直接利益受侵犯、政府工作失误、各种利益冲突相关,民意、民怨、民愤便从一个个事案的小口喷发出来,甚至形成火山喷发之势。历时四年专项研究群体性事件的中国社科院社会学所研究员单光鼐说,"群体性事件的激烈程度比以往大大升级了","这一方面缘于信息传播手段的多元化和人民对自身权利的认知能力提高了,一些以前能够捂住的事情被掀开了盖子;另一方面也说明矛盾已经积累到了一定程度,以高破坏性的形式表现出来,必须引起高度警惕"。[2]

社会乱象的背后必有经济的背景。现在看早一年的2007年的经济形势:经济高位运行状态持续,GDP为246,619亿元,增幅为11.4%,比上年增长了0.3个百分点。全年CPI上涨了4.8%,比上年提高了3.3个百分点,2007年12月单月上涨了6.5%。全年全社会固定资产投资137,239亿元,比上年增长24.8%,加快0.9个百分点。这种GDP经济中有大量的非市场因素。20世纪90年代中后期以来,政府推动GDP造成的过热与中小型企业经济的过冷形成的二元结构形成。过热的集中在房地产、钢铁、水泥、政绩工程等,它是政治行为而非经济行为,没有真正的市场化,过热的占20%~30%,过冷的占70%~80%。这其中群体事件多数是与政府GDP经济或政绩工程相关,官员腐败也多与此

[1] 中国社会科学院法所研究所:《中国法治发展报告》,社会科学文献出版社2014年版。

[2] 单光鼐、蒋兆勇:《县级群体性事件的特点及矛盾对立》,载《领导者》2013年第29期。

相关。这从刘铁男掌握的发改委能源项目审批权的案件中可以清楚地看到,他分管经济运行调节局、产业协调司、财政金融司,直接负责能源项目的审批。从被举报到正式接受调查的5个月时间,刘铁男在离职之前审批了50多个能源项目,典型地反映了政府审批程序与行政化市场的弊端。这就是后来2013年5月中央政府提出要处理好政府与市场、政府与社会的关系的原因,强调要把该放的权力放掉,把该管的事务管好;最大限度减少对生产经营活动、一般投资项目和资质资格等的许可、审批。我为什么认为经济先发地区会有法治的需求和萌芽?就是因为市场经济的规律要求规则至上而不是行政至上、要求权利本位而不是权力本位的市场环境。

从强制拆迁引发的群体事件中可以看到两点:一是建设项目审批中的官商勾结滋生腐败,市场成了政府的市场、腐败滋生的市场。二是公民在维权中产生对法治的需求,成为法治的原动力。2007年至2012年这5年强化了这两个方面,2008年则把这两个现象凝固在了史册。它告诉我们这样的事实:从虚化法治的"和谐",到反对法治的"维稳",从虚假法治的"滥权"到反思法治的"内需",这一切都成为今天痛下决心实行法治的基础。

二

历史上,法治有虚有实,有深有浅,有真有假。但法治梦想能否成真,关键在于它是否成为真实需求,成为刚性需求。只有当法治成为社会和民众的真实需求与刚性需求,才会有自身的动力。今天的中国法治是否已经成为社会和民众的真需求?任何社会都存在多元利益主体和意见主体,唯有法治可能成为各方利益和意见的交汇点,目前这种交汇已经比较明显地交汇在了"法治"这一点上。只有法治能够成为不同利益和诉求的进行对话的平台,成为各方利益和意见能够达成共识的地方。

经过近十年的社会转型所出现的激烈冲突和自然调整,各种利益主体都在想方设法寻找一种能够替代冲突和缓解矛盾的东西。这种东西就是今天被强调被运用的法治方式。比如,广东"乌坎事件"最后的圆满解决不是通过高压强制,而是通过官方与民间各委派一名代表的平等对话,这正是一种法治的方式,我们称为"程序优先"的法治思维方式。经过17年步履艰难的变革,法治已成了百姓的真实需求、刚性需求,我们可以认为,今天中国的法治化是社会变迁和自然演进的结果。

由于依法治国或法治这些宏大词汇所具有的包容性和开放性,因而也很容易被歪曲。在20世纪90年代末的经济改革成功而政治改革缺位的背景下,提出依法治国是个明智的替代物。因为依法治国大旗之下实行法治的具体内容是可多可少,可进可退,甚至在特定的分管人物的治理之下,还可真可假的。所以在21世纪以来的十多年里,法治的实践仍处在时而进步,时而原地犹豫,时而退步。

正是因为"法治"这词汇的宏大叙事,这十多年里出现了两个误区:一是在20世纪90年代末提出法治以后,就发展出"依法治×"的词缀形式的法治,这与工具主义法治、功利主义法治默契配合。我们重复着法家式的"以法治国"却迟迟未曾察觉和醒悟。二是法治建设一度有倒退表现,甚至有假法治和反法治的表现。具体表现在:首先,用"维稳"来冲击业已确立的法治方略,用"维稳"淡化法治、制约"维权",以"警察国"的思维和方式,来取代"法治国"的思维和方式。比如,用非法手段截访、用非法手段侦查、以黑打的方式打黑等。其次,主管政法的人缺乏法治思维和法治方式。不仅不懂法律和法治,还轻视法律、蔑视法治、歪曲法治。认为与其观点不一致的,就是危险的,错误的,以至于中政委领导公然斥责法学界"只懂小技,不懂大道"。再次,轻率随意地解释或修改关于法治的大政方针,干扰司法机关依法独立公正地行使审判权,审制的独立性和公正性大打折扣。打起“司法为民”的旗号,实际上却无视司法对人权的侵犯。渲染所谓的大局、维稳、民意等意识,实际上是为外行和强权干预司法找到了根据和机会。最后,用司法的行政化和大众化阻止了真正的司法改革。否定司法的职业化规律,司法的职业化改革目标受到质疑和否定,加重了司法的行政化和大众化。

在我们中国,许多思想的动员和行动的发动都是从统一口号开始的。依法治国这样的重大决策更是不例外,我们从 1997 年提出“依法治国”到 2014 年再次提出“依法治国”。值得我们关注的是为什么时隔十多年后仍然提出同样的口号?

回答这个问题,也有两个事实:一是先后两个口号的背景不同;二是两个口号的内涵不同。

这个新背景的实质是什么?可归纳为两个悖论:一是十年的平均高经济增长率(高达 10.7%)与十年的贫富差距和环境资源恶化。二是我们经济社会的快速发展与权力膨胀、失范乃至严重腐败之间的关系。在这种悖论下,全国上下左右都意识到,需要下决心深化改革,尤其是政治改革的补课,完成国家治理现代化的建设。近年来深刻而鲜活的腐败滥权教训,使我们对法治的需求更真切、更具体。现在抓法治建设,其实质就是我们呼吁多年的政治体制改革,法治化是政改最合适的突破口,也是中国经济社会发展到今天的各方的真实需求。

中国法治有自己独特的动力体系,它最主要地表现为官方、民间和职业三种动力;法治的原动力是人民,尤其是市场经济条件下,民众的力量是法治的基础性动力;同时在市场经济“先发区域”,法治的真实需求会表现得更为迫切;法治在政治国家的面向上,呈现出“宪法之治”的需求;在市民社会的面向上,出现了民间与地方的法治,公民的新权利需求不断涌现,行业的法治需求不断升级;在地方法治的实践中,官方、民间和职业三种动力交织在一起,互动推进;在部分领域,又出现了三者的法律斗争与冲突，诸如征地拆迁、民意司法、警察权力、刑事诉讼、好心救助等问题上，真实展现了法治化过程的权利斗争与利益冲突的特点；这一切都体现了中国式法治的进路与任务，体现了中国式法治的需求与动力。这也正是本书的主要内容和精神。

法治被新一届领导人提到如此重要的位置，其背后的原因主要来自民间或市场的两个刚性需求。一方面是中国人从内心需要真法治了，我们需要法治来保证每人都不会吃到有毒食物，需要法治保障教育与就业机会的公平，需要法治保障个人意见有正常畅通的渠道和方式得以表达，需要法治来改变拆迁或城管制度，需要法治来保证自己的官司受到法院公平对待，需要法治来保证自己不被侦查机关任意监控和关押，甚至现在关在看守所或监狱里的人，也都渴望法治……另一方面是市场的需求。市场经济发展到了瓶颈，需要从制度特别是公法制度上予以突破。比如，需要政府把政府权力清单挂在阳光底下，需要政府减少许可审批给市场主体更多自由，需要法治保障投资风险的减少，需要法治来确保税收正义，确保央地预算权力的合理化，当然也需要应对全球化经济以及对美国等西方国家在贸易金融霸权的回应，等等。

和十多年前不同的是，大家意识到推进法治不只是律师和法官们的事，不只是法学院教授和学生们的事，还是企业家、知识人、政治家等社会各界的事，更是事关普通老百姓人权与民生的事。我们今天可以说，推行法治成为中国人的真实需求和刚性需求。我们今天尽管还有许多问题还在争吵，但是谁都希望有个真正的法治，除了个别精神分裂的人，几乎没有人反对法治。中国人难得进入了一个有新共识、有新追求的时代！被需求的法治才是真法治，才会有全面和深度的法治。

这种来自社会底层的民众对法治的真需求，促使执政党从自身执政方式的意义上来理解法治。把法治这一治国方略同时又作为执政党的基本执政方式，所以在四中全会主题确定时，会确定“依法治国”主题，其实质是执政党重新确立执政方式——依法执政，这仍然是党建的主题。从这个意义上讲，这次仍然保持了一个传统——历届四中全会都是围绕经济或党建的传统。

三

法治的真实需求决定了法治原有含义的启用。

在新背景下，法治内涵的不同之处在于“全面”与“深化”。全面是广度问题，至少是法治的含义扩展了。然而，这里虽然是用“全面”，但其实不只是广度的问题，从这 17 年的时间纬度上比较，它还具有深度的问题。这个深度表现在，现时期我们比以往任何时候都更重视法治的专业性与体制性的兼顾、规律性与本土性的结合，这次尤其重视法治问题的专业性和规律性。新的法治是与深化改革紧密联系在一起的，对此，权威的解释是，依法治国与“深化改革”成了姐妹篇。

在这种背景下，我们不得不认认真真琢磨“真法治”以及“深度法治”的问题，提出一些新思路。比如，新一届领导人上任伊始就强调“法治是治国理政的基本方式”“宪法高于一切”“坚决纠正违宪违法行为”，重大改革都要“于法有据”，各级领导干部要掌握“法治思维和法治方式”“把权力关进制度的牢笼”“法无授权无权力”“法无禁止即自由”“司法权是判断权，司法权是中央事权”等，这些提法都是内行、纯正的法治思想，也都体现了法治的某些真谛和精髓。这些符合法治内在精髓的提法也都反映了中国经济社会和各阶层民众对法治的真实需求，也体现了中国新一代政治家对现实社会需求的准确把握。

2014 年 10 月 23 日的《中共中央关于全面推进依法治国若干重大问题的决定》（以下简称《依法治国决定》），可以说是中共党史上兼顾大众需求与专业需求的一个文件。如果不把握好大众性，则无法直面民间与社会需求，无法对若干重大需求问题作出回应。如果不把握好其中的专业性问题,就容易出现专业性的漏洞和问题。因此所谓“升级版”法治,其专业含量和技术含量都提高了不少,更准确地说这是一个“深化版”的法治。升级版和深化版的法治,不仅表现在对法治的含义从多个方面作了拓展,还对法治体系中的若干关键需求问题作了深入阐述。

面对体制性的问题,重视法治的规律性,敢于触碰体制性的“硬骨头”。比如司法与行政的关系、领导干部与法律的关系,都从观念上和制度设计上去考虑;对于一些老难题,究竟是回避它们还是直面问题?比如执政党与法治的关系,党大还是法大?比如党与立法的关系,宪法的监督实施机制与宪法解释程序,比如重视司法的专业性,不简单地提“党的领导”;比如政府转型与权力控制、司法改革顶层设计、如何克服严重的行政化,等等。这个版本的法治,触及的关节更准确了,设计的结构更立体了,实施的方案也更可操作了。

“法治国家与法治政府和法治社会一体建设”这个提法,也是试图去深化20世纪90年代末的“法治国家”单一含义。这确实比单独讲“法治国家”要深入些。但这个提法并非没有被质疑——法治格局中究竟有哪些方面?这还是值得探索的。法治国家与法治社会当然是并列关系,能够构成对称关系的。但法治国家与法治政府是什么关系?个人认为,法治国家的重点是行政法治,而法治社会的重点应该是“行业法治”。完整的法治国家建设,应当把中央法治与地方法治统一起来,把政府法治和行业法治统一起来,这样才能具备法治的广度和深度。

20世纪90年代以来我们总结过法治的多层含义,目前也已成为法学教材的通说,它们是:(1)法治是有效的治国方略;(2)法治是注重规则的办事习惯;(3)法治是合理的法律精神;(4)法治是具有民主前提的法制模式;(5)法治还是指法律人之治,即职业化的法官、检察官和律师从事专门化的法律活动;(6)法治是严格的控权机制;(7)法治是有序的社会关系。[1]

法学上关于法治含义的通说，并没有被接纳和落实下来。从1997年十五大提出依法治国以来到2012年十八大以前，我国的党政正式文件来看，主要是使用了其中的一种，“依法治×”的提法遍地开花，即治国方略意义上的法治。2012年十八大之后，党政正式文件中开始扩展了“法治”的含义，也在其他各种意义上使用“法治”。

来自民间大众与专业技术对法治的需求，决定了法治新内涵的拓展，包括：第一，法治是有效的治国方略，更是治国理政的基本方式；第二，法治是一种注重规则的办事习惯，更是一种理性的思维方式；第三，法治是合理的法律精神，更是一种核心的价值理念；第四，法治是具有民主前提的法制模式，更是一种人民主体的民主过程；第五，法治是法律人之治，更是法治共同体意识形态；第六，法治是规范化的控权机制，更是重大改革的依据和轨道；第七，法治是有序的社会生活方式，还是小康社会的目标和手段。

根据各国法治的经验，法治的内在构成大致有五个方面。法治是否真的实行以及实行到什么程度，要看五个内在构成，衡量法治成熟度也要看五个内在构成的深化程度。下一步的法治取决于五个问题：第一，法律体系完备到什么程度？第二，法律是否普遍具有权威性？第三，法治政府是否达到治官控权？第四，司法是否独立公正？第五，法律人共同体是否具有职业自治性？

中国什么时候能够真正实现法治？中央把2020年确定为建成小康社会的时间点，其中也涉及小康社会与法治的关系，描述了小康社会

---

〔1〕 笔者在1998年至2003年的相关论文中提出了法治的多重并列含义。参见本人主编的教材《法理学》（中国政法大学出版社1998年版，第278页），以及《法治发展的差异与中国式进路》，原载《浙江社会科学》2003年第4期。

的特征，其中包括法治的目标——依法治国基本方略全面落实，法治政府基本建成，司法公信力不断提高，人权得到切实尊重和保障。因此，可以从理论逻辑上来推测时间问题。但这不是问题的关键，关键是我们如何看待法治化这个运动的过程。建立法治国家的时间长短，在不同民族、不同传统、不同区域、不同国家是不同的。再者，法治国家是否存在统一标准，也一直是有争议的，可能不同国家有不同的历史传统和政治经验。

中国实现法治要花费多少时间？这个“法治时间进度”的话题，随着大家对法治的关心引起越来越多人的热议。官方也总是试图去规划这个时间表，比如基本建成法律体系花了10年时间，准备到2020年，法治达到小康社会的水准。但谁都知道法治的时间表问题是个很玄很困难的话题。要从理论上解释这个难题，我们必须承认两点：

第一，法治不是短期的工程，很多国家和地区都经历数十年甚至数百年的努力和斗争。

第二，法治也不是机械的工程，并不是说到了某个点上就达到百分百的法治。法治是个过程，有深浅度的，所以我宁可称为“法治化”，有浅度的法治化和深度的法治化。只要在法治化的路上往前走，时有阻力和困难，时有激烈冲突和原地踏步，但也会由人民通过博弈斗争而加以推动，那它就是法治。

确切的时间谁也无法预料。如果按目前的速度，我相信在10年后，中国人会感受到某些领域具体法治的进步。如果今后每5年进行一次深化，就是法治的加速度推进了。

“法治中国”的条件是多方面的，但真正的挑战是什么？可能有两个，一个是政治体制，另一个是“良心秩序”。现在法治就像被这两块大铁板夹着在行走。阻碍法治的体制因素很复杂，比如深度的法治，还需要在宪制上合理安排人大制度、人大选举制度、表达自由制度、人大与法院的职权关系，等等。

从长远来看，法治之路真正的挑战将不只是体制制度本身，还有体制制度之外的东西，我想用“良心秩序”来概括。良心秩序包括敬畏心、同情心、同理心等所构成的人与人的信任秩序，这是最深度的法治。特别是中国这样一个缺乏信仰的国度，降低一点要求的话，至少需要形成敬畏法律、敬畏规则、敬畏他人的权利的社会心理。而这又有赖于政治诚信的建立、社会公德的回归以及国民素质的提高。要实现这些制度外的条件，需要我们后面数代人的努力。

这本书中的多数文章是我 15 年来的关于法治的论文及相关随笔的集合。在整理出版的时候，为自己思考和文字中的可能疏漏感到不安，请读者给予批评指正。

一、

法治构造

法治国家及其政治构造*

"法治国家"或"法治国",最初是相对于"警察国家"或"警察国"[1]的一种关于国家类型和治国方式的统称。早期"法治国"思想渊源于斯多葛学派自然法理论和古代罗马法律制度所形成的欧洲法治思想。早期"法治国"是指中世纪欧洲的某种国家形式,尤其是德意志帝国,当时被认为是"和平与法律秩序的守卫者",其国家权力的限度基本上由法律所规定,但并不具有权利平等和个人自由等民主特征。现代意义上的"法治国家"亦称自由主义"法治国"(德文Rechtsstaat),是德国资产阶级宪政运动的产物。在德国18世纪末期开始的宪政运动中,康德的国家学说被发展成为德国"法治国"理论,其意思是国家权力,特别是行政权力必须依法行使,也就是说,国家依法实行统治,所以也称"法治行政""法治政府"。

我们今天所讲的"法治国家",尚没有一个确定的

---

* 原发表于《法学研究》2000年第4期。

〔1〕 警察国家的特点是,只有君主才是主权者,他是不受任何制约的公权力的承担者,臣民对君主没有任何权利。

含义。在此给个定义的话,简单地说,法治国家就是指主要依靠正义之法来治理国政与管理社会从而使权力和权利得以合理配置[1]的国家类型。这样理解有以下几方面的特点:第一,它吸收并突出了"善法之法"这一法治的基本前提问题,制定"正义之法"是法治也是法治国家的前提。第二,"主要依靠……来治理"是治国方略问题,并且它代表着一种国家类型,从"治国方略"到"国家类型",说明了治国方略与国家类型之间的关系,表述了手段与目的的关系。第三,它能够说明法治国家中的核心问题,也是基础问题——权力与权利的合理配置关系。这也就是法治国家政治基础的构造问题。

一、"法治国"思想线索是权力与权利的配置

"法治国"理论的思想历程,可以大体分为五个阶段。之所以这样划分,是为了发现其中的一条规律性的思想主线:虽然各个阶段各有核心,但是各核心思想都把问题指向国家权力配置的政治基础及构造问题;并且随着时间的进展,越来越多地关注国家权力与公民权利的配置问题。

(一)人的自由与法的权威——古代法治国的实践

雅典奴隶制城邦民主政制的法治实践,是古代希腊以亚里士多德为代表的古典法治国思想产生的基础。公元前594年新兴工商业贵族代表梭伦进行了一场革命性的立法改革,形成了一定规模的法治国雏形。古代罗马法治有自己的特色。"如果说,雅典人的法治实践因建立在工商业活动活跃的基础上而在某种程度上富于自由和民主色彩的

[1] 徐显明曾用"权力与权利配置"来界定"法治"概念,参见徐显明:《论"法治"构成要件》,载《法学研究》1996年第3期。

话;那么,罗马人由‘自耕农共和国’特征带来的连绵不断从事战争,以及残酷地迫害和镇压奴隶反抗的政治、军事斗争中,必然倾向于对权威和安全的强烈兴趣”。[1] 公元6世纪中叶查士丁尼时期及后来完成的罗马法典编纂工作,是罗马人尊重法律权威的典型例证。中国春秋战国时期也有人治与法治之争,但在内容上和古希腊有所不同,中国古代的法家虽然主张法治,但它是在肯定人治的前提下比较重视法律的作用。这场争论对法治理论的发展影响甚微,而对人治的发展却有深远的影响。

(二)普遍服从良法统治——古典法治国思想的核心

法治国理论的萌芽最早出自柏拉图的名篇《法律篇》,“服从法律的统治”是他法治观的核心。“如果一个国家的法律处于从属地位,没有法律权威,我敢说,这个国家一定要覆灭;然而,我们认为一个国度的法律如果在官吏之上,而这些官吏服从法律,这个国家就会获得诸神的保佑和赐福。”[2]后来柏拉图的学生亚里士多德发展了这一思想,他在《政治学》中提出了法治的两层含义即法治的两个条件或标准:“已成立的法律获得普遍的服从,而大家所服从的法律又应该本身是制定得良好的法律。”[3]“普遍服从良法”的观念成为法治的一个基本原则。西塞罗进一步阐明这一原则,他从法律与执政官、法律与共和政体的关系角度提出了“权力从属于法律”的论点,他说:“执政官乃是会说话的法律,而法律乃是不会说话的执政官。”[4]

---

〔1〕 黄稻:《社会主义法治意识》,人民出版社1995年版,第81页以下。

〔2〕 柏拉图:《法律篇》,转引自法学教材编辑部:《西方法律思想史资料选编》,北京大学出版社1983年版,第25页。

〔3〕 [古希腊]亚里士多德:《政治学》,吴寿彭译,商务印书馆1965年版,第199页。

〔4〕 西塞罗:《论法律》(第3卷),转引自法学教材编辑部:《西方法律思想史资料选编》,北京大学出版社1983年版,第79页。

(三)权力分立与制衡——近代革命时期法治国思想的核心

近代法治国理论的首创者是英国的法哲学家詹姆士·哈林顿,他在《大洋国》中提出了以自由为最高价值准则,以法律为绝对统治体制的法治共和国模式。哈林顿认为要实现这个目的,必须实行权力制衡,应当做到:1. 元老讨论和提议案;2. 人民决议;3. 行政官员执行;4. 官职由人民投票选举,平等地轮流执政。[1] 继哈林顿之后,洛克以自然法为其法治理论的基础,其核心是保护个人自由权利。他认为对个人自由权利的最大危害是政治权力的滥用,因此政治权力必须受到法律的约束。法治社会中的政治权力应当是有限的、分立的和负责的。孟德斯鸠将近代法治理论作了制度化的设计。他认为为了防止个人被迫做他不应该做的事,就必须对国家权力加以限制,因为自由只能在"国家的权力不被滥用的时候才存在。但是一切有权力的人都容易滥用权力,这是万古不易的一条经验。有权力的人们使用权力一直到遇有界限的地方才休止。"[2]他把法治理论与权力制度设计联系在一起,派生出了立法权、司法权和行政权的分权理论。另外,卢梭依其社会契约论阐述了他的法治思想。他认为不能把政府与立法者混淆起来,立法权应当属于全体公民,政府是主权者的执行人。[3] 他还说:"凡是实行法治的国家——无论其行政形式如何——我就称之为共和国;因为唯有在这里才是公共利益在统治着,公共事物才是作数的"。[4] 他的法治国思想可归纳为人民拥有立法权,法治与共和政体相结合,法治意味着平等。

---

〔1〕[英]哈林顿:《大洋国》,何新译,商务印书馆 1963 年版,第 37 页。

〔2〕[法]孟德斯鸠:《论法的精神》,张雁深译,商务印书馆 1961 年版,第 154 页。

〔3〕参见[法]卢梭:《社会契约论》,何兆武译,商务印书馆 1980 年版,第 76 页。

〔4〕同上书,第 51 页。

（四）人民自由和权利的保障——自由主义时期法治国思想

19 世纪末英国著名的法学家戴西在《宪法研究导论》一书里，把他的法治原则归纳为三个要素：1. 政府没有专横的自由裁量权。所有的人除非依法审明破坏法律，不受民事或刑事处分。2. 法律平等。官吏执行职务的行为和私人行为一样，受同一法院管辖，适用同一法律原则。3. 公民的权利不是来源于宪法，而是由普通法院的判例所形成，相反，英国的宪法建立在公民权利的基础之上。[1] 在戴西看来，法治原则反对政府有专断的、自由裁量的无限制的特权，人们可以因破坏法律而受处罚，但不会因为其他任何事情而受处罚；法律面前一律平等，人们受治于同一法律体系，为同一法院所管辖；宪法是个人权利与自由的结果；任何人的权利受到他人的侵害，都有权通过法定的救济办法获得补救。戴西的法治思想是以当时自由资本主义社会经济为背景的，反映了自由资本主义时期的时代需要。所以，在这个时期颇具有权威性，也对英国和其他国家的法治实践产生非常大的影响。在这个时期，人们一般认为政府不享有自由裁量权，只能消极地行使法律既定的权力。这个时期的法治实际上表现为只要政府权力得以控制，公民自由和权利也就得以保障。

（五）福利国家与法治改革——当代法治国思想

当代社会要求国家经济职能特别是政府权力的扩大，与此同时，当代社会在公民权利方面也有较大的扩展，表现为自由权本位向福利权本位的发展。这种变化显然是对传统法治观念的挑战。

---

〔1〕［英］A. V. 戴西：《宪法研究导论》，1915 年英文第 8 版，第 179 页以下。转引自王名扬：《英国行政法》，中国政法大学出版社 1987 年版，第 12 页。

当代法学家关于法治国的理论问题主要涉及:第一,法治与政府自由裁量权的关系。在现代社会,政府不可避免地要运用自由裁量权。实行法治反对人治不是排除行政机关具有自由裁量权力,只是反对人治中的专横、任性、自私自利因素。正当的自由裁量权力是一种合理的"人治",是任何政治制度和法律体系所不可缺少的,因为,行政事务十分复杂,立法者不可能在任何问题上都制定详细的规则。有学者提出,问题的关键是要建立防范政府滥用自由裁量权的有效制度,规定一些肯定的标准作为权力对私人权利干预范围的界限,政府活动的扩展必须伴之以取消政府责任豁免权,等等。[1] 第二,法治与平等的关系。出于社会经济的考虑,立法必须把各种人区分开来,使雇主与受雇者等各式各类的人受不同法律管辖,法律平等的传统观念会使法律归于无效。第三,法治和允许法律批评。批评法律的目的是促使法律的修改,但不能由于批评法律的缘故而拒绝服从法律。合法成立的法律未经修改以前,任何人有服从的义务。国家对于受批评的法律可以放弃执行,或者改进执行的态度。

通过对法治国思想的分析,我们不难发现前述提出的那条规律性的思想线索。同时我们进一步知道:第一,法治国思想的核心历来是国家权力配置问题,而这一核心显然又离不开政治体制的构造问题。第二,当代法治国思想更把它集中在立法权、行政权和司法权三种权力的关系及体制本身的完善问题上,其实质目标是保障人权。[2] 第三,法治

---

〔1〕 沃尔夫冈·弗里特曼(Wolfgang Friedmann)在谈到一个"规划社会"中如何设法维护法治与个人自由的基础时,提出了五项原则。参见沈宗灵:《现代西方法理学》,北京大学出版社 1992 年版,第 481 页。

〔2〕 早在 1959 年"国际法学家会议"(印度)通过的《德里宣言》中,法治理论就是按照三种权力归纳为三项原则:(1)根据"法治"原则,立法机关的职能就在于创设和维护得以使每个人保持"人类尊严"的各种条件;(2)法治原则不仅要对制止行政权的滥用提供法律保障,而且要使政府能有效地维护法律秩序,借以保证人们具有充分的社会和经济活动条件;(3)司法独立和律师自由是实施法治原则必不可少的条件。这三项原则可以被看作当代世界各国对法治问题的一个较有代表性的共识。

国理论本身是一个开放型的体系，在不断变化的社会现实中，该理论体系也在不断调整和发展；这种调整和发展与当代各法治国家的实践以及它们的经验是分不开的。

二、法治国家的实践模式比较

不同国家进行法治建设有不同的国情条件和本土资源，因此，法治国家也势必存在差异。任何国家依靠政府运用强制力（通过“变法”、改革方式）自上而下推进法治建设[1]的同时，还应当注意到法律对于社会经济、民族文化和历史传统的依赖关系。我们要寻找并利用本民族的法治建设的资源，必须从社会生活中的各种习惯、道德、非正式制度中去发现对于中国现代法治有用的东西。

由于历史与文化传统的原因，法治国家在不同的国度有不同的实践，因而，几乎每个国家都有自己的模式。英国模式与德国模式存在显著差异，而美国模式与英国模式也有区别，法国模式与德国模式也存在差异，现代日本的法治模式有自己独特的个性。我们主要从以下三个方面来进行比较：

第一，法治原则表述与内涵的差异。

在英国，法治原则表述为“法的统治”（Rule of law），意即除法律外，任何人不受其他统治，即使最高统治者也必须服从法律。法的统治与议会主权原则并列成为英国宪法的两大原则。由于它是反对国王权力专横斗争的产物，所以英国人对法治原则的理解具有较强烈的自由主义色彩。英国人所理解的法治原则是实质意义上的，最典型的是戴西关于法治的表述，所以被称为“实质意义上的法治”。其特点表现在：

---

〔1〕 这种推进方式被学者定性为“变法”。参见苏力：《法治及其本土资源》，中国政法大学出版社1996年版，第3页。

对政府行为的要求不局限于合法性原则,还要求法律本身符合一定标准,具备一定内容。否则专制主义就是典型的法治国家。因为专制政府也可以任意制定法律,但公民的人格和价值却被忽视。借助于习惯法的传统以及私法规则适用于公法领域的特点,[1]美国模式的法治也同样受英国法治原则的影响,具有实质的含义。

在德国,法治原则没有"法的统治"这一思想基础和传统,到18世纪末开始的宪政运动中形成了"法治国"思想,19世纪后半叶才真正确定了重视国家活动合法性的"法治国",意思是国家权力,特别是行政权力必须依法行使即国家依法实行统治,所以也称"依法行政"或"法治政府"。它只是从形式上要求行政的合法性,基本上不问法律的内容如何,因此被称为"形式意义上的法治"。日本明治宪法(大日本帝国宪法)下的法治原则与德国相同,也是形式意义上的。[2] 但是从第二次世界大战以来,德国和日本也开始向"实质意义上的法治"转变。日本现行宪法就充分体现了这种"实质意义上的法治"(政府权力的"法律保留"),以此对抗旧的"形式意义上的法治"。

第二,权力分立原则与制度的差异。

各国对分权理论的理解不同,直接影响着它们的政治体制和法治模式。

在英国,权力分立原则被概括为"议会主权",它是英国法治模式重要组成部分,也是英国法治模式的基本政治结构。其内容是,议会的立法权不受限制,可以对任何事情制定、废除或修改法律;议会制定的法律是最高的法律,其他机关制定的都是从属性的立法如委任立法;法院

---

〔1〕 孙笑侠:《法的现象与观念》,群众出版社1995年版,第178页。

〔2〕 [日]室井力主编:《日本现代行政法》,吴微译,中国政法大学出版社1995年版,第21页。

对议会的法律必须执行,法院不享有审查法律的权力。现代实行君主立宪制与议会共和制的国家一般都采用英国式的分权原则。作为君主立宪制国家的日本,也采用英国式的分权原则,但也有一些差异,如日本最高法院有权决定一切法律、命令、规则是否符合宪法。作为议会共和制国家的德国,其宪法规定主权通过有立法权、行政权和司法权的专门机构行使,立法权受宪法限制,行政权和司法权受法律和立法权限制。德国也吸收了美国三权制衡的制度如联邦议院有权对联邦总理表示不信任,联邦总理有权提议联邦总统解散议院。

在美国,权力分立原则被概括为"三权分立",联邦宪法规定,"全部立法权力属于参议院和众议院组成的合众国国会""行政权属于美利坚合众国总统""司法权属于最高法院及国会随时规定并设立的下级法院"。美国宪法除规定分权外,还规定制约措施,防止任何部门具有压倒一切的力量,同时保证每一部门不受其他部门的侵犯,目的在于保障各部门权力的平衡。美国法治最大的特点是法院不仅可以审查行政机关行为的合法性,而且可以审查国会所制定的法律的合宪性。

法国历来是一个行政权十分强大的国家,因此权力分立原则表现为独特的体制即以行政为重点的宪政制度。现行宪法以前的法国也是一个议会共和制国家,实行分权与制衡的形式与德国、意大利等国基本相同。现行宪法改变了原来体制,加强了总统的权力,削弱了议会的权力,从而把分权与制衡的权力重心由立法转移到行政,总统以仲裁人和保证人的地位行使国家权力。

第三,行政权力控制方式的差异。[1]

法治国家均实行对行政权力的控制即行政法治,但各国控制方式不同。可大致分为两种模式即以法国为代表的大陆法系行政法治与以

---

〔1〕 参见孙笑侠:《论新一代行政法治》,载《外国法译评》1996 年第 2 期。

英美两国为代表的英美法系行政法治。大陆法系对行政权力的控制特点是政府以立法机关的法律授权为依据行使权力,通过行政实体规则限制行政权力;着重于行政行为结果的控制;行政的依据是公法性质的行政法,不适用私法规则;通过行政法院进行行政审判和行政救济。略有区别的是,法国的行政法院属于行政系统,而德国的行政法院属于司法系统。日本在"二战"后不再设立行政法院,而是由司法法院(即普通法院)按照民事诉讼程序审理行政诉讼案件。另外,当代大陆法系行政法的控权方式也在发生变化,多数国家开始注重行政程序的控权作用,除法国外的多数国家都制定行政程序法典。

英美法系对行政权力的控制特点是政府以立法机关对公民权利和自由的规定为依据(行政的依据是私法的一般规则),政府在议会授权范围内行政,公民的行为与政府的行为受相同法律调整;注重行政程序法对行政行为进行过程性的限制,传统上不另外设立公法性质的行政法规则;通过普通法院对行政行为进行司法审查和行政救济。有所区别的是,英国的行政法观念十分淡薄,甚至有英国学者认为英国不存在行政法,但它依靠普通法中的私法规则和行政程序规则(自然公正原则),仍然起到控制行政权的作用,根据英国"越权无效"原则,法院只能干预行政机关超越议会授权所做的事。美国的行政法主要注重行政程序即法律的"正当程序"原则,美国人把从英国"自然公正原则"中继承而来的正当程序精神视为美国行政的基石,通过正当程序来限制政府权力。

三、法治国家的政治基础与社会条件

综观各法治国家,它们存在个性差异的同时,也都存在许多共同标志。从各国来看,法治国家的核心问题是国家权力配置,法治国家建设也都是基于国家政治体制的建设。从法治国家的政治基础的构造

来看：

第一，其政治统治模式应该是民主政体形式。政治统治模式实际上主要是政治体制的问题。法治国家在这方面的基础性要求是实行民主政体，从而构成法治国家"政治基础"的基础。

从古希腊亚里士多德、古罗马波里比安到近代孟德斯鸠，都对欧洲古代三种主要的不同政体（君主、贵族、共和）的性质和价值作了分析，他们都倾向于第三种政体。当代社会学大师韦伯提出了"传统型统治"（家长制的、世袭制专制——人治）、"卡里斯马统治"（独断的人治）和"法理型统治"（法治），由此得出结论认为只有最后一种是现代社会的统治形式。民主统治模式产生于近代资产阶级革命胜利后创立的立宪政制即民主共和政体以及它的变种君主立宪政体。从世界各国来看，民主政体是法治国家的根本的政治基础。因此，真正建立法治国家的也是在近代革命以后的各民主国家。民主共和政体是"资产阶级统治的正规形式"，[1]也是无产阶级及其政党"将来进行统治的现成的政治形式"。[2] 民主政体的特征在于：遵循预定程序，服从多数决策，容许少数意见。社会主义国家的现行体制属于民主共和政体，它具有明显的优势，[3]这为社会主义国家实现法治国家提供了坚实的政治基础。当然，法治是否名副其实，还取决于国家内部权力结构的实质内容、具体制度及其完善程度。

第二，其国家权力结构应该是分工制约的关系。法治国家在这方

---

〔1〕《马克思恩格斯全集》（第7卷），人民出版社1959年版，第402页。

〔2〕《马克思恩格斯选集》（第4卷），人民出版社1972年版，第508页。

〔3〕这种优势包括邓小平所说的"效率"问题（决策与执行的效率——笔者注）。参见《邓小平文选》（第3卷），人民出版社1993年版，第240页。决策与执行效率对我们十分重要，笔者同意公丕祥先生所谓"拥有强有力的现代国家能力和现代政府系统，是那些原先不发达国家（尤其在东方）迅速实现法制现代化的必要条件"。参见公丕祥：《邓小平的法制思想与中国法制现代化》，载《中国法学》1995年第1期。

面的核心要求是国家权力的合理分工与有效制约。分工不等于制约,有权力分工的国家不必然有权力制约。

一个国家由谁来掌握统治权,政权机构如何组织,权力如何分配和制约,按照什么规则来运转和行使,社会各种力量通过什么方式和途径来参与政治等问题,构成了这个国家的权力结构。国家权力结构与法治国家关系十分密切。能否实现法治国家,也取决于其权力结构中是否实行分工和制约。“分权制衡与法治是在一定程度上相互重叠、互为因果的。立法机关制衡行政机关的其中一个主要方法,便是制定法律——对行政机关有约束力的法律,要求行政机关遵守和执行。从这个角度来看,法律及法治原则(在这里或可称为‘宪法’原则——宪法是最根本的法律,确定政府架构及对政府权力作一般性的规范)是制衡行政权力的工具。但法律的解释和应用及法治原则的实践,仍有赖于独立公正、不偏不倚的司法机关,而司法权独立于行政及立法权,正是分权制的重要环节。由此可见,法治与分权概念是有不可分割的关系的。”[1]从法治国家的要求来看,一国立法权是国家的最高权力,是产生其他权力的基础和母体,是高于其他权力之上的国家权力,只有这样才能保证法律至上。行政权是执行法律、管理国家行政事务的权力,它所制定的法规、规章只能是在法律的范围内作具体规定,只能服从立法机关的法律,而不能与之相抵触。司法权是指解纷、罚罪的终极审查与决定权,它应当独立于行政权并对行政有合宪性和合法性的审查权。司法权独立行使是法治国家必须具备的政治基础和条件。

第三,其社会控制原则应该是服从“正义之法”的治理。国家对社会进行控制方式的选择直接影响社会控制的质和量。“正义之法”的控

〔1〕 陈弘毅:《法治、分权、资本主义与香港前途》,载《香港法律与香港政治》,香港广角镜出版社1990年版,第71页。

制首先在形式上是理性的。

在人治国家里,法律作为社会控制的手段,其特征是要么是附属的,其作用是微弱的;要么是暴力的,实行专横的暴力性法律。政治上以全能主义行政权力支配社会,出现决策的非程序性、处罚的任意性等,社会活力受压抑。经济上以超经济的行政权力垄断,出现抑商、官商合一和官倒横行。文化上以封闭、保守和高压的原则实行文化专制主义的超强度控制。“通过法律的社会控制”是最有效的,它“具有强力的全部力量”,但是“也具有依赖强力的一切弱点”,[1]诸如过分强制而导致专制,授权过于抽象而导致适用者滥用自由裁量权。因此,法治要求立法机关必须制定“善法”即“正义之法”。法治国家的目标要求必须主要通过法律并且是“正义之法”来实行社会控制,其他手段都服从法律,社会整合主要通过法律实施和实现。

国家对社会进行控制的手段是多种多样的。执政党的政策、社会道德、宗教、传播或宣传思想、领导人个人权威、当政者的强制权力、政府的行政命令、物质利诱等都可能产生较大的影响,甚至各自都有某些特别的作用和优点。但是,无论哪种手段都不能与法律的理性相比,法律的手段具有更明显的优势。法律至少在形式上表现为理性:它是明确的、可事先预见的、普遍的、稳定的强制性规范,这为社会秩序的稳定提供了保障;它以权利和义务双重、双向的利导机制指引和评价人们的行为,给人们以较多的选择机会和自由行动;它通过规范、原则、技术等因素,使法律不仅具有对行为和社会的灵活的调节功能,还具有效率化的组织功能。这是自觉而有计划的社会发展所不可或缺的。

法治国家的社会条件也是多方面的,它主要包括经济与文化两方

---

〔1〕 [美]庞德:《通过法律的社会控制》,沈宗灵等译,商务印书馆1984年版,第10页以下。

面。市场经济机制是法治国家的经济条件,理性文化基础是法治国家的文化条件。

第四,其经济条件应该是市场经济机制。

法治是以商品经济即市场经济为基础的。纵观法治历史,“法治总是与商品经济相关,而与自给自足的自然经济和以国家垄断为内容的产品经济无缘”。[1] 对于任何一种经济形态来说,规则都是必要的共同要素。不过,市场经济与自然经济、产品经济这三种不同的经济状态或体制所需要的规则,在量与质两方面都存在显著的差别。量的差别反映出社会生活规则化、法律化的程度,质的方面则使法治与专制泾渭分明。商品生产与交换中形成的契约关系和契约观念是法治生成的最重要的决定因素。因为,商品经济、契约观念、权利自由平等三方面之间有着天然的联系。马克思说过,“我在分析商品流通时就指出,还在不发达的物物交换情况下,参加交换的个人就已经默认彼此是平等的个人……”[2]商品交换的特性决定了交换主体对“意志自由”和对权利平等的要求,市场对自由、平等和权利总是积极要求的。因此,需要法治来保障。另外市场也会存在失灵的问题,所以,国家主要通过法律形式对市场进行干预或宏观控制。正是因为这样,我们才把原本属于“契约经济”的市场经济说成是“法治经济”。总之,商品经济或市场经济是法治生成、存在和发展的肥沃土壤,法治的实现程度取决于市场经济的发达程度。因此,中国今天的市场经济发展为我们社会主义法治国家的建设所提供的经济条件,其重要性是不言而喻的。

第五,其文化条件应该是理性文化基础。

---

〔1〕 张文显主编:《马克思主义法理学——理论与方法论》,吉林大学出版社 1993 年版,第 414 页。

〔2〕 《马克思恩格斯全集》(第 19 卷),人民出版社 1963 年版,第 422 页以下。

“法治需以特定类型的文化为其文化基础(或‘文化生态环境’)。这特定类型的文化就是理性文化。理性文化既不同于跟着感觉走的非理性文化,也不同于空想浪漫的超理性文化。”[1]法治所需要的文化基础包括科学精神、政治道德、人权思想、公民意识、权利观念等理性文化要素。人治需要愚昧和愚忠、无知和迷信等非理性因素来支持,法治则需要科学精神来支持。科学精神要求正视事实,实事求是地看待人性固有的弱点、社会固有的矛盾以及由此派生的法律的局限性。有了科学精神,就不会盲目相信领导人个人的智慧与德性;就不会把一个民族命运寄托在一两个人身上;就不会在抽象、稳定的法律与具体、运动的社会之间束手无策;就不会出现把法律当作医治社会百病的良方;就不会出现不想付出代价就实现法治的“浪漫主义”幻想;就不会把法律当作专政工具重演“宁枉勿纵”的极“左”闹剧。为政须有道德,政治道德要求:政治主体是复数;政治资源是按照冲突、竞合等形式进行分配和选择;尊重人权成为政治生活中的习惯,这对于当权者特别重要,因为,他们的权力直接指向人权,存在侵害人权的现实可能性;此外还应当确立平等与自由的政治道德。“仁政”不是现代民主政治的道德,它是由单数的政治主体对政治资源进行施恩。社会成员能够明确认识到自己是摆脱了人身占有和人身依附的社会主人,是一个公民,而不是一个臣民;是社会政治生活和公共事务中的主体,而不是无足轻重的客体。他们是作为一个有独立意识、独立地位、独立人格的政治权利主体加入社会政治关系和政治程序之中的。社会成员具有正确的、强烈的权利义务观念也是实行法治国家的重要条件。因为,从根本上说,法治国家要靠社会成员行使权利和履行义务来实现的。公民的权利义务观念应当

〔1〕 张文显主编:《马克思主义法理学——理论与方法论》,吉林大学出版社 1993 年版,第405 页。

包括：知晓自己权利及其正当性、合法性、可行性和界限；在法定范围内主动追求和行使自己的权利，勇敢地捍卫自己的权利，但不可无视社会所能提供的物质和精神条件以及社会承受能力而盲目主张自己的权利，滥用自己的权利；对他人一切合法的权利给予同等的尊重，认同并履行自己依法对他人、社会和国家负有的义务。

四、社会主义法治国家的政治性标志

我们可以把法治的标志分为形式标志与实质标志。[1] 但是，法治国家的标志则应该从另一角度来划分。笔者将它分为法律性标志和政治性标志，前者是形式的，后者是实质的。

所谓法治国家的法律性标志是指法治国家在法律的形式上的表现以及实现法治国家的技术条件。它主要包括完备统一的法律体系、普遍有效的法律规则、严格的执法制度、公正的司法制度、专门化的法律职业等。[2] 所谓法治国家的政治性标志是指依据法治的精神（民主、平等、人权）而形成的涉及重大政治关系的制度。我们历来所谓宪政的推行，也就是确立并实行这些制度。具体来说，它涉及法律与政治、公共权力与国家责任、权力与权利、权利与义务等方面的关系。政治性标志也是区分法律善与恶的一个重要方面。从政治制度上解释，所谓“善法”或“正义之法”，也就是指处理好这些重大政治关系的前提下所形成的理性的法律制度。

---

〔1〕 亚里士多德的法治概念就包含了这两种标志。他所谓“已成立的法律获得普遍的服从”实际上是指法治的形式标志问题，“大家所服从的法律又应该是本身制定得良好的法律”实际上是从法治的实质角度出发的。这种划分已为一些论著所认可。参见徐显明：《论“法治”构成要件》，载《法学研究》1996 年第 3 期。

〔2〕 有的学者没有区分形式标志和实质标志，而是把这些形式标志统一称为“依法治国的主要标志”，有所不妥。参见王家福、李步云等：《论依法治国》，载《依法治国建设社会主义法治国家》，中国法制出版社 1996 年版，第 10 页以下。

法治国家的政治性标志与国家的政治构造是什么关系呢?法治国家政治性标志是国家政治构造在制度上的具体化,相当于宪政制度。比如权力分配可具体化为“立法优先”“法律保留”“司法审查”等具体的法律制度。政治性标志由国家的政治构造和社会条件决定。法治国家的法律性标志则受政治性标志制约。法律性标志反映并影响政治性标志,政治性标志需要通过法律性标志来体现。如果政治性标志是非理性的,那么良好的法律性标志也只能成为虚设,甚至导致“狂热”的中国法家[1]所提倡的“法治”;仅仅构想理性的政治性标志而缺乏良好的法律性标志,诸如法律不统一、执法不严、法律职业非专门化,那么所谓的政治性标志就失去制度保障,成为空洞的政治理想,难以贯彻实现。

当代中国“依法治国”的方略已经选定,法治国家的目标已经明确,推行法治的条件也日臻成熟。但是,如何推进法治国家的实现,其步骤选择成为难点问题。根据政治与法律的一般关系,法治国家建设首先应当从政治性标志入手,也就是通过政治体制改革,来构建法治国家的政治基础。如果把政治性标志具体到制度上,那么我们目前要做的是进行以下几大关系的“理性化”[2]法律制度建设:

第一,法律与政治关系制度的理性化,包括(1)大部分政治行为被纳入法律调整范围,非理性的权力习惯被立法修正为理性的政治经验,[3]政治活动实现程序化。(2)真正实行民主宪政,国家权力受控

---

〔1〕 整体意义上的“法家”可以被视为“狂热的君主专制的拥护者”。参见梁治平:《法辩》,贵州人民出版社 1992 年版,第 79 页。

〔2〕 这里是借用韦伯的“理性化”(Rationalization)概念。韦伯在《经济与社会》中曾专门讨论过“法律的理性化”问题。他谈到政治权威的形式对于法律理性化具有重大影响,行使纵向权力的权威越理性,法律程序的理性化就越高;还论述了法典化的内在动力可以是“政治实体内在社会统一的各阶级、集团之间妥协的结果”;“自然法”这一价值标准对于法律理性化的作用;等等。参见张乃根:《西方法哲学史纲》,中国政法大学出版社 1993 年版,第 238 页以下。

〔3〕 孙笑侠:《法的现象与观念》,群众出版社 1995 年版,第 15 页。

制，包括受法律的控制、受权力的制衡、受权利的约束。(3)政策或政治主张可以指导立法但不能取代立法，可以作为适用法律的参照以补充法律遗漏，但不能直接作为审判依据。(4)实行“依法治国”必须具备付出政治性代价[1]的心理准备和制度措施。为政者或当权者要牺牲和放弃某些希望取得并可能取得的正当目标和要求，比如行政手段、政策手段使用范围受限制，法外的地方利益、部门利益被取消，权力在质与量上的缩减或割舍，为了形式正义而在一定范围内牺牲某种个别的实质正义，部分社会危害性的行为不受法律调整，办事效率下降的可能。

第二，司法权与行政权关系制度的理性化，司法权应当独立于行政权，包括(1)司法机构与人事独立于行政权；司法机关的人事制度完全脱离行政公务员的管理体制。(2)司法机关的财政应当不从属于行政机关，而应当从属于权力机关即人民代表大会。(3)司法权应当体现其应有的特征如被动性、判断性、程序性、中立性、终级性、司法权在行使中只接受监督不接受命令。[2] (4)宪法在保障以上条件和制度的情况下，才能使“依照法律规定独立行使审判权(检察权)，不受行政机关、社会团体和个人的干涉”得以落实。

第三，权力与责任关系制度的理性化，包括(1)权力与责任相统一，国家责任无可回避。不论哪种权力主体，不管是具体权力行为还是抽象权力行为，也不管是自己执行或是受托代行，只要启动了权力，应当

---

〔1〕 孙笑侠：《法治、合理性及其代价》，载《法治研究》(1996年卷)，杭州大学出版社1996年版，第54页。

〔2〕 参见徐显明：《论“法治”构成要件》，载《法学研究》1996年第3期。

预设其责任。立法机关授予某种权力,应当尽量避免模糊措辞,[1]每一项授权均应当明确范围和责任。(2)与权力相对应的责任除了由侵权和怠权所导致的消极责任外,还包括现代社会满足公民请求的积极责任和由管理而带来的保证责任。(3)立法应当持续、及时地发现和补充被遗漏的国家责任,避免权力侵害发生后却找不到归责依据的现象。[2](4)在各种权力的背后都存在另一种权力对其进行有效的而不是名义上的监督和制约,人民法院对政府责任的监督权应当扩大,同时,这种监督权应该是以人民法院地位的切实保障为前提的。

第四,权力与权利关系制度的理性化,包括(1)权力取得的合法化。立法优先于行政,对涉及公民人身权和财产权的,法律应当保留。对于公权力而言,无授权即无权力,只能在授权范围内行使权力。所以,权力的授予实际上意味着权力的限制。(2)对于私权利而言,国家承认"法不禁止即自由",自由不局限于法律,承认在法律不禁止的地方存在大量的自由,[3]并同样予以尊重不加干涉。(3)权力受权利的制约。私权利的授予意味着对公权力的限制或者意味着公权力主体义务和责任的增加。(4)当对公权力规定必要的自由裁量幅度时,必须充分考虑

---

〔1〕 美国学者格伦顿等人认为,行政法与私法"二者的不同还在于行政法模糊而易变的法律概念。但是,私法的一般原则却可以常常被用于充实或填补行政法中的不足"。参见[美]格伦顿等:《比较法律传统》,米健等译,中国政法大学出版社 1993 年版,第 68 页。法国学者达维德认为私法规范需有足够的概括性,但在刑法或税收法等方面,较大程度的具体化可能是适当的,因为人们希望最大限度地减少政府机关的专断。参见[法]达维德:《当代主要法律体系》,漆竹生译,上海译文出版社 1984 年版,第 88 页。

〔2〕 政府责任在法律上出现空白,公民权利受权力侵害后得不到救济,行政机关以"没有责任规定"为由不予理睬,法院以"不属于受案范围"为由将它们拒之门外,这类现象在我国已具有一定的普遍性。法院或法官可否以法律没有规定为由拒绝受理案件?理论界应当对这个问题进行研究。

〔3〕 美国 1923 年的"迈耶诉内布拉斯加州案"的判决中曾经指出,自由包括"一般地享有久已公认为正常乞求自由人的幸福所必不可少的习惯法特权的权利"。参见[美]詹姆斯·M.伯恩斯等:《美国式民主》,谭君久等译,中国社会科学出版社 1993 年版,第 199 页。

到并尽量避免对私权利的侵害可能；当公权力进行自由裁量时，“政府效率不能被视为终极目的”，[1]它并不意味着可以任意对待私权利。

第五，权利与义务关系制度的理性化，包括(1)权利受到平等的保障。不根据主体的身份，而是根据主体的行为平等地被授予权利课以义务。在权利发生矛盾时，既要保护多数人的权利，又要尊重少数人的权利；保护冲突中一方的权利不能以过大的权利牺牲为代价；[2]既保护基本权利，又保护一般权利。(2)义务的法律化与合理化。义务的设定必须通过立法机关与正当程序来进行，义务规定必须避免模糊措辞，应当明确无误，并充分论证义务设定之理由。(3)义务的相对化。义务总是与权利相伴而生，没有无权利的义务。义务的相对化还意味着“法律今天设定的义务不能由公民昨天就来承担”。(4)权利与义务相统一原则被公民、立法者与执法者加以正确地理解和执行。权利是基本的，应占主导地位，在立法、执法和司法的各个环节均应关怀和尊重人权。

建设社会主义法治国家实际上是一项宏大的政治工程。法律虽然在一定意义上可以相对独立于政治，但是法治国家的基本构造却又与政治体制密切相关，建设法治国家只能从政治制度着手。由于政治体制改革十分复杂，[3]所以我国政治体制改革之初主要从党政分开、下放权力和精简机构着手，这是十分合理和必要的。[4] 目前改革已取得一定成效，但是这两项内容不是政治体制改革的全部内容，腐败问题的严

---

〔1〕［美］E. 博登海默：《法理学——法哲学及其方法》，邓正来译，华夏出版社 1987 年版，第 356 页。

〔2〕这一原理在苏力的《〈秋菊打官司〉的官司、邱氏鼠药案和言论自由》一文中阐述得十分清楚。在贾氏肖像权（或邱氏名誉权）的保护与他人言论自由的保护之间不能顾此失彼。参见苏力：《法治及其本土资源》，中国政法大学出版社 1996 年版，第 174 页。

〔3〕“政治体制改革更复杂，设想有些方面三至五年的时间可以见效，有些方面甚至要花十年左右的时间才能见效。”参见《邓小平文选》（第 3 卷），人民出版社 1993 年版，第 243 页。

〔4〕参见《邓小平文选》（第 3 卷），人民出版社 1993 年版，第 177 页。

重程度说明深化政治体制改革仍然具有迫切性。我们最迫切的任务是从国家权力的配置着手,把现行行政权与司法权关系的改革作为政治体制改革的突破口,确立人民代表大会制度下的司法独立制度,为实现社会主义法治国家提供政治体制的保障。

转型期法治的中国式任务*

中国的法治化与社会转型共时相伴,一方面是社会转型带动法治化,另一方面是法治化推动社会转型,其间的互动与冲突并存。如今,法治不只是社会流行的公共话语主题,而且已成为社会变革问题上不同利益主体和不同意见各方难得的共识。然而,毕竟法治不仅是法律人的专业概念,还是一个复杂的社会运动,是一个处处被解释又可能时时被曲解的对象。因此,如何理解中国的转型期法治,成为国家与社会的一个重大课题。唐纳德·布莱克(Donald Black)认为,在观察和思考法或法治的方法上存在法理学(Jurisprudential model)与社会学(Sociological model)

* 本文是国家“985”第三期建设项目“转型期国家司法哲学、制度与技术”成果之一。陈林林教授以及钟瑞庆、王凌皞博士对本文提出了修改意见,复旦大学法学院和复旦大学社会科学高等研究院的同事在对本文的讨论中提出过建设性意见,一并致以谢忱。原载《苏州大学学报》(法学版)2014 年第 1 期。

两种模式。[1] 在目前中国社会转型期的法治问题上，也同样反映这两种模式的思维差异：政治家和社会大众偏向于“社会学模式”，而多数法律人则囿于“法理学模式”来看待法治问题。这样极易导致不同群体对同一法律问题的理解不同，导致对转型期法治的幻想或曲解，进而影响对法治的信念和信心。

正如唐纳德·布莱克所言，“法理学模式”一般从规则、逻辑、普遍主义、参与者的角度来解释法治。这也是哈耶克所谓的“行为规则系统”与“事实性的行动秩序”之间的紧张关系。[2] 对中国法治现状的准确把握固然要从“法理学模式”来解释，具有职业专家的立场视角，才能引领法治的方向。但如果中国法治只按这种模式理解，就会局限于法律人作为法治建构职业专家的角色思维，会局限于既定规则与法理逻辑，而无法回应社会转型与变革；就避免不了照搬法治的某些普遍主义的理想和某些外来标准；或人为地、机械地设置一种衡量中国法治的所谓理想标准，而这又把我们带到西方固有法治模式上去。因为，目前所有关于法治的标准都是西方学者阐述的，或者是由中国学者根据西方标准演绎的“标准”。对中国法治现状的分析固然要从“法理学模式”来解释，但更重要的是还要依从“社会学模式”，从社会结构、行为、变量和观察者角度来考察。以“社会学模式”来观察和描述中国法治，是根据中国社会转型来解释这一法治化运动。这是我们判断中国法治成熟与否最重要的视角。社会学模式是法律人之外的民众和政治决策者的思维模式，他们从社会结构及人的行为出发，注重事物发展的各种变量。

---

〔1〕 参见 Donald Black, *Sociological Justice*, New York: Oxford University Press, 1989, p. 288. 同时卢曼把布莱克的观点整理成表格，参见 Niklas Luhmann, *Law as a Social System*, Translated by Klaus A. Ziegert, NewYork: Oxford University Press, 2008, p. 457。

〔2〕 ［英］哈耶克：《法律、立法与自由》，邓正来译，中国大百科全书出版社 2000 年版，第 167 页。

因此，它会更多地考虑中国国情等因素。总之，我们对中国转型期法治的考察，应当把社会学与法理学两种思维模式加以整合，既从中国社会出发，又从法理逻辑入手。这样的整合也正是本文的研究方法和论证路径。

在中国近代百余年历史中，社会的制度化是阶段分明、因果关联的漫长过程。中国社会转型的起点有多种解释，学术界对“转型期”有不同的理解。中国仍处于社会主义初级阶段，社会基本矛盾没有变，发展中国家的地位没有变，鉴于此，为了有针对性地探讨，本文把“转型期”的起点定位于1978年以来的社会转型。今天的中国，更处在这个转型期的关键点和转折点。在社会格局转型的同时，法治秩序缓慢演进，其过程蔚为壮观也异常复杂，波澜起伏，峰回路转，令人兴奋又不断心生疑虑。如果抓准并抓紧法治建设任务，我们是能够在2020年建成“小康社会”的同时，完成蜕变，成为成熟的中国法治。因此，极有必要对当代中国转型期的法治化过程进行全景式的观察和结构性的描述，来拨开云雾缭绕的中国转型期法治的面纱。

一、法治化的社会与法律因素

基于人们对秩序与安宁的需要，法律须具有安定性价值，[1]然而法治并不拒绝发展和变动。法治是一种秩序状态，而法治化是向这种秩序状态逐步接近的过程。我们的法治不是“完成时”，而是“现在进行时”，虽然“转型期法治”不是一种成熟的法治类型，但它确实是一种社会转型中的法治化运动。易言之，我们暂时还没有成熟的法治，但我们已存在“法治化”。因此，本文把法治(Rule of law)更多地理解为“法治化”(Legalization)，这有助于我们把法治看作社会运动的动态过程，也

〔1〕［德］拉德布鲁赫：《法哲学》，王朴译，法律出版社2005年版，第73页。

避免“转型期”概念的滥用和误用。目前在使用“转型期”概念时存在一些错误倾向，比如把“转型期”当作社会落后和制度弊端的借口，把“转型期法治”理解为“临时性法治”“落后的法治”。实际上，转型期法治具有历时性、阶段性和转折性。法治问题历来存在理论上的理想模式或称法治原理，诸如法治的原则、法治的条件、法治的构成要件，它从法治的内部结构出发寻找其要素。而这往往给中国法律人带来坚定信念的同时也带来幻觉。对中国转型期法治进行考察和描述，需要找到从根本上影响它的外部因素，而不仅仅只是从法治本身的内部结构因素来描述。国情是法治的客观本土条件，是中国法治有别于理论形态的法治和西方意义上的法治的“变量”，我们应当结合国情的若干要素来描述法治的特点。这种决定中国法治特点的外部因素可被称为中国转型期法治的“国情性因素”。后文将把转型期法治的内在因素称为“回应性因素”。法治的国情性因素是国情客观条件对法治的一种挑战，它是回应性因素的基本前提和客观条件；回应性因素是法律人主观上从法律制度对策的角度对国情性因素做出的政策性选择。如果不以国情性因素为前提条件，不进行“社会学模式”的思考，那么法律人关于法律制度的思考模式就会落入“法理学模式”的巢臼。

从事物的发生来看，时间、空间、环境与主体无疑是相对固定的要素。法治的国情性因素离不开特定的时间与空间，也离不开环境与主体。我们究竟是在社会转型期来建构中国式的法治，抑或是说，我们正通过法治化来推进社会转型？这个问题涉及法治的主体与法治的环境两个问题。对法治本身而言，其动力主体与环境背景都是外部因素。从人的主观能动性意义上讲，我们与其说是在社会转型期来建构中国式的法治，毋宁说是我们正通过法治化来推进社会转型。因此，笔者把法治的国情性因素确定为时间进程、空间格局、环境背景、动力主体四个因素。这四个方面决定了中国法治的特殊性，通过这四个方面的描述，可以全景式地把握中国转型期法治的现状。

法治本身作为制度范畴，必须对转型社会做出回应。社会转型期是法律创制、制度革新的活跃时期，一方面法律创新是为了回应社会需求，另一方面又带来法律不稳定等转型期难题。西方学者的法治类型转型理论是根据西方经验设计的，[1]他们没有中国问题背景，更没有中国30多年社会变革与转型的特定经验，难以解决中国式转型期法治的问题。那么，中国法学家是如何回应转型社会带来的客观问题的？

中国自20世纪80年代以来的法治课题与理论成果大体上是就法治内部对转型期法治国情性因素的回应，这个时期的法学研究大致上可划分为以下四类主题：一是关于法治观念或法治精神的研究，包括张文显等人倡导的权利本位观，[2]李步云和徐显明等对人权观的推动，[3]梁治平等研究的中国传统法意和法律文化观念，[4]公丕祥、朱景文等研究的法制全球化观念[5]等。二是关于法治的社会转型研究，比如龙宗智的“相对合理主义”，[6]顾培东提出“从追仿型法治向自主型法治转变”，[7]就是研究法治折中性过渡策略的代表性学者和观点，有这种特点的学者观点遍及各部门法的研究领域。三是关于法治发展进

〔1〕 比如塞尔兹尼克提出的从压制型法、自治型法到回应型法的转型。诺内特、塞尔兹尼克：《转变中的法律与社会：迈向回应型法》，张志铭译，中国政法大学出版社1994年版，第29~81页。

〔2〕 张文显：《“权利本位”之语义和意义分析——兼论社会主义法是新型的权利本位法》，载《中国法学》1990年第4期。

〔3〕 李步云：《论人权的三种存在形态》，载《法学研究》1991年第4期；徐显明：《生存权论》，载《中国社会科学》1992年第5期。

〔4〕 参见梁治平：《寻求自然秩序中的和谐》，中国政法大学出版社1997年版。

〔5〕 参见公丕祥：《全球化与中国法制现代化》，载《法学研究》2000年第6期；朱景文主编：《全球化条件下的法治国家》，中国人民大学出版社2006年版。

〔6〕 参见龙宗智：《相对合理主义》，中国政法大学出版社1999年版。

〔7〕 参见顾培东：《中国法治的自主型进路》，载《法学研究》2010年第1期。

路研究，比如苏力以进化论理性主义主张本土资源论，[1]季卫东主张建构论理性主义。[2] 四是关于法治运行环节的研究，比如张志铭等的司法改革、法律体系和司法方法问题研究、[3]李学尧和刘思达的法律职业研究。[4] 正是这个时代客观上促成了这样四类课题的产生——法治的观念形态（中国社会观念变革思潮下树立什么样的法律观念?）、过渡策略（如何从策略上兼顾法治理想与现状?）、发展进路（中国法治如何在演进式与建构式之间选择?）、运行环节（转型期法治的具体环节有什么重点和难点?）。总之，中国法学家通过这四个要素来分析中国转型期法治“应当”如何从主观角度回应中国法治的国情性因素。

二、转型期法治的国情性因素

从“社会学模式”来观察中国，转型期法治受多种因素的制约，其中最主要的是时间要素、空间要素、环境要素及主体要素四方面的制约，这是不可轻视的“变量”，我们法律人无法仅仅从“法理学模式”的规则、逻辑、普遍主义和参与者角度给中国法治提出标准化要求。分析这些要素，不仅是为了把握转型期法治的外在的国情性因素，更重要的是提示我们如何更好地认识中国未来法治的特殊性，摆脱长期约束我们思想的消极等待的“国情论”，更快捷地走向成熟的法治。

（一）转型期法治的时间进程

“法治不仅仅是一个逻辑化结构的社会关系，时间是法治的内生变

---

〔1〕 参见苏力：《法治及其本土资源》，中国政法大学出版社1996年版。

〔2〕 参见季卫东：《法治秩序的的建构》，中国政法大学出版社1999年版。

〔3〕 参见张志铭：《法律解释操作分析》，中国政法大学出版社1998年版。

〔4〕 李学尧：《法律职业主义》，中国政法大学出版社2007年版；刘思达：《失落的城邦：当代中国法律职业变迁》，北京大学出版社2008年版，等等。

量”。[1] 然而，转型期法治不是被动的演进，也需要抓住时间流水中的机遇，转型期法治是在一些重要的机遇期中得到发展的。最近的主要机遇是经济高速增长与全球化。机遇对中国社会的挑战也应该是转型期的国情。全球化本身不是中国国情，但中国在转型期要应对全球化，这便成为我们转型期的国情。

19世纪末以降摸索而来的“效仿式”的法制，在20世纪80年代末以后的十余年里仍然以一种“摸石头过河”的“效仿式”法制形态再现。中国转型期法治在起步时正值经济持续高速发展时期。在过去30多年的社会转型中，我们通过“法制”到“法治”转变，保障了社会稳定局面与经济持续发展，但经济发展与法治化的关系并非完全成正比的，相反，经济与社会发展促使法律制度被动地突破与更新。中国的法律制度建设出现“简单效仿引进”与“自主创新建构”的结合状态。[2] 国际化和全球化[3]的大背景，法治出现“机遇与挑战并存”的局面。另外，出现了法治的传统法律难以防范和控制“风险社会”带来的国内与国外双重围困的“非传统安全”问题，“全球性的法律重构”又产生了另一种风险——制度风险。[4]

直到最近的十余年（2003～2013年）中，时间进程上出现一些状态，实行了五六年的法治被突如其来的外来的金融危机和内部的群体性动荡所困扰。此时出现两种“法治观”，一部分人相信法治，认为社会失序

---

〔1〕 参见苏力：《二十世纪中国的现代化和法治》，载《法学研究》1998年第1期。

〔2〕 顾培东：《中国法治的自主型进路》，载《法学研究》2010年第1期。

〔3〕 中国在改革开放之初就迎来了国际化和全球化，1990年后中国加入或接受的属于国际私法的或与国际私法有关的国际条约（含双边条约）就有80个左右，迄今仅在人权方面就加入了20项国际公约。目前中国正面临着全球化这一国际秩序转型。理论界也有认为全球化本身也是一种转型，称为“转型论”。此外还有“怀疑论”“超级全球化论”。参见［英］安东尼·吉登斯：《社会学》，赵旭东等译，北京大学出版社2004年版，第72页以下。

〔4〕 李文祥：《论制度风险》，载《长春市委党校学报》2008年第5期。

现象不是法治自身导致的，而是法治不健全导致的，主张继续搞法治。另一部分人开始怀疑法治，以为社会失序现象是法治自身的问题，认为要搞法治但不能过于迷信法治，甚至在政治决策上出现了逆反法治的举措，比如地方治理中的重庆现象，比如司法领域抵制职业化现象，这都与“法治怀疑论”有关。虽然上下左右的人都主张法治，法治成为大家的共识，可是搞什么样的“法治”却形成了分野。因此，中国法治进程正处在左右摇摆时期。

（二）转型期法治的空间格局

转型期法治必然在全国范围内出现不平衡发展，法治不平衡问题的主要原因在于“东西差异”和“城乡差异”，各地法治化程度不一致，水平不统一。带有“移植性品格”的法律在原本就有自身内在秩序的乡村社会引发了不适效应。[1] 而且，并非所有地域都有条件、有需要实行典型意义上的法治方式。可能在某些地域某些非法治的传统治理方式发挥着更为有效的作用，比如在传统乡村中，调解可取代法治下的法官审判方式；并非所有的区域都急切地需要诉讼和法官；并非所有的事务都有必要或适合采取法律治理的方式。然而，我们不能把这些地域与“落后”画等号，更不能与不文明画等号。在法治各环节中，法律制度资源对不同区域、不同社会群体、不同个人的分配与共享，目前存在不平衡、不合理的现象。[2] 我们在全国性立法中不应该把东部的法律经验普遍适用到西部，在地方性立法中不应该把适用于城市的标准强加给农村。

转型期“先发”地区更有条件和动力去推进法治化，部分区域事实

---

〔1〕 李德瑞、吕德文、申端锋：《乡村问题如何“惊扰”了中国社会科学》，复旦大学社会科学高等研究院2011年度“中国深度研究”跨学科学术工作坊结题报告。

〔2〕 参见顾培东：《中国法治进程中的法律资源分享问题》，载《中国法学》2008年第3期。

上已出现"先行法治化"的实践。我们不得不正视这个现实。"先行法治化"其含义包括(1)先行法治化的"化",是动作之过程而不是结果;(2)先行法治化的特征包括尊重规则、尊重权利、尊重司法、尊重秩序等等;(3)法治不等于单纯依法律的治理,而是"规则之治",即依包括法律在内所有既定规则的治理。这些特征通常现在陌生人社会特征明显的地区。陌生人社会通常又出现在经济先发地区,这些地区的工商界人士、政府官员以及人民群众的规则意识与秩序意识较强,他们对规则和程序的敬畏较早转化为生活习惯,特别是以工商企业界人士为代表的广大中等收入阶层对法治的需求较高,他们是中国法治最大的"需方"和"消费者"。这些地区有可能成为探索当代中国社会主义法治理论的天然试验田。[1]

(三)转型期法治的环境背景

中国转型期法治不仅背负着沉重的历史与现实负担,而且还受目前环境背景的制约。因此,转型期法治的进程一直是艰难的。从转型期法治的环境背景来看,法治与经济、政治、社会、文化出现较大程度的分离。主要表现有其一,经济发展比法治过程的速度快得多,法律在应对高增长的经济变革中变得比较被动。政策启动和调控频率很高,法律制度变迁调整的频率也很高。其二,现行政治体制和机制总体上是改革前计划经济时期形成的,目前已逐渐暴露出体制和机制的诸多不适应。其三,转型社会导致结构性的社会矛盾,给法治化带来巨大冲击。产生当今中国诸多经济社会矛盾和问题的是"结构性原因"[2]或

---

〔1〕 孙笑侠:《区域法治的地方资源》,载《法学》2009年第12期。

〔2〕 陆学艺:《当前中国社会生活的主要矛盾与和谐社会建设》,载《探索》2010年第5期。

"基础性社会矛盾"。[1] 因此司法机关面对的难题,不是司法机关自身所能够解决的。其四,制度建构与文化绵延同时并存且时有碰撞。社会转型期要做到制度建设的计划性是有难度的,因此,我们转型期法治出现"模糊计划"与"循序试错"的特点。基于这些原因,我们的社会管理领域采取了"综合治理"的模式,但尚未完全被纳入法治轨道。

(四)转型期法治的动力主体

1978年以来,最初的法治推动力是自上而下的官方推动。[2] 中国转型期法治存在一种政治领导力。中国共产党在这30多年里,以类似于"转型正义"的方式,推动着中国的法治化运动。经过这十多年的发展,法治被中国共产党首次确定为治国理政的基本方式,强调要更注重发挥法治在国家治理和社会管理中的重要作用。未来的法治建设中,党政领导干部也要"运用法治思维和法治方式"来提高"深化改革、推动发展、化解矛盾、维护稳定的能力"。[3]

原来并不突出的民间推动力量——民众自下而上的作用在近10年来日益凸显。权利意识的强化预示着人们对法治的强烈需求。我们这30多年的最大变化是中国公民权利观念的增强,没有权利意识的勃兴就没有法治。中国农民特殊利益主体,他们对权利平等、权益保障、收入公平等问题的诉求,需要引起高度重视。

法律职业正在形成过程中,但迄今没有形成自治性的职业或专业

---

〔1〕 顾培东:《能动司法若干问题研究》,载《中国法学》2010年第4期。

〔2〕 有学者称为"政府主导型的法制"。蒋立山:《论政府主导型的法制现代化》,载《法学杂志》1995年第3期。

〔3〕 胡锦涛:《坚定不移沿着中国特色社会主义道路前进,为全面建成小康社会而奋斗——胡锦涛同志代表第十七届中央委员会向大会作的报告摘登》,载《人民日报》2012年11月9日第2版。

共同体,在正式法律制度中没有被认可为“职业”,而只是“行业”。[1]如果说民间力量是原动力,官方的推动力是主导力,那么法律职业的推动力是一种自主的独立于其他两个方面的具有专业性建构作用的力量,可称为法治的“建构力”[2]。

三、转型期法治的回应性因素

近30年来,我们在法治上的宏观或细微的变化,大抵都表现在观念形态、过渡策略、发展进路和运行环节这四个回应性因素上,它们具体表现为以观念更新来调整政策与策略,再以政策策略调整来带动法治发展两种进路的兼顾,最后再通过制度创新和机制革新落实到法治的各个环节上。这些变化都是对法治国情性因素的回应,有些是积极的,但也存在不少客观上和理论上的问题。有些回应是具有可持续发展的,但有些回应是临时应变的;有些问题的回应是需要时间的,有些问题的回应是需要决心和智慧的。

(一)转型期法治的观念形态

转型社会制度变革总是在先进的意识、观念和理论的引导下展开的。在转型期任何一个时段,法治观念或意识总是领先于法律制度的实施。部分知识精英、社会活动家和政治家,善于观察中国社会变化,

---

〔1〕 职业不同于行业,“Occupation 通常分为两种,一是所谓 Trades,它不须多事训练,如工匠之类;至于医士、教师,则为 Profession,须多量之修养,又其努力之对象,不为小已之利益,而为群之幸福……”转引自郑晓沧:《大学教育的两种理想》,杨东平编:《大学精神》,辽海出版社2000年版,第52页。我国现行《律师法》第2条规定“本法所称律师,是指……为当事人提供法律服务的执业人员”,而不是“职业人员”。第46条规定律师协会的职责之一是“制定行业规范和惩戒规则”,而不是制定“职业规范”。现行《法官法》和《检察官法》中只在涉及“恪守职业道德”时,才使用“职业”二字。

〔2〕 孙笑侠:《搬迁风云中寻找法治动力》,载《东方法学》2010年第4期。

善于接纳人民群众的心声,善于总结历史经验教训,善于借鉴外国社会文明进步的成分,他们率先在法治方面倡导某种时代精神,并相继起到启发、启迪和启蒙的作用。比如,20 世纪 70 年代末出现的“邓小平民主法制思想”;[1]80 年代倡导法治的初潮;80 年代末开始“权利本位观”的争鸣;90 年代的程序主义法治观念的勃兴。近年来,法学界还从“法治精神”或“法治理念”的层面,对法治作了逐步清晰的表述。目前已把法治作为与自由、平等、公平并列为社会主义核心价值观。[2]

当今中国社会变化加剧,各种思想观念并存。在厘清各种观念中,还迫切需要确立一些重要的观念:从国家观念来看,与法治相关的若干基本的制度理念需要予以确立,包括民间自治观(社会与行业)、司法独立观(审判与检察)等;从干部观念来看,要讲究以法治的方式和法治的思维来满足“人民群众的新期待和新要求”,这成为十分重要的干部观念;从百姓观念来看,法治观和权利观都需要更新。存在的问题是,一方面民众随着对法治的需求量急剧增加和期望值的迅速提高,民众主观愿望与法治秩序的实际供量之间存在不一致;另一方面对法治秩序的需求带来对权利的渴望,但也带来对权利的滥用和对他人权利的不尊重。

(二)转型期法治的过渡策略

转型期法治观念形态在艰难地渐变,这也带来法治的过渡策略的采用。中国转型期法治存在自身的、内部的和总体上的转型。这些转型还在进行中,我们的回应就是策略性的拆中、兼顾和平衡。我们可以

[1] 参见邓小平:《解放思想,实事求是,团结一致向前看》,载《邓小平文选》(第 2 卷),人民出版社 1989 年版,第 146 页。

[2] 胡锦涛:《坚定不移沿着中国特色社会主义道路前进,为全面建成小康社会而奋斗——胡锦涛同志代表第十七届中央委员会向大会作的报告摘登》。

把改革分为“初期型改革”与“深化型改革”，与之相适应地，转型期法治存在“半法治”向法治过渡策略，主要包括：

首先，社会转型期是法律创新的活跃时期，这个时期的制度断裂现象也最为显著，即改革前的旧制度与改革后的新制度并存且冲突，未来趋势是有所减少但不会完全消除。转型期法治仍然有“双轨制”的过渡策略，特别是对于因制度改革而处于社会最不利地位的利益主体，应当给予特殊的制度安排。[1] 其次，转型期法治是新旧制度交叉和过渡，因而常常出现合法但不合理的混合。再次，转型期法治的形式特点不完全符合法治“内在道德”[2]的要求，还不完全是规则的治理、程序性的控制和职业化的运行。最后，转型期法治在涉及理想与现实的价值冲突取向上，总是以一种折中、妥协的办法来处理协调。诸多矛盾冲突的时候，唯有采用“统筹兼顾”方法，[3]这是转型期执政策略的特点。然而，用折中、妥协的办法来协调多元价值冲突，也应当有一种过渡策略的制度性机制。否则会使“半法治”沦落为人治。

(三)转型期法治的发展进路

折中和兼顾的过渡策略，促使我们在法治进路上有了或自发或自

---

〔1〕 来自罗尔斯的“差别原则”(Difference principle)，参见［美］约翰·罗尔斯：《正义论》，何怀宏、何包钢、廖申白译，中国社会科学出版社2003年版，第60~61页。

〔2〕 指富勒(Lon Luvois Fuller)意义上的法治内在道德，包括：(1)一般性，对一般人都适用的，平等而普遍地适用；(2)公布；(3)非溯及既往；(4)明确；(5)不矛盾；(6)可为人遵守；(7)稳定性；(8)官方行为与法律的一致性。参见［法］郎·富勒：《法律的道德性》，郑戈译，商务印书馆2005年版，第55~96页。

〔3〕 毛泽东1956年在《论十大关系》一文中提出“统筹兼顾，各得其所”。1957年他在《关于正确处理人民内部矛盾的问题》一文中进一步强调“统筹兼顾”。邓小平也强调“统筹兼顾”的思路。中共十六届三中全会提出“五个统筹”，实际上讲的就是统筹兼顾。中共十七大报告在“五个统筹”的基础上，进一步提出要统筹中央和地方关系，统筹个人利益和集体利益、局部利益和整体利益、当前利益和长远利益，统筹国内国际两个大局。

觉的选择。理论上讲,法治化存在演进式与建构式两种类型,[1]在实践状态下,它们又具体化为多种多样的发生方式。目前转型期法治发展的基本进路,偏重于推进式,它属于建构式中的一种有效率但较机械的方式。的确,转型期法治发展进路并非靠自上而下地官方推进或无为被动地自然演进,而应该是演进式与建构式的结合。法治在历史的自然演进中获得发展,这固然是客观事实,但是人作为主体在历史面前并不是无所作为的、被动的,而是能动的。要在自然演进的过程中注入主体积极主动的理性因素,推动"建构型法治"。

转型期法治的建构性发展始终依靠改革,是以改革作为法治发展的根本方式。[2] 我们常说的中国改革的"渐进式",不同于社会的自然演进,而是包含有一定建构理性的。转型期的制度建构与文化绵延并存,且时常发生摩擦碰撞。转型期法治应当充分考虑本土资源的适应性演化,这种演进式法治带来的优势是显著的。其实这种情况在一百年前的"法理派"与"礼教派"的争论中就已经显现出来,即使在今天来看,礼教派的观点并不是完全没有见地的。中国社会秩序确实存在特殊性,比如被费孝通先生称为"教化权力"的那种现象,它既非民主又异于专制。[3] "在考虑中国历史文化传统、现状、福利国的影响和现行宪法规范的前提下,在某些领域以法律父爱主义作为立法原则是正当和可行的。"[4]因此,应当区分不同的领域和问题,根据民众生活的接受程度,分别应用制度建构与制度演进两种方式和进路。

---

〔1〕 比如哈耶克在《法律、立法与自由》一书第一章谈了"建构与进化",参见[英]哈耶克:《法律、立法与自由》,邓正来译,中国大百科全书出版社 2000 年版,第 1 页。

〔2〕 徐显明在浙江大学参加全国"转型期法治"研讨会上的发言,2009 年 12 月 13 日。

〔3〕 费孝通:《乡土中国》,上海人民出版社 2006 年版,第 70 页。

〔4〕 法律父爱主义是在尊重公民人格与主体性基础上、为了相对人自身利益而对其自由进行温和限制的理论主张。参见孙笑侠、郭春镇:《法律父爱主义在中国的适用》,载《中国社会科学》2006 年第 1 期。

（四）转型期法治的运行环节

在建构与演进二元并重的法治发展路径上，转型期法治在诸如立法、行政和司法等运行环节的表现，也受观念形态、过渡策略和发展路径的影响，具有回应国情挑战的特点。中国转型期法治的初期建构在运行环节的机制上是由立法来引导行政和司法的，也是由立法来引导民间社会来被动接纳这种新秩序的。这是典型的自上而下的推进式的法治建构路径。但它是采取国家主义[1]粗放式建构的策略进行的。法律的粗放必然增加其内容的模糊性和不确定性。

我们这30年来之所以经历过从粗放式立法向精细化立法转变的过程，就是因为我们基本上选择了一条建构式的法治路径。目前，中国特色社会主义法律体系虽已建成，但立法任务依然艰巨而繁重。[2] 立法重点必然会发生变化，可以预测到，今后的中央立法将会是从“部门法中心”的立法思路，转向“行业法中心”的立法思路，重视各行业“特别法”的完善，诸如金融法、农业法、劳动与社会保障法、医事法与公共卫生法、资源与能源法、文化与教育法，等等。同时带动地方立法也重视地方性行业法律的制定。

转型期法治在纠纷解决机制方面、司法人员方面，都出现了大众化与职业化既相互矛盾又“双管”齐下的要求，国家和社会要求司法权以

---

〔1〕 张志铭认为中国法律体系建构的技术特点及缺憾，即理性主义的建构，但忽略了法律秩序的自然生成；国家主义色彩，但却对社会自治、国家认可缺乏足够的认识；立法中心—行政辅助的运作模式，但却对司法对立法的意义没有足够的重视；简约主义的风格有利于形成全国统一的法律秩序，但却会掩盖问题的复杂性和多样性。参见张志铭：《转型中国法律体系的建构》，载《中国法学》2009年第2期。

〔2〕 吴邦国：《在形成中国特色社会主义法律体系座谈会上的讲话》，载《人民日报》2011年1月27日第2版。

适度的能动性[1]作为对传统的被动性司法的补充,以调解等非正式解纷机制作为司法职业化的纠偏。为了回应社会情势,最高人民法院于2009年倡导"能动司法",可是对它难免存在两种相反的担忧,其一是担忧传统的司法无法回应社会矛盾和问题,其二是担忧能动司法会让司法改革"走回头路",甚至让法治走回头路。于是,我们要看到,当社会转型中出现了法律漏洞、权利保障及社会实质正义等问题,而立法暂时不能及时纠偏的情况时,需要依赖法院而不是其他,应当通过司法方式予以矫正和整治。比如美国沃伦法院时期的司法能动主义,主要是通过最高法院的法律解释来解决权利保障的法律漏洞和制度转型的难题。

四、促使转型期法治蜕变的中国式任务

通过对转型期法治的国情性因素和回应性因素的描述,我们可以考察转型期中国式法治的基本任务。以下结合四个国情性因素和四个回应性因素,建立了一个粗线条的分析框架,推导和阐释中国转型期法治特有的关键性任务。它们不同于法治历史上的西方式任务,而是由深嵌于中国本土问题所引发的任务。我们过去在过渡策略、发展进路、运行环节、观念形态四个方面的回应是不够的,在未来发展中,这四个方面还存在变革和发展的潜力和空间。如果在今后的8年至10年内能够优化和强化这四个方面对国情的回应,我们有理由相信中国转型期法治可以通过一段时期的茧封与焰炼,完成蜕变,成为成熟意义上的法治。

[1] 司法能动性的原意是指法官和法院广泛运用审判权特别是司法解释权,通过扩大平等和个人自由的手段去促进社会公平正义。它来源于美国的 judicial activism,又译司法能动主义、司法积极主义。[美]克里斯托夫·沃尔夫:《司法能动主义——自由的保障还是安全的威胁》,黄金荣译,中国政法大学出版社2004年版,第3页。

（一）缩减过渡策略上的“半法治”

在欧洲社会的法治化进程中，基督教教会和欧洲商人的作用是关键性因素，况且法治发展的重心在宗教社会和民间社会，而不是政治国家。中国没有类似的宗教传统资源，商人的兴起也相当迟缓，直到20世纪80年代以来的经济市场化中才出现商人群体，出现中等收入阶层的增长。转型期法治的实行可以是先发地区为主的局部的、相对的先行法治化，而其他区域“半法治”或“准法治”状态可以逐步缩减。我们过去只强调法治的“国家大一统”局面，误以为只有在全国范围内实行法治才叫“法治”。其实，在部分先发地区法治化快一点，是具有政治正当性[1]和法律可行性的。转型期法治的过渡策略是逐步扩大法治方式在国家治理与社会管理中的应用范围。在今后的新阶段，需要“新”法来固定经济改革、政治改革、综合治理等方面的经验和成功做法，有计划地在经济建设、政治建设、文化建设、社会建设和生态环境建设的“五位一体”中推进法治。其他区域“半法治”或“准法治”状态可以通过另一种途径逐步缩减，即其他区域“半法治”或“准法治”状态可以通过另一种途径逐步缩减，即要重视行业法治现象。与法治国家并存的是法治社会，法治社会有地域和行业两条线索，地域是指法治的地区差异性，行业是指法治的行业特殊性。各行业领域的法治化是可以期待的，既然地域意义上的法治不能平衡发展，那么我们通过行业法治建设来弥补“东西差异”“城乡差异”带来的法治不平衡。

法治不仅在社会管理领域发挥重要作用，还在国家治理领域发挥重要作用，从法治的社会与国家“二元论”的意义上，既实现法治社会，

---

〔1〕 邓小平在1985～1986年提出的主张的“让一部分人、一部分地区先富起来”的主张。这成为此后政府经济工作中的指导方针，也不妨成为政治改革和法治工作的指导方针。

又实现宪政意义上的“法治国家”。国家层面的法治需要关注的是,如何通过法治方式和法治思维来治国理政,如何建立可能出现的权力危机的安全阀机制。在地区性不平衡发展状况下,转型期法治的空间区域关系还应当在中央与地方关系、承认东西部差异、承认城乡差别的制度安排上有所进展。长期以来,“地方服从中央与尊重地方自主权”还没有纳入法治化轨道。应当通过制定调整中央与地方关系的一般法[1]来调整中央与地方的现行关系。

从环境背景上,关键是要把“综合治理”纳入法治的轨道。“综合治理”在急剧转型的短期内是必要的,但它绝不是脱离法治的特殊管理模式。“中国法律改革的将来不在于移植论和本土论的任何一方,而应该在于两者在追求现代理念的实践中的长时期并存和相互作用。”[2]目前“多元混合秩序”[3]的存在为综合治理提供了相当大的生存空间,甚至出现违宪违法嫌疑的情形,应当尽快予以纠正。多种类的和解、调解等非诉讼纠纷解决机制,需要在实践中提炼和总结出具有理性的制度。用折中、妥协的办法来协调多元价值冲突,也应当有一种过渡策略的制度性机制,这就是被我们长期忽略的正当程序方法。如果通过商谈的程序性方式,来解决新旧制度转型交替中的矛盾和冲突,则会形成一种更有利于法治推进的良性氛围和积极效果,也能够逐步缩减法治化过

〔1〕 一些国家采取法律的形式对中央与地方的关系予以确定。比如英国1972年的《地方政府法》,法国1982年的《关于市镇、省和大区的权利和自由法》、1983年的《关于市镇、省、大区和国家权限划分法》、1984年的《地方政府服务法》等,西班牙有1985年的《地方政府法》,葡萄牙有1977年的《地方政府法》。这些法律都详细地规定了地方政府具有的权限,使地方政府的行为有法可依,中央与地方的权限也有相对固定的法律界限。

〔2〕 黄宗智:《中国法律的现代性?》,载《清华法学》(第10辑),清华大学出版社2007年版。

〔3〕 刘作翔认为当代中国社会的社会秩序形态呈现出一幅由“法治秩序”与“礼治秩序”、“德治秩序”“人治秩序”“宗法秩序”等组合而成的“多元混合秩序”。参见刘作翔:《转型时期的中国社会秩序结构及其模式选择——兼对当代中国社会秩序结构论点的学术介评》,载《法学评论》1998年第5期。

程中的“半法治”的范围。

从法治主体上,重要的是处理好大国治理中的传统威权与现代法治的关系,其中关键问题在于如何构建中国式的“回应型法”[1]。转型期法治除政治领导力之外,还应当由各级人大和政府推行并参与法治化运动,使各级政府的法治化愿望成为内在需求,变得更加主动化。促成官方、民间和职业法律人这三方面在法治化运动中的合力。

(二)有区分地应用建构式与演进式进路

资本主义国家的市场安排靠相互尊重的交易者、交易规范和制度推动和支撑。中国市场经济的发展是在政府放权和政府推动下展开的,因此,中国在改革开放之初,自上而下地推进制度改革与建构也就顺理成章。在社会发展的新阶段,通过国家有计划地建构法治的同时,让社会通过自治性地演进法治也已成为必要。

据此,要完成的中国式任务就是有针对性地界定哪些局部领域的事务可以建构或试验性地建构?哪些局部领域的事务需要演进或分阶段地演进?经验告诉我们,可以建构的领域主要在于一些公法领域的制度,特别是哈耶克所谓的“外部规则”[2]。行政诉讼法于1990年从无到有地建构就是一个例证,这一制度今天已逐渐融入普通百姓的法律活动中。在转型期推行法治,不能不尊重社会的多元秩序格局,其法律

〔1〕 回应型法则是一种强调在目的指导下的法律体系,也是一种将形式正义与实质正义充分统一的法律类型。诺内特、塞尔兹尼克:《转变中的法律与社会:迈向回应型法》,第21页。

〔2〕 哈耶克区分了“内部规则”(Nomos)与“外部规则”(Thesis),前者又称“自由的法律”或“普遍的正当行为规则”,是指非由国家机构制定的但符合人们预期的规则,它是私人有合法理由所预期的东西。所谓的“外部规则”即“政府组织规则”,主要包括政府规则、程序规则和法院组织法规则等。哈氏还认为,这两种规则的区别,同私法与公法的区别,有着密切的关系,有时候前者还明显等同于后者。[英]哈耶克:《法律、立法与自由》,邓正来译,中国大百科全书出版社2000年版,第197~208页。

体系应当是多元混合型的。法治并不是要使所有社会关系都受国家法的单一控制,而是使社会关系受包括国家法在内的多元化规则的调整。目前一部分学者倡导和关注软法研究,[1]也说明了国家法之外规则的重要性。因此,有必要通过立法或司法解释,对行业规范、民间习惯、家法族规、村规民约、宗教戒规采取保护性措施和选择性利用,以降低社会法治化成本、增进法治的本土资源因素与加快法治化速度。

从时间维度上看,漫长的转型期给法治自然演进进路提供了条件。但从空间维度上看,应当看到城乡差别格局下的城市和经济先发地区对制度理性建构的需要。从环境背景来看,在一些具有乡土传统的区域,应当允许乡村社会自然演进,甚至在司法判决中直接认可乡村社会规范。而在城市和经济先发地区,规则意识、权利意识和程序意识已经成为人们生活的一部分,应当认可并支持局部地域"先行法治化"。从法治主体因素来看,要重视和利用民间法治需求进行法治秩序建构,特别是中等收入阶层和农民对法治的需求,他们是法治的原动力,从而体现法治的"以人为本"的人权精神。此外,还应当重视职业法律人在法治秩序建构中的特殊作用:法律人用职业知识和技能,深入社会与市场生活的第一线和核心地带;应当把他们在预防矛盾、解决纠纷的过程中积累的经验提炼出来,成为制度发展的素材,从而发挥法律人建构法治秩序的作用。法律职业是除官方和民间之外的第三种推动力,其推动力的作用往往在初期是微弱的,但到中期开始则是不可低估的法治建构力。政府不仅要尊重法律职业的思维方式和自治性的活动空间,还应当引导民间加强对法律职业的认同,同时树立起法律人的职业威信,从而与政府、民间一起共同推进法治化。

---

〔1〕 罗豪才、宋功德:《认真对待软法——公域软法的一般理论及其中国实践》,载《中国法学》2006 年第 2 期。

（三）遴选并健全法治的必备制度要件

西方当代法治是以近代资产阶级革命和立宪为起点，根据前资本主义政治制度的教训和惯例来设计议会制度、行政制度和司法制度的。所以西方学者认为“在转型时期，法律的连续性价值受到了严峻的挑战”。[1] 然而，中国法治是以20世纪80年代初开始的改革原有体制为起点的。在中国转型期，受中国国情元素挑战的，主要不是法律的连续性价值，而是法律的普遍性和社会主义法律价值观。因此，中国不存在新旧制度或新旧法律之间的连续性问题，而存在某些法治要件有和无、健全与残缺的问题。从法治的具体环节来看，中国式的任务就在于把握转型时机与重点，选择并确定法治的必备制度要件。从“法理学模式”来看，法治所需要的制度要件并不广泛。另外，从“社会学模式”来看，转型期的中国法治所需要的制度要件的范围并非远不可及，我们需要建立一个能够专门负责宪法实施监督的权威机构、一个独立的审判机构体系和一个遵守法律的行政机构体系。

从转型期法治的时间进程来看，国家应当进入实施宪法与法律的“后立法”时代。特别是让宪法在治国理政中发挥重要作用，加强宪法的实施，落实违宪审查制度，成为今后最关键的任务。这其中最重要的，是改革司法体制，实行审判独立。“后立法”时代的立法任务也已到了重点转移的时候，不仅立法权要重心下移，鼓励和支持地方性的自主立法，还要把中央与地方立法的重点放在行业领域的制度化和规范化。“后立法”时代，应当从立法中心主义向司法中心主义转变。司法是立法与行政的连结点，是社会与国家的连结点，是国家与公民的连结点，是法律规则与社会事实的连结点，也是理想与现实的连结点，在法治建

〔1〕［美］璐蒂·泰铎：《变迁中的正义》，郑纯宜译，商周出版社2001年版，第17页。

设中应当重视和突出这个“多重连结点”。从空间格局来看,既要克服地方保护主义以维护中央权威,又要加强地方立法权。从转型法治的环境背景和动力主体来看,应当构建一个“统一兼分层司法”的新格局即在司法权统一的前提下,在基层建立适应乡土社会和基层民众生活需要的司法制度,从诉讼程序到法官任职资格,都体现基层对司法的需要。培养和提高领导干部的法律思维与法治化管理能力,运用法治方式来推进改革与发展,运用法治方式化解社会矛盾冲突。同时,推进法治的深度和广度,重视行业法治,让民间行业成为法治建构的新主体,在推进政府法治化的同时,增强行业自治性,让行业与官方、民众、职业法律人并列成长为法治秩序的新主体,以主体的身份加入法治中来。

为了应对社会利益与思潮多元化带来的矛盾,必须加强人大的民主化特征,代表的实质性选举制,立法中的听证与辩论等立法程序要件,保证立法的对抗性和可论证性,从而保证人大及其立法的民主性和科学性。推进依法行政,加快建设法治化政府。尤为重要的是,必须根据司法的“多重连结点”的特殊地位,加快司法独立化改革的步伐,制订司法改革的分步骤计划,目前可先行一步的是,革除同级政府对审判机关在财政拨款与人事编制的控制,改善党对法院工作的领导方式,增强对“法的安定性高于合目的性”的认识,增强对职业法律人的信任度,重视法律人在政治与法治进化中的作用,减少地方各级党政领导者对审判活动的影响力,强化司法基本保障,进一步深化司法体制与机制改革。到2020年时,司法公信力和人权保障成为“小康”的一个重要指标,其中还存在许多中国式任务和课题。为统一司法观念,有必要梳理出若干对基本范畴,创建中国司法哲学。我们的许多司法问题都存在争议,我们迫切需要当代中国自己的司法理论。比如实质正义与形式正义关系如何处理?提倡司法能动还是保持司法节制?司法注重社会效果还是法律效果?在当代中国,随着人民法院开始越来越广泛地介入社会生活，法院的公共政策创制功能已经显现并且发挥着越来越重要的作用。[1] 需要我们从理论上加以协调整合，继承中国司法传统和当代中国司法实践经验，确立一套中国司法哲学，这是一项需要法律人长期探索的任务。

（四）在法治和正义观念上克服实质性思维的副作用

观念的变革是最迟缓的，但也是最深刻的。西方没有中国式的政治和道德环境背景，西方把法律的施行委托给一群专职的人，特别是法律职业者。韦伯还发现只有欧洲的文化才发展到“逻辑的形式理性，也就是造成法律的优势——法律统治的地步”。[2] 中国转型期法治也是法治初创期，形式主义法治或形式理性的法治对中国显得比实质主义法治更为重要。[3] 相对于欧洲而言，中国因为家庭伦理的发达，缺乏“逻辑的形式理性”，无法产生稳定的、完全去除身份关系的法律制度。中国没有现代法治的传统，没有专门的法律职业，但存在传统的正义观和理性观，一种强调有差序性的特殊主义，或至少是特殊主义容易膨胀的正义观。[4] 实质理性的正义观在中国表现为强调统治者意志（国家主义倾向）、道德原则指导和对事实真相的强调。[5] 它一直传承到今天，我们可称为实质主义的正义观，并影响着我们的立法、司法和守法

〔1〕“法院不仅仅适用法律而且有必要行使较大程度的裁量权限，以谋求案件的解决获得明显的政策性效果这一点，已经获得了广泛的认同。”参见苏力：《农村基层法院的纠纷解决与规则之治》，载《北大法律评论》（第2卷第1辑），法律出版社1999年版，第80～81页。

〔2〕洪镰德：《法律社会学》，扬智文化事业股份有限公司2001年版，第189页。

〔3〕梁治平：《法治：社会转型时期的制度建构——对中国法律现代化运动的一个内在观察》，载《当代中国研究》2000年第2期。

〔4〕参见林端：《儒家伦理与法律文化——社会学观点的探索》，中国政法大学出版社2002年版，第96页。

〔5〕黄宗智：《清代的法律、社会与文化：民法的表达与实践》，上海书店出版社2007年版，第181页。

观念。[1] 它固然反映了中国人对理想的向往,但它利弊参半,至少影响我们转型期形式主义法治的建设和形式理性的确立,给国人规则意识的确立带来副作用。[2] 政法工作坚持从实质上考虑社会效果和政治效果,会不顾法律的形式性(规则、程序和职业规律)的限制,甚至为了国家主义的"合目的性",而违反"法的安定性"。[3] 这种"实质主义"的危险性就在于,它会演变成"法律工具主义"。[4]

基于这些差异,可预见中国转型期法治的时间跨度长,同时要解决国人对法治持久的信任和信心,并逐渐倡导一种对法律的敬畏(替代西方式的法律信仰)。而这种对法律的敬畏需要从形式主义法治入手,逐步寻找与实质主义法治的结合点。因而,在法治的观念形态方面,还存在另一个更深层的问题和任务,如何兼顾形式法治和实质法治,注重两者之间的有机统一?如何克服传统的实质主义和实体正义思维倾向的弊端,削减实质主义思维中的国家本位成分,把中国实质正义观与西方形式正义观相结合?解决该问题的路径在于:一方面,我们需要通过正当程序机制来建立一种能够化解"实质主义"正义观之弊端的中国法律哲学;另一方面,我们需要重视职业法律人的直接作用(维护对法律的敬畏),因为,职业法律人的任务是通过适用和解释来保持法律自恰性和一致性。[5]

---

〔1〕 中国传统的法律观念是一种实质主义的法律观。参见孙笑侠:《中国传统法官的实质性思维》,载《浙江大学学报》2005 年第 4 期。

〔2〕 孙笑侠:《法治、合理性及期代价》,载《法制与社会发展》1997 年第 1 期。

〔3〕 "正义和合目的性是法律的第二大任务,而第一大任务是所有人共同认可的法的安定性,也就是秩序与安宁。""法的安定性不仅要求能够限定国家权力,并能够得以实际实施的法律原则的有效性,它还对其内容、对法律可操作性的可靠性以及法律的实用性提出了要求。"参见拉德布鲁赫:《法哲学》,第 73 页以下。

〔4〕 郑成良:《法律的定位:正义、程序与权利》,载《文汇报》2010 年 6 月 5 日第 8 版。

〔5〕 [英]哈耶克:《法律、立法与自由》,邓正来译,中国大百科全书出版社 2000 年版,第 102 页。

五、结语

处理好转型期法治与未来中国法治的关系——现实与理想的关系,意义深远。既尊重现实又不放弃理想,把转型期阶段性的“策略性考虑”与法治的理想结合起来。转型期法治不是我们中国特色社会主义法治的最终目标和成熟模式,是阶段性(而不是临时性)产物,是过渡性模式。本文尽可能全面呈现转型期法治的问题,在此基础上推导出中国式任务。这些任务也可以被理解为就是中国式法治的难点。中国式任务具有中国特点和规律,这也正是中国法治的焦点和转折点。如果这些中国式任务有所突破,那么法治进程也就顺利了。如果这些中国式任务解决和完成得好,也就丰富了中国特色社会主义法治的内容。正确的、正义的东西并不一定在被认识到的时候就能够被实行。我们今天的转型期法治,是未来中国法治模式的基础和前提。认可现状不是放弃理想,而是为了更加切合实际。

法治发展的差异与中国式的进路*

一、“对极”与“逆流”

（一）中西法治观念的“对极”

西方一些研究中国问题的学者使用过一个词，叫“对极”。意思是说中国与西方在文化特征上有着截然的对峙关系。用它来说明中西方的法现象也不无道理。哈佛大学昂格尔教授在分析欧洲“法的支配”成立的必要构成要素时曾提到这一点。昂格尔认为被他加以分析的各种条件，在中国都是不存在的。他还分析说，与其他非欧洲的法相比，中国法也是离“法的支配”的理念最为遥远的一极，然后是印度法、伊斯兰法、犹太法这样的顺序。[1] 日本滋贺秀三先生干脆认为，“昂格尔显然把中国视为处于与欧洲对极的

---

* 原载《浙江社会科学》2003年第4期，《新华文摘》全文转载2003年第10期。合作作者胡瓷红，浙江理工大学教师。

〔1〕［美］昂格尔：《现代社会中的法律》，吴玉章、周汉华译，中国政法大学出版社1994年版，第99页。

位置上”。[1] 这样的分析不无道理。用季卫东君的话来理解昂格尔的意思就是如果以法治的有无为坐标轴,那么古代中国居其负极,现代西欧居其正极,其他大多数文明都不过是在这两极之间各得其所而已。[2] 显然上述所谓“对极”的关系属于地域或空间意义上的差别。

这种差异是显而易见的。古希腊著名思想家亚里士多德在公元前4世纪,就对法治做过经典性的解释,“法治应包含双重意义:已成立的法律获得普遍的服从,而大家所服从的法律又应该本身是制定的良好的法律”。[3] 他认为“公民们都应遵守一邦所定的生活规则,让各人的行为有所约束,法律不应该被看作(和自由相对的)奴役,法律毋宁是拯救。”[4]19世纪末,英国著名法学家戴雪将法治理论推上顶峰,他提出:“1. 绝对的或超越的法,反对政府有专断的,自由裁量的无限制的特权;2. 法律面前一律平等……人不分阶级都属于同一法律体系,为同一法院所管辖;3. 宪法……是个人权利与自由的结果,任何人的权利受到他人的侵害,都有权通过法定的救济办法获得补救。”[5]而在古代中国,孔子却说要“以德为法”,[6]管子也认为“威不两措,政不二门,以法治国,则举措而已”。[7] 荀子说得更为具体,“有乱君,无乱国。有治人,无治理法……故法不能独立,类不能自行,得其人则存,失其人则亡。法者,治之端也;君子者,法之原也。故有君子,则法虽省,足以偏矣;无君子,

---

[1] [日]滋贺秀三:《中国法文化的考察》,载《明清时期的民事审判与民间契约》(滋贺秀三等著,王亚新等译),法律出版社1998年版,第3页。

[2] 季卫东:《现代法治国的条件(代译序)》,载《现代社会中的法律》(昂格尔著,吴玉章,周汉华译),中国政法大学出版社1994年版。

[3] [希腊]亚里士多德:《政治学》,吴寿彭译,商务印书馆1983年版,第199页。

[4] 同上书,第276页。

[5] [英]戴雪:《英宪精义》,英文版第10版,第202~203页。

[6] 《孔子家语·刑政·执辔》。

[7] 《管子·明法》。

则法虽具,失先后之施,不能应事之变,足以乱矣”。[1]

从两组故人对法的不同阐述中,我们可以看到,中西法治观念的差异:一方面是西方的法治主义、对法的赞美、对法律家的尊信和通过审判解决纠纷;另一方面则是东方的德治主义、对法和法律家的不信任,以及通过调解消除纠纷。[2] 这就是中西“对极”现象的最典型的诠释。

(二)中日法治改革的“逆流”

事实上,中西法的观念与制度不仅在地域(空间)这种意义上存在对极关系,而且还在历史(时间)这种意义上存在另一种有趣的关系,这就是被笔者称为“逆差”或“逆流”的关系。也就是说,西方法治发展的某些现象已朝“后现代法”的某些特征发展,而这些“后现代法”的特征恰恰是中国法传统中的东西;中国当代法治发展的某些方向恰恰是西方过去的二三百年里的法治发展特点。日本现阶段正在进行的司法改革与中国的司法改革就是鲜明的“逆流”。

前不久浙江大学法学院主持举行了“司法改革国际比较(日本主题)第一次圆桌讨论会”。讨论中,早稻田大学的宫泽节生教授、纽约大学的潘孚然教授、浙江大学的林来梵教授对日本司法改革作了专题报告。当我们在分析当今中国与日本的司法改革的方向及具体措施时,在比较中发现了这样一些有趣的现象,笔者把它称为“逆差”现象:

第一,中国刚开始强调法官专家化,而日本却在法官中增加外行人,提倡法官的平民化;第二,中国刚开始确立以彻底消除司法行政化为目标的改革,而日本却只是就最高裁判所的事务局对法官的行政控制作一些微调;第三,中国刚开始通过司法统考来遴选法官,而日本则

〔1〕《荀子·君道》。

〔2〕[日]大木雅夫:《比较法》,范愉译,法律出版社1999年版,第127页。

开始关心法官资格的政治性公共选择;第四,中国刚刚意识到要减少媒体对司法的干扰,而在日本则加强媒体对法官的批评;第五,中国需要减少庭外解决纠纷的非正式途径,而日本则强调庭外解决的非正式途径;第六,中国需要使法官从实质性思维向形式化思维转变,而日本则强调法官倾向于实质性思维的必要性;第七,中国刚开始关注律师的质量问题,而日本却要增加律师的数量……

从上述现象我们可以看到,当中国的司法改革朝着法律职业主义和司法独立主义大步迈进时,日本的司法改革却马不停蹄地奔向以"规制缓和"为口号的法律职业当事人主义和司法审判的民主化。[1] 由此联想到了一则关于现代生活方式的笑话,说的是山民对城里人生活方式的不解——我们刚吃上红烧肉,你们却要吃素菜减肥;我们刚从山里搬出来,你们却又搬回去;我们刚穿上新衣服,你们却又把肚脐眼露出来……

我们原来都只了解中西法律处于地域(空间)意义上的"对极"关系,现在看来,中国与外国还存在历史(时间)意义上的"逆差"关系,颇有你往我来、你东我西的逆向穿梭态势。学界过去曾经一度讨论过中国的发展是属于近代化还是属于现代化的问题,有的主张中国发展先进行近代化尔后进行现代化建设,有的主张现在进行的必然是现代化建设。现在又出现另一种问题,那就是西方在许多领域的发展已进入后现代时期,中国学者中也出现了后现代化情结,不知不觉地陷入"后现代"旋涡。但需要指出的是,西方的"后现代化"是出现在法律职业主义和司法独立原则已经烂熟之后,如果不顾社会发展的阶段性而过早地生搬硬套,只会落下"东施效颦"的话柄。[2]

---

〔1〕 季卫东:《世纪之交日本司法改革的评述》,载《环球法律评论》2002 年第 1 期。

〔2〕 同上。

其实我们应当注意到中西方法律发展的历史性的时间逆差关系。中西方法治本来就有地域(空间)上的“对极”关系,再加之历史(时间)上的阶段性的“逆差”,它们的差别也就更大了。中国司法改革与日本乃至西方各国的司法改革处在不同的历史阶段。其实何止司法改革如此,法治秩序形成或建立的全过程何尝不是这样?!我们不得不面对这种差异。

二、法治的最低共性以及与依法治国的区别

(一)最低限度的法治共性

我们强调中西方法治发展的差异并不是否认法治的共同性。相对于法治的基本原则,这种“逆流”或“逆差”关系仍然只是局部的细节差异。法治在任何国家和时代都有若干基本的结构、原则和理念,日本或西方国家所进行的司法改革都不会因此而改变法治的基本结构、原则和理念,其实都是“万变不离其宗”的。

这种基本结构、原则和理念包括:

第一,宪政的实行;

第二,法律对行政的控制;

第三,审判独立体制的存在;

第四,正当程序观念的确立与程序制度的落实;

第五,专业化的法律职业共同体的存在;

第六,公平而前后一致地适用法律;

第七,法律的透明度,任何人均可运用法律;

第八,法律必须是高效和及时的;

第九,人权,私人财产权和经济权利受保障;

第十,普遍性规则必须通过正当程序进行。

这些方面是法治必要的共性,也是法治的最低限度的特征。不具备这些特征的国家,就不能称为法治国。

(二)法治与依法治国

阐述法治最低限度的共性,其目的是将法治区别于依法治国。依法治国(Rule by law)思想起源于德国的实证主义法学,其基本主张是最高立法者,不论是君主、独裁者,统治阶级或是民选的立法机关都不受任何一种法律的束缚。从哈耶克的一段论述中,我们可以看到法治和依法治国的明显区别,依法治国"认为只要政府的一切行动都经过立法机关正式授权的话,法治就会保持不坠,但是这是对于法治意义的完全的误解。法治与政府一切行动是否在法律的意义上合法这一问题无甚关系,他们可能很合法,但仍可能不符合于法治。某些人所做的事是有充分的法律上的根据的,但这并没解答这个问题——法律是否给他专断权力采取专横行动,或是否法律明白地规定他必须如何行动。很可能,希特勒获得了无限的权力是出之以严格的合乎宪法的方法,因而从法律的意义来说,他的所作所为都是合法的。但是,谁会因为这种理由而就说,德国仍然盛行者法治呢? ……如果法律规定某一机关或当局可以为所欲为,那么,那个机关和当局所做的任何事都是合法的——但它的行动肯定地不属于法治的范围。通过富裕政府以无限制的权力,可以把最专横的统治合法化;并且一个民主制度就可以建立起这样一种可以想象得到的最完全的专制政治来。"[1]

法治(Rule of law)思想最早可以追溯到古希腊亚里士多德,漫长的

---

〔1〕[英]哈耶克:《通往奴役之路》,滕维藻、朱宗风译,商务印书馆1962年版,第80~81页。转引自刘军宁:《从法治国到法治》,载《公共论丛》第3期。《经济民主与经济自由》,生活·读书·新知三联书店1997年版。

发展历史赋予其不同的内涵和外延。现在很难用一个明确的、放之四海皆准的概念来定义“法治”，只能从不同角度、用不同方法进行解释。广义的法治含义包括了依法治国的历年。综合来看，法治共有七个层面的含义。

第一，作为一种理性的治国方略即“依法治国”。这是法治最基本也是最重要的一层作用，也是法治的政治含义。第二，作为民主化法制的法制模式；也就是说，法制是中性的，它可以与民主联姻，也可以与专制结合。当实行民主与法制结合时，法制才可能是法治；当法制与专制结合时，法制可能成为专制的工具。所以说法治是法制模式中的一种。第三，作为普遍的办事原则的依法办事；或称“既定规则严格执行”即形式主义法治。我们应该认识对待“形式主义法治”，因为，它极容易被误解为机械的教条主义和本本主义，被误解为对实质正义的反动。其实在中国这样一个有实质主义倾向的国度推进法治，首先必须从培养形式主义法治的习惯开始。第四，作为法律内在精神的法治理念；法治还意味着某种法律精神或理念，它包括法律至上、权利本位、程序正当、权力制约等一系列观念、原则和精神。第五，法治还是指法律人之治即职业化的法官、检察官和律师从事专门化的法律活动。第六，作为理想社会关系的法治秩序；法治是一种社会关系，它是国家与公民、组织与组织、组织与公民、公民与公民之间的关系，这些关系中的权利和义务被明确界定、被自觉遵循，形成相互尊重、相互和谐的关系，因此，我们谈法治的时候又称其为“法治秩序”。第七，作为人民生活方式的法治传统；法治成为生活中不可或缺的组成部分，成为人们的生活方式，这种生活方式习惯成自然之后，使我们依赖于它，一刻也不能离开它。

令人着急的是我国自上而下现在只是从治国方略的角度来理解法治即依法治国这个层面。其实这只是法治的一个最浅层面的含义。它是作为政治家治国方略的依法治国。它是相对于其他治国方略来说的，比如礼治、德治、人治、政策治、命令治、运动治，经过历史的选择，人们发现法治是最具有优越性的。我们现在还只停留在这一含义上，我们的理解以及实践都只是在“治国方略”的这个层面上。依法治国的“国”不是指地域概念，而是指法律和政治意义上的“国政”即国家的政务活动，其中最主要的是国家权力的运行活动。这里的“国”是不可分割的。如果“国”被分割了，那就出现了对法治的误解。正因为这样，才会出现依法治省、依法治市、依法治县、依法治镇、依法治乡、依法治村的机械模仿情形，才会出现交通部门依法治路、铁路部门依法治铁、水利部门依法治水、林业部门依法治林、农业部门依法治农、税务部门依法治税、教育部门依法治教、土管部门依法治土等简单照搬的现象。作为民主的法制、办事原则、法治精神、法治秩序和生活方式的法治远没有被国人所理解，所以还没有完全被自觉地去实践。

三、政治文明与法治建设的突破口

（一）政治文明与法治建设

我国自20世纪70年代末以来经历了二十多年的改革。从小平同志当时的初步设计来看，是政治与经济两项改革同时进行的。但是由于80年代中后期的社会的两次激烈波动，使小平同志意识到政治改革需要稳步进行，不能操之过急。20多年的经济改革带来了社会多方位的巨大发展，今天，我们可以说政治改革的最佳时机已经到来。事实上我们的国家与社会都已具备了政治改革的条件。最高决策层也在一定程度上意识到政治改革的重要性，把“依法治国，建设社会主义法治国家”写入宪法，就是一个重要的例证。现在我们又提出了建设“政治文明”。政治文明是什么，就是政治活动的文明，政治活动的文明以什么为标志？就是以“法治的政治”代替“人治的政治”。

在此，我们可以说，政治改革的突破口就是法治建设。因为政治改革就是顺应社会发展对政治统治方式、政治体制进行改革和转变，就是将原有的具有人治特点的政治统治模式和政治体制改变为根据法律治理的模式。所以推进法治就是转变政治家的治国方略。推进法治就是政治改革的突破口，但欠缺的是，我们还没有从理论的层面上作深刻地理解。

那么，推进法治的突破口是什么呢？笔者认为法治的突破口是司法改革。理由是两个。第一，因为中国的改革需要考虑稳定与发展的关系，而司法权在国家权力结构中处于相对独立的地位，并且这是一种被动的、消极的权力，这不同于行政权和立法权。司法权相对于社会、经济、政治、民众生活等方面都是比较间接的关系。因此，从司法权开始改革，不会导致社会、经济、政治、人民生活的大幅度的波动，影响到稳定的问题。第二，司法权是法治的核心。法治帝国的首都是法院。从国家政治结构上看，司法权联系着立法权与行政权，联系着人民意机关与政府；从社会生活来看，它联系着政治国家与市民社会，联系着国家与公民。所以，从司法改革入手来开始启动法治工程是十分理性的，但是遗憾的是这一点仍然没有被充分认识，没有从理性的层面来把握这个规律。

现在司法改革进行到了一个什么阶段呢？法治建设必然涉及政治体制改革，司法改革已到了直接触及体制问题的阶段即现在的司法改革已面临政治体制的难题。也就是说，我们这些年来已经进行的司法改革措施都是在司法权有限有范围内进行，无论其效果与合理性如何，都属于内部的改革，例如庭审改革、错案追究制、人民满意的法官评审、个案监督制、执行改革、司法统考、制服改法袍、加强职业道德、收支两条线、提高判决书质量、法官人事制度改革、司法辅助人员制度建立。如果最高法院再推出任何新的改革措施，它必然都是在现有体制的制约下展开的。这样一来,建立司法独立的体制、保障法官职业化、实现司法公正都只是(法院方面的)一厢情愿,无法落到实处。所以,应当把司法改革看成政治改革中的一个步骤或环节,这样才能提高对司法改革重要性的认识,才能从外部体制上保证司法改革顺利展开。

(二)中国司法改革或重构[1]的两个基石

司法改革的突破口又是什么呢?我们从西方的经验谈起吧。韦伯在《儒教与道教》中说:"我们近代的西方法律理性化是两种相辅相成的力量的产物。一方面,资本主义热衷于严格的形式的,因而——在功能上——尽量像一部机器一样可计量的法,并且特别关心法律程序;另一方面,绝对主义国家权力的官僚理性主义热衷于法典化的系统性和由受过理性训练的、致力于地区平等进取机会的官僚来运用的法的同样性。两种力量中只要缺一,就出现不了近代法律体系。"[2]

因此,我们可以这样来理解西方的经验:法律程序(制度因素)与法律职业(人的因素)这两个方面对西方走上法治道路起到决定性作用。从制度层面来看,法律不仅仅只是一整套书面规则,它是分配权利与义务,并据以解决纷争,创造合作关系的活生生的程序。程序本位是法律形式理性的核心,也是法律职业信仰中的制度要素。与人治重实体轻程序相比,法律人只在程序中进行思考与判断,只相信程序中的过去的真实,甚至"对于一项坏的法律,一贯主张(也是我身体力行的)遵守,同时使用一切论据证明其错误,力求把它废除,这样做要比强行违反这条法律来得好;因为违反坏的法律此风一开,也许会削弱法律的力量,并

[1] 相比较于西方国家司法改革的起因、方向、目标和措施来说,我们可以认为中国的司法"改革"并不是真正意义上的改革,而是司法制度的重构。鉴于当下中国学界与实践中的话语习惯,本文对这两个词暂且不作区分。

[2] [德]马克斯·韦伯:《儒教与道教》,王容芬译,商务印书馆1995年版,第200页。

导致对那些好的法律肆意违犯。”[1]哈耶克甚至说：“一部宪法，只限于程序性的事务，仅仅界定一切权威的来源，这是可以想象的。”[2]从人的角度来看，法律人是一个拥有专门的职业知识体系、独特的职业思维方式和技能以及特殊的社会荣誉感的职业自治共同体。

程序是制度的基石，职业是人的因素，制度与人这两种因素只有在这两者之间得到平衡与协调。我们从历史上无数次的人治与法治问题的讨论中知道，制度的力量与人的作用似乎总是难以和谐统一的，我们都错误地认为，要么重视制度，要么重视人，两者不可同日而语。其实通过程序化与职业化，制度因素与人的因素是能够实现和谐统一的。

法律程序与法律职业两方面的改革就是司法改革的突破口。值得肯定的是我们在20世纪90年代末已经悄然进行了程序改革，其主题应当是从超职权主义的程序模式向职权主义和当事人主义相结合的程序模式转变。当然还没有真正完成这一转变。我们还需要加强对程序意义的认识，把程序的作用扩大到其他领域，包括立法、行政、政治决策、其他社会矛盾的解决等方面中去。职业化改革是近年来才真正开始的，包括司法统一考试制度的确立、法官法的修订、法官职业道德准则的出台等措施，其主题应当是让职业化的法官、检察官、律师从事司法领域的专门性活动，建立中国法律职业共同体。

四、中国法治发展的最大障碍

现实的体制虽然存在一些严重的问题，但是为什么体制改变不了或改革难度那么大呢？其实问题出在传统上，它决定了我们的观念与体制。法治的最大障碍来自文化传统。

---

〔1〕［英］托马斯·潘恩：《潘恩选集》，马清槐等译，商务印书馆1991年版，第222页。
〔2〕［英］哈耶克：《自由宪章》，杨玉生等译，中国社会科学出版社1999年版，第270页。

"只有的确存在一种摆脱执政者好恶而独立确定法律规则含义的方式,规则才能保证行政权力的非人格化"[1]但中国的情况恰恰与之相反。其实,政治体制是文化现象,是中华民族传统在现代的一种印迹。以司法改革为例,审判独立的体制为什么难以建立?是因为审判独立的体制与中国传统文化中追求实质合理性目标的政治传统相违背。试想,一切社会纠纷都由司法权根据法律来独立地裁决,一锤定音,那么政治家的实质性理想如何在其中实现呢?政治家的具体的社会抱负就落空了。他们的一些高瞻远瞩的、符合社会正义的意图、设想、目标、规划也就无法介入社会纠纷的解决过程。更重要的是,政治家的实质合理性目标与司法官的形式合理性目标往往会冲突。政治家在现实社会矛盾中常常普遍觉得法律家(法官)的决定往往是形式化的即法律教条主义、法律本本主义使法律家的决定只注重法律规则不注重社会目的,只注重手段不注重目标,只注重过程不注重结果。在政治家看来,司法官的目标也是政治家的目标,所以,是需要通过政治平衡的,需要监督的,需要纠正的。这就是法治形式化与政治实质化之间的差异,再深入地说就是中国传统文化——追求实质合理性倾向在司法中的体现。中国传统文化的另一个特点就是"中国人没有把法和伦理区分开来,两者处于直接结合的状态。"[2]中国古代法在制度层面上体现为行政司法一体化,而在法律渊源上体现为道德伦理高于法律规则。滋贺秀三教授将中国明清时期的法渊概括为"情、理、法"三方面,其中代表着中国式良知的"情理"是一种"最普遍的审判基准",而"正是人情被视为一切

---

[1] R. Unger, *Law In Modern Society*, New York: The Free Press, 1976, pp. 180 - 181.

[2] [日]川岛武宜:《现代化与法》,王志安等译,中国政法大学出版社1994年版,第21页。

基准之首”。[1]

在现代西方法治的历史上，有一个压倒一切并包容一切的问题即法律中的形式问题。[2] 形式合理性，也就是规则合理性或制度合理性，它是一种普遍的合理性。而实质合理性则只能表现为个案处理结果的合理性。借助于形式合理性来追求实质合理性，依据于这样的认识：对于社会正义而言，普遍性规则的正义或制度正义是首要的和根本性的，离开了规则正义或制度正义，就不可能最大化地实现社会正义。“任何正式的法在形式上至少是比较合理的。”[3] 中国传统轻视形式合理性的价值，实质上是轻视普遍规则和制度在实现社会正义过程中的作用，相反，它把实现社会正义的希望寄在个人品质之上，试图借助于不受“游戏规则”约束的圣人智者来保证每一个案都能得到实质合理的处理。历史经验证明，这种理想往往沦为幻想，即使获得短暂的成功，也严重依赖于偶然性因素。

所以，在中国古代，干脆由政治家和行政官来行使审判权，作为“开封市市长”的包拯大人就直接兼任“市级法院院长”。把行政权与司法权统一于一个机构或一个人，这就解决了实质合理性与形式合理性的矛盾。问题在于，这与现代政治文明背道而驰的。近代启蒙思想家早就说过，“把司法权放在已经拥有行政权的人们的手中，这是再坏不过的（体制——引者注）”。[4] 司法与行政不分离的结局就是人民遭殃。因为，在这样的体制中，官府穿一条裤子，人民权利没有那个机构来负

〔1〕［日］滋贺秀三：《清代诉讼制度之民事法源的概括性考察》，载滋贺秀三等：《明清时期的民事审判与民间契约》，王亚新等译，法律出版社1998年版，第39页。

〔2〕［美］昂格尔：《现代社会中的法律》，吴玉章、周汉华译，中国政法大学出版社1994年版，第189页。

〔3〕［德］马克斯·韦伯：《经济与社会》（下），林荣远译，商务印书馆1998年版，第17页。

〔4〕［法］孟德斯鸠：《论法的精神》（上册），张雁深译，商务印书馆长1987年版，第169页。

责保障,人民在一个没有相互制约的权力结构当中是没有平等、自由和幸福的。

西方有新的变革趋势,并且它可能是不按照于近代的法治理论,我们不能按照当代(或称后现代)的西方路径进行法治建构。这就要求我们在具体的国情、阶段与语境下分析问题。比如就中国司法而言,中国的"问题"是什么? 中国司法改革要改变什么? 我认为我们的问题是司法存在严重的行政化、大众化和政治化。如果说原因,是因为传统中国人把实质正义、实质合理性作为司法的唯一目标,因而混淆了司法与行政、与民意、与政治的区别。"法律的存在是一回事;它的功与过是另一回事。"[1]所以,我们的司法改革的关键词就是"职业化"和"程序化",司法改革的法理就是"形式化",司法改革的体制保障是司法独立。法治发展以及社会发展的其他问题同样如此,都要求我们从自己的情境出发来考虑问题,而不能生搬硬套别人的法治模式。

五、中国法治发展的两种主体性推动力

(一)推动力与进路的思考

考察中国法治的进程,有人认为中国法治是政府推动型的法治,因为是政府自上而下地在倡导法治、规划法治、推进法治。其实,无论是从社会事实上看还是从逻辑规律上看,政府作为法治的推动力,这只是形式上的表象。深入到这个表象的内部考察,我们会发现,法治真正的推动主体不是政府而是市民阶层和法律职业。两者从法律运行机制的

---

〔1〕 John Austin, The Province of Jurisprudence Determined (ed. By H. L. A. Hart, London, 1954), pp. 184 - 185,转引自[英]麦考密克、[奥]魏因贝格尔:《制度法论》,周叶谦译,中国政法大学出版社1996年版,第152页。

外部和内部分别扮演和承担着不同的角色。

法治的推动力或发展路径问题是人们普遍关心的问题。美国有几位法学家对此持相反的两种观点。一是伯尔曼,二是泰格和维利。伯尔曼在《法律与革命》一书中论证了西方法治的生成与发展主要依赖于基督教和教徒的作用。泰格和维利在《法律与资本主义的兴起》一书中论证的是另一个相反的观点,他们认为西方法治是在商品经济中受商人的作用而生成并发展的。

对此,法理学—法哲学上还有两种相反的观点,一种认为法治秩序是可以通过人们主观的、理性努力而建构出来的即政府自上而下的推动,这是推进法治的第一种力量;另一种认为法治秩序是不能建构的,只能通过社会的自然演进而逐渐成长即民间自下而上的演进,这也被称为法治改革的第二种力量。如果说伯尔曼与泰格的两种观点在法治秩序成长问题上是矛盾的话,那么他们在这一点上是一致的,那就是他们的观点都属于“自然演进”论。然而,西方法治经历了五六百年,才发展成今天的样子。如果我们也花上数百年,那岂不是“上帝也哭了”吗?

如所周知,中国法治缺乏宗教信仰的条件,毫无疑问,教徒成为法治精神传播者的西方历史不可能出现在当代中国。西方人对宗教的信仰转化为对世俗法律的信仰,然而,市民对商品交换的市场规则、对契约的尊重同样能够转化为对法律规则的尊重。随着商品经济发达、市场经济体制的建立,中国出现新一代企业家、商人、中介人员。这是一股推进法治的不可轻视的外部力量。我们过去说的“市场经济就是法治经济”可以表述为两层意思,其一是“市场经济要求法治并为法治创造了外部物质性条件”,其二是“市场经济所造就的企业家和商人等市场主体成为法治的主要需求者和消费者”。

（二）市场经济造就法治的消费者——新一代市民阶层

企业主与商人在市场经济体制尚未健全的时期，并不是以法律制度的消费者的身份出现的。他们对家族伦理、人际情理的依赖远胜过对法律规则和理性制度的依赖。以民营经济造就的民营企业家为例，他们对法治虽然并非具有与生俱来的需求，但是他们在发展与改革过程中迫切需要法律制度的健全，进而也迫切需要法治的真正实行。以民营企业制度创新、产权界定与配置为例，在股份合作制改造、公司制改造、联合结盟、外资改造、兼并收购、分离、委托代管、租赁、承包等最常见制度创新过程中，民营企业家切身体会到只有依靠法律形式才能实施企业改革与创新。从近几年制度创新的实践来看，公司制（主要是有限责任公司）成为成长性较好的民营中小企业的首选制度安排。产权制度创新的核心就是产权的明晰化与合理配置，而明晰产权、合理配置的关键就是财产权法律制度的保障。另外，民营中小企业在迈向公司制的过程中，做好股权的逐步分散化，也要以股权法律制度为前提，股份越分散，对规则与制度的要求就越高。中国的民营企业家就是在自己的经营生产实践中产生了法律需求，习惯了学法、懂法、用法。

私营企业的产权明晰问题成为私营企业发展的一个瓶颈，也成为私营企业主成长为现代企业家的一个关键。由家族成员共同拥有的家族财产在企业做大之后普遍存在家庭内部争夺利益的隐患，把家族企业产权明晰到家庭成员个人成为必要。他们也要求法律作出制度上的权利义务分配，在这种产权明晰的实践中，家长式的私营企业主脱胎换骨成为现代企业家，同时他们从伦理社会中的农民成长为法治秩序下的市民，成为法律制度的消费者。

相比之下，中介人员成为法治的消费者更是顺理成章。18 世纪产业革命以来经济的发展得益于分工的深化和由此带来的效率提高和成本降低;然而分工的深化却使分工的不同分支之间的交易越来越复杂和频繁,可能发生的交易成本越来越大,于是中介迅速发展起来,而且它们的分工也越来越细,他们对法律制度和规则的依赖也更为彰显突出。中国市场中的交易成本很高,这与中介组织不发达、制度不健全、规则不透明、诚信状况不好等因素直接相关。我国的中介组织发展不足,不能为生产和流通企业提供高素质的中介服务,包括银行和非银行金融机构、批发零售商业、注册会计师事务所等。中介组织,是保证现代市场经济能够运转的支持系统,它的主要功能在于为交易双方提供中介服务,以便降低交易成本,特别是信息成本。随着中介组织的发展,中介人员成为职业化群体,他们在进入职业群体之前,就是在以制度与规则为内容的训练过程中成长起来的。他们与企业家和商人一样成为法治的消费主体,与企业家和商人不同的只是,他们对制度与规则的需求是与生俱来的。

中国新一代企业家、商人以及中介人员在成为法治消费者的同时,又在他们的经济活动中,把各自经济活动的动力转化成了推动法治的动力。这种推动与其说是演变式的,不如说是构建性的。我们总不能老把眼睛只盯着西北部的中国,只看到西北部的传统农耕(或家牧)社会的黄土高坡的图景,而忘记了在中国的东部沿海有一大批现代新兴的工商业城市以及在其中迅速崛起的中国自己的企业家和中国商人们!我们相信通过他们的经济活动,会跨越式地推动中国法治进程的。

(三)法治乃法律人之治

"法律人"主要是指职业化的法官、检察官和律师,他们是专门以研究法或法律为职业的人,他们从事的是专门化的法律活动,关注人的权利,研究社会管理的最佳模式,论证法存在的合理性。他们是经法律专业科班训练、具有娴熟的法律职业技能与伦理的人,他们形成统一职业共同体,称为法律职业。法律职业是法治中的人的因素。这里的“人”显然不是一般的人的因素,而是强调职业化的法律人及其技术和伦理素养。由于中国传统儒家所谓的“人”的因素是泛指一切统治者及其官吏,强调他们的道德训练和修养。所以中国虽然强调人的因素,但没有使中国走上法治道路。

托克维尔认为“美国的贵族是从事律师职业和坐在法官席位上的那些人。”[1]我们不否认法治的传统含义,但是,法治从方法论角度来讲,还有一层更为深邃却长期被人忽略的意义——法治是一种理性的办事原则。这种理性就是被马克斯·韦伯界定为“一种手段和程序的可计算性”的形式理性。[2] 而法律人,正是拥有这种形式理性的主体,正如拉德布鲁赫所说,“法律工作者是正义形式的而不是内容的奴役”。[3] 从这个意义上说,法治就是法律人之治。和法治政治主体间的统治与被统治关系不同,法律人之治中的法律人是一种特殊法律职业素养和技能上的主体。它所要彰显的是法律人所特有的,使法律职业集团得以自足的,并确保其不会偏离法治轨道的特殊思维方式、知识技能和职业伦理。

在2001年我提出“法律人之治”[4],曾受到一定范围的批评或误解,现在仍然存在一定的分歧,本文继续作一些阐述来澄清这个提法的含义。“法律人之治”意味:(1)由法律人从事司法工作,只有法律职业共同体才有机会决定司法中的问题;(2)由法律人进入律师的法务市场操作法律机器,提供法律服务,引导经济生活;(3)也意味由部分法律人

---

〔1〕 [美]托克维尔:《论美国的民主》(上),董果良译,商务印书馆1996年版,第329页。

〔2〕 [德]马克斯·韦伯:《经济与社会》(下),林荣远译,商务印书馆1998年版,第18页。

〔3〕 [德]拉德布鲁赫:《法学导论》,米健、朱林译,中国大百科全书出版社1997年版,第179页。

〔4〕 孙笑侠:《法律家的技能与伦理》,载《法学研究》2001年第1期。

进入政府参与行政活动,包括参与政府决策;(4)社会纠纷(含公法关系中的一切纠纷)的最终评断权由法律职业共同体掌握;(5)由法律职业共同体掌握最终分配社会正义的权力。“法律人之治”不是“法治”的全部内涵,更不是对“法治”原意的代替;“法律人之治”不是对原有“法治”含义的变更,而是在中国特定语境下对其原意的丰富;“法律人之治”不是对“法治”原意的任意地、机械地改变,而是在遵循法治规律的前提下所作的动态分析。

未来的中国也会像目前的西方国家一样普遍出现法科毕业生不仅从事法官、检察官、律师工作,还从事政府法务和企业法务工作,甚至从事行政管理与企业经营。法科毕业生不局限于司法统一考试,更多的人通过公务员考试进入政府部门。虽然他们没有经过司法统一考试,但是他们经过了法学科班训练,受过若干时间的专业技能训练,一定程度上具备了法律职业素养。他们虽然在严格意义上不属于法律职业,但他们的脑袋是法律人的脑袋,我们相信高质量的法学教育会使法科学生产生“脑袋决定屁股”的效果(尽管屁股坐在其他位置上)。如果这种情况成为制度现象,法律规范就成为一种“法律人的法律”[1],那么“法治乃法律人之治”也就成为事实了。

更为重要的是,法治秩序并不是一概不能进行理性建构的。法治秩序中除了习惯、观念层面的转变与适应之外,还包括制度的建立与实行。后者是可以进行理性建构的。况且建构也不是像有些人所理解的那么“机械化”,其实不按照中国的国情、问题、文化传统,照搬西方制度是愚蠢的做法。我们的制度建构在实践中不乏实例,比如我们的诉讼制度、律师制度不就是移植西方相关制度、进行中国式的理性建构而出

〔1〕 [英]弗里德利希·冯·哈耶克:《法律、立法与自由》(第1卷),邓正来译,中国大百科全书出版社2000年版,第103页。

来的吗？尽管这些制度实施效果在某些方面不尽如人意，但是毕竟已经在普遍实行了。

主张理性建构可能性的最有力的理由，是我们清楚可见的法律人所发挥的作用。法职业化的法官、检察官和律师将成为制度理性建构的主体，成为法治秩序推进的内在动力。因为，他们将来普遍拥有法律专门活动所必需的职业技能和职业技能。并且他们不同于政治家和行政官，也不同于普通民众。法律人处在官方与民众的中间，又处在法治活动的内部，有独立立场与自治的空间，他们能够更好地促进法治秩序的建构。

从现实社会状况的实体方面来看，法律职业集团也具有重要的合理性的法治的社会功能。律职业团体具有反抗专制，防止民主偏离正轨的职业倾向。韦伯则不仅看到了法律职业的保守性，更认为该集团是西方社会合理性发展的一种积极推动和保障力量，"无论在何处，以促进理性化国家的发展为方向的政治革新一概是由受过训练的法律学家发动的"。[1] "倘若没有有学识的法律专家决定性的参与，不管在什么地方，从来未曾有过某种程度在形式上有所发展的法。"[2]

法律人之治会不会走向人治？法律人之治是否优越于行外人之治？从职业素养方面来看，法律人之治不会走向人治，因为法律人拥有柯克大法官所称的"技术理性"。[3] 法律职业语言可以最大化地将所有社会问题进行量化实证分析，从而避免了概念模糊分析的大众化思维；法律职业知识话语权的垄断在法律共同体与一般大众及政治家、行

〔1〕［德］马克斯·韦伯：《学术与政治》，冯克利译，生活·读书·新知三联书店1998年版，第74页。

〔2〕［德］马克斯·韦伯：《经济与社会》（下），林荣远译，商务印书馆1998年版，第117页。

〔3〕［美］爱德华·S. 考文：《美国宪法的"高级法"背景》，三联书店1996年版，第35页。

政官之间设立了专业的屏障;法律职业的技术理性克服了人治朝令夕改、不可预期的特征,彰显了法律人的权威;法律思维的形式理性避免了人治的自然理性,保证了道德与情感不随意涉足法律逻辑的领域,确保了法治理性的轨道;法律职业信仰保障了法律之上的权威,排除了行政习惯甚至恶习,克服了人治的权力至上;而法律职业伦理使法律人超然出世,不受舆论和大众情绪的影响,成为社会正义的最后安全阀。所以,正是由于法律职业的特殊素养,法律人之治才不会走向法治。从制度层面上讲法律人之治要比非法律人之治优越(我们不排除非法科人才可能非常胜任政府法务或企业法务工作的情况)。因为法律人经受过特殊的职业素养训练。"法律人的自由技术,成为整个社会的自由的条件,成为普通人践行自由、实验技术的条件,这正是法治真正的意涵。"[1]相对于政府推动、民间推动,那么法律人成为"第三种力量"。建立法律职业共同体,将会成为中国法治发展的最直接的突破口。

〔1〕 李猛:《爱与正义》,载"公法评论"网,http://www.gongfa.com/tebietuijian.htm,2003年3月15日访问或 www.douban.com/group/topic/51006090,最后访问时间:2014年4月3日。

对极与逆差

——关于中国法发展阶段上的特殊性*

“对极”是西方研究中国问题的学者使用的一个词，意思是说中国与西方在文化特征上有着截然的对峙关系。用它来说明中西方的法现象也不无道理。哈佛大学昂格尔教授在分析欧洲“法的支配”成立的必要构成要素而被加以分析的各种条件，在中国都是不存在的。他还分析说，与其他非欧洲的法相比，中国法也是离“法的支配”的理念最为遥远的一极，然后是印度法、伊斯兰法、犹太法这样的顺序。[1] 日本滋贺秀三先生干脆认为，“昂格尔显然把中国视为处于与欧洲对极的位置上”。[2] 这样的分析不无道理。用季卫东君的话来理解昂格尔的意思就是如果以法治的有无为坐标轴，那么古代中国居其负极，现代西

---

* 本文是拙著《法的现象与观念》（第3版）序，山东人民出版社2003年版。

〔1〕［美］昂格尔：《现代社会中的法律》，吴玉章、周汉华译，中国政法大学出版社1994年版，第99页。

〔2〕［日］滋贺秀三：《中国法文化的考察》，载滋贺秀三等：《明清时期的民事审判与民间契约》，王亚新等译，法律出版社1998年版，第3页。

欧居其正极,其他大多数文明都不过是在这两极之间各得其所而已。[1]显然上述所谓"对极"的关系属于地域或空间意义上的差别。

事实上,中西方法的观念与制度不仅在地域(空间)这种意义上存在对极关系,而且还在历史(时间)这种意义上存在另一种有趣的关系,这就是被我称为"逆差"的关系。

前不久我们举行了"司法改革国际比较(日本主题)第一次圆桌讨论会"。讨论中,早稻田大学的宫泽节生教授、纽约大学的潘乎然教授、浙江大学的林来梵教授对日本司法改革作了专题报告。当我们在分析当今中国与日本的司法改革的方向及具体措施时,我们在比较中发现了这样一些具有"逆差"关系的现象:

第一,中国刚开始强调法官专家化,而日本却在法官中增加外行人,提倡法官的平民化;第二,中国刚开始确立以彻底消除司法行政化为目标的改革,而日本却只是就最高裁判所的事务局对法官的行政控制作一些微调;第三,中国刚开始通过司法统考来遴选法官,而日本则开始关心法官资格的政治性公共选择;第四,中国刚刚意识到要减少媒体对司法的干扰,而在日本则加强媒体对法官的批评;第五,中国需要减少庭外解决纠纷的非正式途径,而日本则强调庭外解决的非正式途径;第六,中国需要使法官从实质性思维向形式化思维转变,而日本则强调法官倾向于实质性思维的必要性;第七,中国刚开始关注律师的质量问题,而日本却要增加律师的数量……

由此我想到了一则关于现代生活方式的笑话,说的是山民对城里人生活方式的不解——我们刚吃上红烧肉,你们却要吃素菜减肥;我们刚从山里搬出来,你们却又搬回去;我们刚穿上新衣服,你们却又把肚

---

〔1〕 季卫东:《现代法治国的条件(代译序)》,载昂格尔:《现代社会中的法律》,吴玉章、周汉华译,中国政法大学出版社1994年版。

脐眼露出来……

我们原来都只了解中西法律处于地域(空间)意义上的“对极”关系,现在看来,中国与外国还存在历史(时间)意义上的“逆差”关系,颇有你往我来、你东我西的逆向穿梭态势。学界过去曾经一度讨论过中国的发展是属于近代化还是属于现代化的问题,有的主张中国发展先进行近代化尔后进行现代化建设,有的主张现在进行的必然是现代化建设。现在又出现另一种问题,那就是西方在许多领域的发展已进入后现代时期,中国学者中也出现了后现代化情结,不知不觉地陷入“后现代”旋涡。

其实我们应当注意到中国中西方发展的历史性的时间逆差关系。

中国司法改革与日本乃至西方各国的司法改革处在不同的历史阶段。其实何止司法改革如此,法治秩序形成或建立的全过程何尝不是这样?中西方法治本来就有地域(空间)上的“对极”关系,再加之历史(时间)上的阶段性的“逆差”,它们的差别也就更大了。我们不得不面对这种差异。这就给我们带来两个问题:其一,中西方的法治难道就这么格格不入,没有一点共同之处?其二,中国如何对待西方的发展趋势以及如何选择自己的道路?

先回答第一个问题。相对于法治的基本原则,这种“逆差”关系仍然是局部的细节差异。法治在任何国家和时代都有若干基本的结构、原则和理念,日本或西方国家所进行的司法改革都不会因此而改变法治的基本结构、原则和理念,其实都是“万变不离其宗”的。这种基本结构、原则和理念如立宪、法律对行政的控制、司法独立于行政、正当程序、公平而前后一致地适用法律、法律的透明度、任何人均可运用法律、法律必须是高效和及时的、人权和知识产权受保障、财产和经济权利受保障、立法必须通过既定程序进行。

第二个问题,中国如何对待西方的发展趋势以及如何选择自己的道路？这就要在具体的国情与语境下分析问题。比如就中国司法而言，中国的“问题”是什么？中国司法改革要改变什么？我以为我们的问题是司法存在严重的行政化、大众化和政治化。如果说原因，是因为传统中国人把实质正义、实质合理性作为司法的唯一目标，因而混淆了司法与行政、与民意、与政治的区别。所以我们的司法改革的关键词就是“职业化”，司法改革的法理就是“形式化”，司法改革的体制保障是司法权独立。法治发展以及社会发展的其他问题同样如此，都要求我们从自己的情境出发来考虑问题。

拙作《法的现象与观念》是我对中国法与法现象问题的思考的一些文字记述，虽然主要部分是七八年以前的作品，但由于自始至终坚持法理学的实践性，它在总体上把握了中国法治与西方法治的“对极”关系与“逆差”关系，而不至于被纷繁的法律现象困扰得迷失了方向。

最后，应当向读者作说明的是，此次修订主要对第六章和第十四章作了修改。另外山东人民出版社对法理学研究的支持是令我们深感敬佩的，也十分感谢山东人民出版社以及李怀德先生对拙著给予的厚爱。

二、

法治的需求与动力

法治的三种动力*

——以拆迁维权现象为考察对象

一、20 年拆迁史和法治主体问题

1991 年，为了与《城市规划法》配套，国务院制定了《城市房屋拆迁管理条例》（以下简称《拆迁管理条例》）。其立法思想是通过旧城改造房屋拆迁，改善城市居民的住房条件，当时的城市建设主体都是国有单位，政府主导整个拆迁过程，并不区分涉及公共利益和非公共利益的拆迁。

1994 年我国第一次"房改"，当年《城市房地产管理法》出台，房地产开始市场化，也让地方政府开始借重"土地财政"。政府的非税收的收入在财政上的比重也正是基于这个原因开始大幅增长。

---

* 本课题是国家社会科学基金项目"中国法治进程的捷径及其可能性"（批准号:04BFX004）和国家"211"第三期建设项目"转型期法治的理论、制度和实验"的成果之一。光华法学院博士生王凌皞、杜官磊、卢群星同学参加了课题的研究，还为本文写作提供了帮助。另外，孙权、栾静、李文辉、徐岷川、张陕静、姚艺文、何谐、甘瑶等同学也参与本课题的相关调研工作，特致谢忱。本文原题《拆迁工地上寻找法治动力》，原载《东方法学》2010 年第 4 期，《中国社会科学文摘》2011 年第 1 期全文转载。

2000年2月,10,357名被拆迁户联名向北京市第二中级人民法院提起行政诉讼,这被称为"万人诉讼"。

2001年6月修改的现行《城市房屋拆迁管理条例》(以下简称《拆迁管理条例》)公布并沿用至今,立法理念和确定的拆迁模式没有改变,仍然不分公益和商业目的的拆迁,拆迁中政府角色严重错位,这些逐渐成为拆迁矛盾的根源。

2003年8月22日,南京邓府巷拆迁中发生被拆迁人翁彪在拆迁办公室用汽油"自焚",并烧伤了拆迁办的其他6名人员,震惊全国。"南京拆迁自焚"个案成为一个社会公共话题,与其他所有的公案一样,演变成拆迁领域中的引起民众舆论的普遍关注的公案〔1〕。在此之后,相似的拆迁公案一再发生。

2003年1月至7月的建设部统计数字,全国因房屋拆迁引发三级以上事故共5起,造成26人死亡,16人受伤。2003年7月,杭州市机械工业学校退休教师刘进成发起、金奎喜律师等116人联名上书全国人大,要求对《拆迁管理条例》进行违宪审查。2006年12月21日,北京市才良律师事务所党支部书记王令,以拆迁法律专业律师的名义实名给温总理写信,直言"我国现有的拆迁制度存有较多较大的缺陷,是引发拆迁矛盾的重要原因"。〔2〕 在这十年左右的时间里,全国各地出现了新的律师专业业务种类——"拆迁律师",还有各地纷纷出现的"拆迁律师网",百度网搜索"拆迁律师",显示了10,000,000篇相关信息。

---

〔1〕 关于"公案"的论文,请参见孙笑侠:《公案及其背景》,载《浙江社会科学》2010年第3期。

〔2〕 原文刊载于《时代周报》2009年12月,现转引自 http://news.sohu.com/20091217/n269009501.shtml,最后访问时间:2010年8月10日。

2007年重庆出现了“史上最牛的钉子户”,[1]也被当作拆迁维权最坚韧、最成功的一例。

2009年11月13日,一位叫唐福珍的成都女企业主,为了保护自家三层楼房、抗拒成都市金牛区城管执法局的暴力拆迁,在楼顶天台自焚。[2] 在当年4月10日进行了一次强拆受唐家抵抗之后事隔半年,金牛区城管执法局带着拆迁队浩浩荡荡,经精心准备后,拆迁队伍卷土重来,这次他们集结了更庞大的队伍,穿着迷彩服的人、消防队的战士,甚至医务人员,悉数到场。但她的自焚并没有阻止房子被拆,当天房子就变成了一片废墟。2009年11月29日晚11时许,47岁的唐福珍在医院与伤痛搏斗了16天后,因救治无效,医院宣布唐福珍死亡。

《物权法》(2007年3月公布)规定“为了公共利益的需要,依照法律规定的权限和程序可以征收集体所有的土地和单位、个人的房屋及其他不动产”,但这一“法律规定的权限和程序”并未得到即时确定。然而,2001年国务院修改颁布的《拆迁管理条例》不属于法律,是行政法规。根据《物权法》的精神本来应当废除,因此,城市房屋拆迁被认为是“实际上处于无法可依的状态”。

唐福珍自焚后不久,2009年12月7日,北大法学院五名学者通过特快专递的形式向全国人大常委会递交了《关于对〈城市房屋拆迁管理

---

〔1〕 2004年,重庆两家公司对该市九龙坡区鹤兴路片区进行开发,拆迁工作从当年9月开始,该片区280户均已搬迁,仅剩杨武、吴苹一户未搬迁。从2004年10月到2007年2月,该户与开发商前后进行了30余轮的谈判。这户两层小楼一直孤零零的伫立在工地上,引发海内外媒体和社会的广泛关注与讨论,此户也被媒体称为“史上最牛钉子户”。2007年3月30日,重庆市九龙坡区法院发布公告,责令吴苹夫妇在2007年4月10日前自动搬迁,否则将依法对他们的房屋实施强制拆除。在多次协商后,吴苹夫妇与开发商达成协议,并自愿将房屋交由其拆迁。2007年4月2日,吴苹夫妇房屋被拆除。参见 http://www.infzm.com/content/9631,最后访问时间:2010年8月18日。

〔2〕 参见 http://china.nfdaily.cn/content/2009-12/09/content_6928041.htm,最后访问时间:2010年8月10日。

条例〉进行审查的建议》,建议立法机关对《城市房屋拆迁管理条例》进行审查,撤销这一条例或由全国人大专门委员会向国务院提出书面审查意见,建议国务院对《条例》进行修改。

据中国广播网消息,同年12月7日,全国人大常委会法工委法规备案审查室官员在接受记者采访时透露,国务院正在准备修改《城市房屋拆迁管理条例》,目前已经组织了国务院法制办、住房和城乡建设部、国土资源部等相关部委局,再次进行前期的立法调研工作。

2009年12月16日上午,国务院法制办在北京金台饭店召开备受关注的《国有土地上房屋征收与拆迁补偿条例》草案(以下简称《征收与拆迁补偿条例》)专家研讨座谈会。法制办邀请了五位上书的北大的法律教授参加这次座谈会。据有关媒体记者的报道,在长达四个小时的闭门会议之后,国务院法制办副主任郜风涛向一直等候在外的媒体做了简要的会议通报,他确认在《征收与拆迁补偿条例》正式颁布实施之后,公众与学界诟病多时的《城市房屋拆迁管理条例》(以下简称《拆迁管理条例》)将肯定同时废除。

《拆迁管理条例》修改过程中所涉及的所谓难题如公共利益如何界定、政府在拆迁中扮演何种角色、如何区分为了公共利益的拆迁和纯商业目的的拆迁、补偿标准如何确定,其实在法律家眼里早已胸有成竹,并不是困难,而它们在政府眼里成为难题也是可以理解的。这是因为政府有工作本位、地方本位、效率本位的思想观念,所以这样的问题需要通过决策的正当程序,比如先在较大范围内举行系列听证会,这为最后的决策的正当性奠定了基础。

"拆迁"引发的一系列现象,反映了许多矛盾,也可以看到拆迁制度艰难走过的每一步。当《拆迁管理条例》如我们所期待的那样出现新制度的时候,我们会说:中国法治又走出了重要的一步。我们也可以说,这正是法治的建构过程的一个典型缩影。如果一切如我们所愿,那么定会出现新的《征收与拆迁补偿条例》的实施和旧条例的废除，这将成为近年来法治发展的又一重大进步。法治就是这样一步一个脚印走过来的。

我们准备用这篇文章来热忱地迎接这部崭新的法规的诞生。

……

从“拆迁”引发的系列事件到全国上下呼吁新的“拆迁”法规的制定，房屋所有人、开发商、城管执法局、被拆迁人、企业主、律师、教授、公民、国务院、全国人大、地方政府、官员、媒体记者等，无论这些主体是或不是利害关系者，他们都卷入这个系列化的事件演化过程。本文是关于法治秩序的创造主体或法治动推动力主体问题，不准备论述除主体以外的对法治有作用力的客观环境因素，诸如经济与社会发展等因素〔1〕。用韦伯的话来讲就是“利害关系者之间的相互作用或法律专家的工作更值得关注”〔2〕。关于法治的主体，一直是少数西方学者关注的问题。比如马克斯．韦伯所谓的欧洲“法律绅士”〔3〕，伯尔曼法治理论中的基督教徒和法律家〔4〕，泰格法治理论中的商人〔5〕，茨威格特〔6〕的

---

〔1〕 对中国法治化的原动力论述中，人们常常会列举经济因素，认为中国如同西方国家一样——法治成长与商业社会。参见郝铁川：《法治的渐进性》，载《法学研究》2003 年第 6 期；《权利实现的差序格局》，载《中国社会科学》2002 年第 5 期。

〔2〕 韦伯不赞同把法律的发展归结为民族精神或传统的自发产物的思想方法，他认为与其这样，不如落实在具体的人的行为之上。参见［日］大木雅夫：《比较法》，范愉译，法律出版社 1999 年版，第 263 页。

〔3〕 ［德］马克斯·韦伯：《经济与社会》（下卷），林荣远译，商务印书馆 1997 年版，第 117～138 页。

〔4〕 ［美］伯尔曼：《法律与革命——西方法律传统的形成》，贺卫方、高鸿钧等译，中国大百科全书出版社 1993 年版。

〔5〕 ［美］泰格，利维：《法律与资本主义的兴起》，学林出版社 1996 年版。

〔6〕 茨威格特的比较法理论体系中没有关注法律家在法律样式中的影响因素。参见［德］茨威格特：《比较法导论》，潘汉典等译，法律出版社 2003 年版。

日本弟子大木雅夫[1]在其比较法学中特别关注法律人的作用和地位。在中国学者中很少关注法治的主体,这与法治的历史以及法治发展水平不无关系。笔者曾于2003年著文提出过法治的主体问题,谈及中国法治可能存在三类主体即政府、民众和职业。[2] 本文不妨对法治的主体性推动力再作进一步的探讨。

无论法治是如何推进的,它都必有一个推动或建构的主体。那么谁是中国法治建构的主体呢? 从逻辑和事实上来看,分别有哪些动力呢? 在“拆迁管理”法治化的过程中,我们可以看到许多主体在其中扮演不同的角色,有的为之努力,有的成为阻力,也有的时而成动力时而成阻力。我们可以进一步分析其中的一个重要现象即法治秩序的创造主体即法治推动力问题。

本文之所以选择“拆迁”来研究法治推动力问题,主要是因为:第一,拆迁现象典型反映了我们政府、投资商、公民的利益诉求和利益关系在这个转型时期的基本特点;这“拆迁现场”就是一幅活生生的转型期中国的现实图景——经济高速发展中的社会资源分配、贫富差距、公权力潜规则、财产权保护和人权保护困境。第二,拆迁事案的演变过程中把几乎所有的社会主体都囊括进来了,并且他们之间存在的利益或非利益关系的博弈。第三,拆迁现象中存在权利与权力的较量,权利与权利的冲突,反映了效率与公平、效益与法治之间的紧张关系,这一切都高度浓缩了中国法治的难题……当然本文准备撇开拆迁问题中的法律冲突或法律漏洞或权利救济等方面的民法或行政法的具体问题,把焦点锁定在参与制度演变、创造法治秩序、推进法治的主体身上,看他

〔1〕 [日]大木雅夫:《比较法》,范愉译,法律出版社1999年版,第七章“法律家——法律秩序的创造者”。

〔2〕 孙笑侠、胡瓷红:《法治发展的差异与中国式的进路》,载《浙江社会科学》2003年第4期。

们是怎样产生角力和合力关系的,同时也可以看到我们中国法治在主体方面不同于外国的某些特殊性。

二、作为法治主导力的官方力量

在中国法治秩序的创造者即法治推动力主体的问题上,学者一般认为,法治的第一推动力是政府。[1] 在我国,法治自然产生的社会土壤相当匮乏,想要在短期内完全倚赖民间力量来驱动法治的愿望难以实现。中国法治传统资源的困乏决定了我们只能更多地借助于强制性制度变迁的手段进行“变法”,因此,政府当仁不让地担当起了推动法治现代化的历史使命。

中央政府与地方各级政府的情况相对较为复杂。一方面,中央与地方政府从不同的层面推动法治发展;另一方面,各级政府有各自的部门本位和地方利益,因而与法律的意志和立场形成特有的紧张关系。下面仅对法治推动力从政府方面的特点进行分析。

根据国务院法制办的数据库统计,自 1979 年 12 月 1 日至 2009 年 12 月 1 日,国务院总共制定颁布了 1135 部行政法规、4094 部部门规章,当然其中还包括不可计数的规范性文件等。[2] 这些法规和规章几乎涵盖了这 30 年来中国经济社会生活中的方方面面,在这个庞大国家的转型期中发挥了不可替代的作用。尽管在这其中,存在一些缺乏科学性和合理性的规范,但是我们也应当看到在法治进程不断推进的今天,中央政府也越来越深刻地认清政府工作的目标:“坚持依法行政、规范行政行为,合法行政、合理行政、程序正当、高效便民、诚实守信、权责统

---

〔1〕 比如,有学者说“从现实中国国情出发,中国推进法治的最大的本土资源,就是中国的本土政治资源。”参见蒋立山:《中国法治道路初探》(上),载《中外法学》1998 年第 3 期。

〔2〕 参见国务院法制办法律法规全文检索系统:http://search. chinalaw. gov. cn/search. html,最后访问时间:2010 年 8 月 10 日。

一”以及“实行科学民主决策”“程序依法规范、过程民主公开、结果科学公正”。[1] 各级地方政府充当了法治推动第一线的主导力量。在广泛的经济政治文化生活中,各级地方政府总是处在与公民接触与对话的第一线上,给予公民国家这一政治概念最直观的印象。能否实现法治国家,与地方各级政府的法治程度息息相关,而在中国这样法治后发型的国家里,推动政府法治化的最主要力量正是各级政府自己。

但值得我们注意的是,“一个国家要实行法治,总要会牺牲一些原本由国家、政府、官员所拥有的东西,或者是放弃某些希望取得并且可能取得的正当目标,诸如国家的部分权力、阶级利益、政党影响力、官员职权、工作效率,甚至经济效益”。[2] 人民的政府的政治出发点当然都是为了人民的利益,为人民服务的。就拿国务院 1991 年制定的《拆迁管理条例》来说,其立法目的正是“通过旧城改造房屋拆迁,改善城市居民的住房条件”。可是,各级行政权力在法治的格局中,仍有可能扮演着三重角色,一是法治的主导力量,二是法治的控制对象,三是法治的异己力量。比如在“拆迁制度”法治化过程,修改《拆迁管理条例》的“最大的阻力就来自地方政府、城市的管理者,以及一些地方官员和利益集团的结盟”,“从 20 世纪 90 年代开始城市化进程加速,需要大量的土地,旧城区的土地已经盖了房子,所以要拆迁。城市升级、经营城市都无非是土地的倒腾,低价收回,高价卖出。在土地财政已经成为地方政府的主要收入之时,地方政府有强烈的利益驱动,因此,拆迁成本低、程序简便,且让地方政府拥有绝对的话语权和决定权的《城市房屋拆迁

---

[1] 温家宝:《2009 年国务院政府工作报告》。

[2] 孙笑侠:《法的现象与观念》,山东人民出版社 2001 年版,第 359 页。

管理条例》,对他们来说就是一个很有效的工具”。[1]

基于各级行政权力这样的三重角色,政府自上而下推进的法治现代化运动也必有其弊端和困境,这一弊端就是“法治”观念与生俱来的限制国家、政府公共权利的要求,同政府本身保有的权力或者利益相冲突。

因此,行政机关对法治的需求并不是来自其自身愿望的,而是在执政党的政治动员、人大的监督和人民的权利运动的启发或压力下形成的。在宪法的框架中,官方推动法治的力量是十分强大的,其中包括执政的中国共产党对法治的政治性推动,也包括各级人大的民主立法的推动,以及各级政府的行政执法方面的推动。

一百年来中国人寻找民主与法治的过程也是寻找和尝试政治领导力的过程。自近代以来尽管“城头变幻大王旗”,但这些政治力量并没有能力推动中国走向民主化、法治化和现代化。1949 年至 1978 年的 30 年里,中国共产党经历了从尝试法制、抛弃法制再到恢复法制的过程。从 1978 年至今天的又一个 30 年里,我们经历了恢复法制、确立法治、推进法治的三个阶段。执政的中国共产党除了代表人民利益之外不具有自身独立的利益,作为中国政治最具变革力量的执政党,显示其承担推动中国法治化使命的不可替代性。执政党的领袖人物会对法治秩序的建构起到关键作用,我们这 60 年走过的路,大致上与中国共产党的四代领袖人物对法律和法治的态度有关系。

当然,从执政党的法治推动力来看,存在决策与推动的宽与窄、对与错、快与慢的问题。有的事务,执政党并不适合直接干预,比如对个

---

〔1〕 北大法学院教授王锡锌对《时代周报》记者说的话,刊载于《时代周报》2009 年 12 月,现转引自 http://news. sohu. com/20091217/n269009501. shtml,最后访问时间:2010 年 8 月 11 日。

案的司法进行干预就是不合适的老套做法,但是如果涉及普遍的社会问题,比如拆迁所暴露的普遍性问题,则完全不同;不仅要有态度而且应当尽快作出反应,回应社会舆论,反映民意要求。2005 年 3 月,上海市委较早意识到这个问题的严重性,按照市委、市政府的总体要求,上海市召开 2005 年拆迁管理工作会议,就当前进一步加强房屋拆迁管理工作进行部署。“统一标准、公开操作、严肃纪律、依法拆迁”。严禁强拆,房屋拆迁将保持合理规模,严格控制商业开发拆迁。拆迁总量控制在 6 万户以内,确保拆迁工作公开、公平、公正,维护群众合法权益,促进城市持续发展,保持社会和谐稳定。

执政党依法执政的政权组织形式是人民代表大会,所以,人大是党的领导、人民当家做主和依法治国三者相统一的组织和制度的唯一载体。

人大是权力机关,也是民主议事和决策机关,因此,人大是我国法治化运动中极为重要的机构。全国人大及其常委会和省级人大及其常委会还是立法机关。各级人大及其常委会是选举产生的,人大在一般常规的情况下,没有独立的利益和自身权力的本位,因此,它在立法、监督等方面能够超越于“一府两院”之上,具有超然性和权威性,这一点与中国共产党的利益特征相类似。当然,人大对法治的推动力,存在立法是否完备、是否民主、是否科学和是否及时的问题。在拆迁问题上,全国人大于 2007 年制定《物权法》时,如果有相应的制度,通过人大来对相关条例进行一次违宪审查,那么《拆迁管理条例》就不会继续成为侵犯公民权利的“恶法”。所以,若干事关人民代表大会地位与功能的重大制度还需要进一步建立和完善。

三、作为法治原动力的民间力量

其实,无论从社会事实上看还是从逻辑规律上看,政府自上而下的这种官方推动力还是形式层面的[1],想要避免政府推动的弊端和困境,显然是一种臆想。如果我们深入到这个表象的内部考察,我们会发现法治真正的力量源泉是人民群众,或者说,法治的原动力主体是民间力量。

当今中国官方推行的法治化运动,实质上也正是来自民间的权利运动。从"拆迁现象的演化"来看,如果没有公民权利意识的增长,就不会有无数个翁彪、王萍、唐福珍们反抗拆迁的维权抗争行动,也就不会有后来的一系列的民间力量诸如知识分子、律师、媒体等以民权代言人的身份进行维权行动。

此处,我们重点想阐述这样两股相互区别又联系在一起的力量:一是普通民众,二是商人阶层。

民间的力量历来是社会政治与经济发展动力。这其中包括了几乎所有的社会角色如农民、工人、商人、市民、媒体记者、消费者、网民、行业协会、财产所有者、学生、学者。回想 30 年前的包产到户的出现,就是民间力量推动制度变革的典型例证[2]。1980 年 2 月,当时的宜山县三岔公社合寨大队(现为宜州市屏南乡合寨村)的果作等六个生产队的 85 户农民,以无记名投票方式选举产生了自己的领导机构——果作村村民委员会。这是新中国历史上第一个村民委员会。它的出现,开启了中国农村基层群众自治的新时代,导致 1982 年宪法对村民委员会作

---

〔1〕 若干年前我们已发现:无论是从社会事实上还是从逻辑规律上看,政府作为法治的推动力,这只是形式上的表象。深入到这个表象的内部考察后将会发现,法治真正的推动主体不是政府,而是市民阶层和法律职业。两者从法律运行机制的外部和内部分别扮演和承担着不同的角色。参见孙笑侠、胡瓷红:《法治发展的差异与中国式的进路》,载《浙江社会科学》2003 年 4 期。

〔2〕 包产到户最早出现在 1956 年浙江省温州地区永嘉县。1957 年夏季,温州地区各县有 1000 个农业合作社实行了这种办法,但随后受到批判。1978 年春天,为了抗御旱灾,安徽省不少生产队也实行了包产到户,受到官方的认可。

了明确规定[1]。1991 年吉林省梨树县双河乡平安村村民在村民委员会选举中进行直选“海选”[2]。1982 年 4 月,全国人大常委会决定公布宪法修改草案,交全国人民讨论。从 4 月到 8 月的全民讨论有几亿人参加,在这期间,宪法修改委员会秘书处还收到各界群众对宪法修改草案提出意见和建议的来信 1538 件。一位名叫王银祥的呼和浩特制锁厂普通工人,给全国人大写了信,提出自己对宪法修改的四点建议中有一条关于土地保护的建议被采用了,把宪法草案第 9 条第 2 款的“国家保障自然资源的合理利用”修改为“国家保障自然资源和土地的合理利用”。[3] 1987 年浙江温州苍南县农民包郑照到法院状告县政府,催生了中国行政诉讼制度。1995 年王海打假案唤醒了中国消费者的权利意识。1999 年大学生田永诉北京科技大学案[4],象征着大学与教育领域中的法治化的急促的脚步声。2002 年下岗女工胡巧玲扳倒了违法的红头文件,维护了自己的劳动权,推翻了红头文件,也捍卫了《劳动法》的尊严。[5]

---

〔1〕 1982 年制定的现行《宪法》第 111 条规定:“城市和农村居民居住地区设立的居民委员会或者村民委员会是基层群众性自治组织。居民委员会、村民委员会的主任、副主任和委员由居民选举。”

〔2〕 余维良:《梨树县村民自治大事记》,载中国农村村民自治信息网:http://www.chinaelections.org/NewsInfo.asp?NewsID=81218,最后访问时间:2003 年 4 月 26 日。

〔3〕 信发出后,王银祥担心书信邮递太慢,于 11 月 28 日又用自己月工资的 1/4 发出一封近 200 字的电报。http://www.legaldaily.com.cn/bm/content/2008-06/15/content_879681.htm,最后访问时间:2010 年 8 月 5 日。

〔4〕 原告田永认为自己符合大学毕业生的法定条件,被告北京科技大学拒绝给其颁发毕业证、学位证是违法的,向北京市海淀区人民法院提起行政诉讼。

〔5〕 2002 年 4 月在重庆万友宾馆工作了 10 年的 28 岁女工胡巧玲,因为宾馆被征用而被解雇了。虽然给了她六千多元补偿。但是宾馆并没有按照当初的承诺为她交养老保险。她找单位协调,单位不理。她依据《劳动法》请求仲裁,仲裁委员会不受理。她向重庆市渝中区法院、重庆一中院、重庆高院起诉、上诉,三级法院都不受理。摆在法院面前有两个截然不同的文件。一个是庄严的《劳动法》,在《劳动法》第 77 条规定“用人单位与劳动者发生劳动争议,当事人可以依法申请调解、仲裁、提起诉讼”。另一个是重庆市劳动与社会保障局的 2001 年 79 号文件,这份红头文件规定:“对劳动者要求用人单位补交养老保险金的申诉不属于司法管辖权的范畴……”

2007年厦门“市民散步事件”[1],导致12月中旬举行的厦门历史上“第一次大规模的公众座谈会”,市民代表踊跃发表理性专业的意见,让人见识了惯为官方忽略的民间智慧。此次以城市中产阶级为主体的环保运动让官方看到,厦门市民乃至全国更广大地区的民众,完全具备了推行更充分民主政治必须的公民素质。2008年三鹿“毒奶粉”事件,在公民与媒体的共同努力下催生《食品安全法》。2009年网民搜索“躲猫猫”事件,让看守所的违法事件得以曝光并导致民间社会与决策高层都意识到看守所管理体制上的弊端。

这30年来,中国百姓生活中最大的增长除了收入以外还有什么?我们的答案是权利意识和权利要求的增长。民众对法律或政法工作的一个核心要求是什么?——民权保障。这30年来,民众的权利意识显著增强,人民群众对国家和政府的要求发生了巨大的变化。例如,你能否保障我安居乐业,不受违法侵害。法律不会带来幸福,但能够保障幸福。又如,你能否解决纠纷矛盾,你能否公平高效。这些都可以归结为权利保障的要求。现在大量的涉诉涉法上访都是关系到公民权利保护,大量的网络舆论与网络呼声是关系到公民权利保障的。分析多种社会矛盾我们不难发现,现阶段人民群众的新要求,其核心要求就是对权利保护或人权保障的要求。这些要求与期待是动态的,民众对法律或政法工作的要求与期待是随着法治的进程而增长的。同时,民众对法律或政法工作的要求和期待也是随着经济的发展而发展的。实际上,广大公民的这种权利意识是和经济上先富起来的一部分人的权利意识的增长有关。这部分人的主要构成成份是新一代民营企业家、商

〔1〕 厦门市民反对PX项目的斗争,贯穿了2007全年。最后闽厦政府方面同意将项目由厦门海沧迁到漳州古雷半岛,取得了一个多赢和相对圆满的结果。“厦门散步”的起因是许多厦门市民收到了大致内容为“如果您反对……请在××时间××地点散步”的短信,一次自发的“散步”示威就形成了。

人、中介人员以及其他中产阶级。

通过近年来的热点案件——我称之为公案——中的民意的表达，我们的法治确实被推进了。孙志刚案件导致了一个旧法律的废除和一部新法律的诞生，这样的事例成为较为多见的事实。我们或许通过这一点来预测民意发展的社会态势，有学者认为“随着社会空间的扩大和公民社会的成长，公民的参与精神和责任意识越来越强”，文章乐观地估计了民意对司法的积极作用，认为“对案件的关注和讨论也将越来越理性、越来越成熟。在一些热点案件中，网络媒体的关注和民间的维权斗争，起到了一步一步引导司法公正的作用。没有网络民意的监督和不断地争取，某些案件将被司法构陷、司法专横和司法猫腻所取代。在对具体个案的关注中，在公开信、签名与网络回帖中，在律师、记者与知识分子的维权行动中，逐渐形成了具有法律意识和公共精神的公众。”[1]

在拆迁问题中一说到商人阶层，人们必然联想到他们与政府的利益合谋。在当下的拆迁现象中，城市房屋开发商与地方政府在利益关系链上具有一致性，所以，地方政府在拆迁上用足了劲。一些地方政府为追求“土地财政收入”的增长，急功近利地进行城市开发、发展，忽视社会公平，是拆迁的权利冲突层出不穷的根源所在。建设部2002年1~8月受理来信4820件次，涉及拆迁问题的占28%；上访1730批次，拆迁问题占70%。[2] 近十年来，上海市信访办统计的数据称，涉及拆迁的信访大约占总数的70%以上；据说到中央上访的信访案件中，有40%都涉及拆迁问题。这些现象都可以归结到一点即开发商与政府在

---

〔1〕 滕彪：《镜城突围：司法与民意》，载《同舟共进》2008年第7期。

〔2〕 在《拆迁条例》修改后的第二年，原建设部副部长刘志峰在当年9月召开的全国城市房屋拆迁工作座谈会上谈到的情况。

土地征用和征收的行动中,具有利益的一致性。

但是,我们不能忽视的问题在于,随着市场经济体制的建立,中国出现新一代企业家、商人、中介人员,作为法治产品的最重要的消费者,他们是一股推进法治的不可轻视的力量。企业主与商人在市场经济体制尚未健全的时期,并不是以法律制度的消费者的身份出现的。他们对家族伦理、人际情理的依赖远胜过对法律规则和理性制度的依赖。来自市场的对法治的需求,这是公民需要法治的内在理由,表现为公民的权利要求。哈佛大学国际政治经济学教授丹尼·罗德里克(Dani Rodrik)指出,一时的经济增长并不必然需要深刻并且广泛的制度变革,但是,要获得持续增长却需要非常强大制度作为支撑。[1] 以民营经济造就的民营企业家为例,他们对法治虽然并非具有与生俱来的需求,但是随着他们在发展与改革过程中获得日益增长的财富,他们迫切需要法律制度来保护他们以财产所有权为核心的一系列权利。以民营企业制度创新、产权界定与配置为例,在股份合作制改造、公司制改造、兼并收购、分离、委托代管、租赁、承包等最常见的制度创新过程中,民营企业家切身体会到只有成熟的制度支持,改革和创新才能有持有的效果。私营企业的产权明晰问题,也要求通过法律上的权利义务分配,家长式的私营企业主脱胎换骨成为现代企业家,同时他们从伦理社会中的农民成长为法治秩序下的市民。

同时,经济全球化也激发和催生了中小工商企业主对法律和法治的消费需求。2001 年温州烟具行业协会应对欧洲反倾销案[2],不仅为

---

〔1〕 Kenneth W. Dam,"China As a Test Case: Is the Rule of Law Essential for Economic Growth?",*John M. Olin Law & Economics Working Paper* (2006),No. 275,p. 45.

〔2〕 历时 1 年零 1 个月的温州烟具协会应对欧盟打火机反倾销诉讼事件是中国正式加入 WTO 之后遭受的第一起反倾销诉讼,引起各界高度关注。该事件为我们考察中国转轨时期行业协会的治理机制、协调机制及其发展提供了一个非常好的案例。

中国企业应对反倾销诉讼提供了宝贵的经验，而且民间组织第一次充当了处理国际贸易纠纷的主角。烟具协会发挥了两方面的作用：第一，烟具协会在整个案件过程中，自始至终承担了大量的公共服务：统一聘请应诉代理律师；成立应诉小组，为各应诉企业提供应诉所需要的行业材料；与立场一致的欧洲进口商协会进行信息的沟通和交换意见；在欧盟官员来华现场调查期间，代表打火机行业进行游说和说服工作；代表本行业与包括中国政府在内的其他各利益关系方进行联络、信息传递和磋商。在这些服务中，协会所具有的信息优势非常明显。第二，综合行业的利益要求并向政府进行表达，以争取政府支持。尽管烟具协会在本次反倾销案例中充分体现了作为一种自治性治理组织的优势，但是它也并没有选择孤军作战，而是尽量与政府有关部门沟通，力争取得政府的支持与配合，甚至通过媒体来表达自己的利益诉求，以便于日后能够更有效地应对类似的反倾销事件。[1]

总而言之，市场经济培育了工商阶层地位平等、意志自由、权利本位、信守规则等当代法治理念，随着他们日趋成熟，出于自身的经济利益，工商阶层对“法治”的“需求”和“消费”将越来越大，从而促使政府“供给”合理的、公平的市场规则：规范的法律能够保障市场安全，有利于资本进入；透明的法律能够保障利益的预期，有利于减少交易成本；公正的司法能够有效裁断经济纷争，有利于平息社会矛盾。

四、作为法治建构力的职业力量

从2003年7月，金奎喜等律师参与的116人联名向全国人大上书，

〔1〕 黄少卿、李正全：《温州打火机赢得欧盟反倾销诉讼启示》，原载于《新青年·权衡》，载 http://finance.sina.com.cn/review/observe/20060413/16052499197.shtml，最后访问时间：2010年8月10日。

要求对《拆迁条例》进行违宪审查，到2006年12月，北京市才良律师事务所王令律师，就拆迁制度的弊端给温家宝总理写信。如果更广泛地讲，北大五位法律教授的联名上书全国人大，也是职业法律家的维护民权的行动，更是法律家推进政府工作法治化的行动。通过拆迁事案演变，我们可以看到法律职业共同体对于法治建构的一不可替代的作用。

如果说官方推动和民间推动都是外在于法律范畴的推动力的话，那么法律职业的推动力则是来自法律范畴或体系内部的技术性力量。“独立的有学识的法律家群体处于国家机构与市民社会的衔接部位，起着法治秩序的安全阀的作用”，“只有职业法律家才能够填补规范与事实的缝隙”。[1]

社会学家费孝通就说过，“法治的意思并不是说法律本身能统治，能维持社会秩序，而是说社会上任何人的关系是根据法律来维持的。法律还得靠权力来支持，还得靠人来执行，法治其实是‘人依法而治’，并非没有人的因素”。[2] 法治的基本要求（形式法治）是“法律主治”，而无论是法律实践中的哪一个步骤——起草、普及、解释和运用，法律职业阶层都是法律的实际操作者，因此，法律职业者的技能与素养与法治的成功与否密切相关。在某些当代先进法治国家，甚至整个国家的总统选举都由法官判定——法律职业阶层在法治中所扮演角色的重要程度可见一斑。

法律职业作为法治的推动力主体，可从五个方面来认识其作用特点：

第一，法律职业通过其职业性和技术性、独立性和自治性的力量来

---

〔1〕 季卫东：《法治秩序的建构》，中国政法大学出版社1999年版，第198页；另可参见［德］马克斯·韦伯：《论经济与社会中的法律》，张乃根译，中国大百科全书出版社1998年版，第304页以下。

〔2〕 费孝通：《乡土中国·生育制度》，北京大学出版社1998年版，第48页。

推动法治[1]。"拆迁律师"与法律教授们正是通过这种职业性、自治性和独立性力量来促进拆迁的法治化的。法律家他们知道法律的应然与实然,了解法治的此岸与彼岸,有能力维护权利,也有能力去推动制度的完善。他们处理过不计其数的案件纠纷,对不同法域的相关制度进行过深入比较,因而深谙现行制度之优劣。在他们眼里,法治的发展、现状和未来都了然于胸。所以,法律职业对法治的推动是一种内行人的力量,是同行构成的共同体的力量,是技术专家或技术精英的力量。法律职业阶层还可以在其他方面推进法治的建立和完善,他们可以在诉讼、参与立法、主张制度变革等活动中宣扬法治的理念。

第二,法律职业通过对个人权利的保护来推动法治。作为法律职业阶层中最大的组成部分,律师在法治中有两大作用:一是在律师的帮助下,法官可以更为有效地查清案件事实,厘清法律适用问题,从整体上提高了司法的效率、加强了司法的职能;二是帮助其客户捍卫其正当个人权利,对抗公共权力和他人对其权利的损害。比如近十年来,我国众多刑事律师在辩护中维护当事人合法权益共同推动了死刑复核权的回收[2]。提高司法效率和职能这一点,其实就是律师的社会功能,借助于律师的专业技能,能够"充分揭露信息"。《世界人权宣言》第8条规定:任何人当宪法或法律所赋予他的基本权利遭受侵害时,有权由合格

---

〔1〕 参见[美]伯尔曼:《法律与革命——西方法律传统的形成》,贺卫方、高鸿钧等译,中国大百科全书出版社1993年版,第104~105页。

〔2〕 2002年4月,陕西省高院裁定维持原判。4月27日,代理此案的西安律师朱占平专程赶赴北京申诉。4月29日早晨,在延安中院即将对董伟执行枪决时,朱律师的申诉最终被接受。就在董伟被枪决前4分钟,最高人民法院传令案件暂缓执行,延安刑场上发生了惊心动魄的"枪下留人"一幕。因为这样一次戏剧性的"枪下留人",朱占平律师走进了公众视线,也让"死刑复核权"首次成为全国大讨论的话题。从2002年陕西延安的董伟"枪下留人"开始,几年来我国湖北、河北、云南等许多省都先后上演了各种版本的"枪下留人"事件,虽然这些事件中有的留住了人,有的没有留住人,但所有的事件基本都是围绕死刑的二审程序和死刑复核程序展开的。各案律师在对当事人生命权的保障、对死刑适用权限的归属上积极呼吁奔走,引起了人们的广泛关注,同时更引发了全国对死刑复核权收归最高人民法院的更高呼声。

的国家法庭对这种侵害行为作有效的补救。这就是著名的诉诸司法权利,任何一个法治国家都不能拒绝公民寻求司法救济,而获得律师的帮助又是权利获得救济的必要条件。

第三,从历史上看,法律职业职业阶层的这种推动力并非是变革性的,而是具有保守性和稳定性的力量。因为,他们的职业特点在于"以过去的法律为准绳,以过去的事实为根据"。恰恰是这样的职业特点,才成全了它的独特社会角色和社会功能。法律家通过保守的性格,可以避免社会变革所带来的激进的风险,可以避免社会变革与转型所导致的社会关系与社会秩序的断裂,起到社会发展的安全阀和稳定器的作用。法律职业阶层往往是在社会变革、法律转型等重要历史时刻起到了助力的作用。从历史上看,无论是宗教推动样式中的"教皇""君主"之争,还是工商阶层推动样式中的"商人""领主"之争,法律职业阶层从来就不曾以斗争主体的面貌出现在这些关键历史时刻中,他们所起的作用都是将激化的社会矛盾以法律的方式予以解决。而这种用法律解决社会矛盾的方式恐怕就是"法治"的精髓,正是在这个层面上,我们可以说法治就是"法律人之治"——法律人以其职业技能和知识化解社会矛盾,使社会走上"法律主治"的正途。[1]

第四,当然,律师是这个保守的共同体中相对活跃的力量。他们活跃在社会的各个领域,特别是在市场经济领域和百姓生活领域,他们积极主动地参与社会经济生活,才使得纸上的法律成为动态的法律。激荡澎湃的民间建言浪潮,迅速崛起的"意见公民"群体,开启了一个崭新的民意时代和意见时代。以公开信挑战"春运涨价"的郝劲松对此评价说:"这是社会进步的重要表现,它反映了公民意识的觉醒,公民意识正成长为推动社会变化的洪流,而公民运动的兴起,也必将使宪法和法律

〔1〕 参见孙笑侠主编:《法律人之治》,中国政法大学2005年版,第20页。

获得变革社会的巨大力量。”颇为引人注目的是,在“意见公民”的阵营中,律师的身影开始日趋活跃。2005年上半年,北京刮起了一股清理打工子弟学校的“取缔风暴”,其间冲突不断。北京李方平律师与学者一起以一份公民建议书形式联名上书北京市政府,直陈“渐进式解决打工子弟学校问题”的思路。2005年10月下旬,在内地持续数月的养路费论战中站立潮头的学者周泽、律师宋成军分别上书全国人大常委会,要求审查养路费的合法性。[1]

2006年与2007年之交短短的一个多月时间里,就出现了3次律师上书事件:一是2006年12月1日,针对深圳警方将一百多名涉嫌卖淫、嫖娼者游街示众事件,上海律师姚建国向全国人大发去公开信,强烈要求纠正这类有损人权的行为。二是2006年12月15日,河南10名律师联袂上书全国人大常委会和国务院,要求审查撤销暂住证制度。[2] 三是2007年1月1日,就人身损害赔偿案件司法审判中的城里人与乡下人“同命不同价”现象,广州律师周玉忠上书全国人大常委会,要求审查最高人民法院的有关司法解释。

第五,法律职业作为独立于政府的力量,随着法治国家的建设,必然会与政治密切结合,走向政治领域。这不仅是律师业务范围在拓宽——我们可以预言没有公法律师就不是好的律所——而且是律师能量的增强和扩大。正是基于这一点,我们看到了,“拆迁现场”必然会出现拆迁律师,“拆迁现场”也必然会出现与行政强权抗争的律师,出现为政治与公共领域的法治化作努力的律师。

在法治国家的框架内,法律职业不仅成为政治家的智库力量,甚至

---

〔1〕 参见 http://news.sohu.com/20061103/n246169590.shtml,最后访问时间:2009年12月22日。

〔2〕 案情参见 http://news.sina.com.cn/o/2006-12-28/082010879930s.shtml,最后访问时间:2009年12月22日。

直接参与政治、影响政治、主导政治。当然法律职业阶层在社会中的数量和地位也与这个社会的法治进程直接关联[1]。目前中国有16万名律师,这个数字对于13亿人口的中国来说还是远远不够的。2006年山东省人大常委会首次委托律师起草的《山东省消费者权益保护条例(草案)》(以下简称条例草案),总起草人张巧良律师是山东康桥律师事务所律师,他和其他律师一起历时半年,于11月草拟完成了这一地方性法规草案。律师凭借自己的法律知识和共同体的"能量",将目光注视民主和法制建设,将触角伸向政治领域的深处,或参政议政,或挑战公权,或抨击腐败,或监督政府。上海律师严义明率先以《政府信息公开申请》的形式,要求国家发改委公布中央新增4万亿元投资计划,并公开自2008年11月5日以来向发改委递交审批申请的省市地区名单及项目名单。这一申请构成了律师对国家政务的一种监督权。人大代表韩德云律师,在连续三年递交"建立公务员财产申报制度"提议如泥牛入海的情形下,今年,他又就这一内容写了6000字的提案,其中包括3000字的法律草案。韩德云的作为凸显了律师参政议政的理性和执着;成都邢连超等5位律师向成都市政府发函申请,要求向社会公布"五路一桥"费10.92亿元的支出明细账目,成都市政府正面回应律师质疑,通过媒体和网络如实向社会公示。5位律师的行为加强了政府和民众的联系,提升了政府的公信力。深圳律师王荣利历时6年,搜集了

〔1〕 有个很有趣的例子可以说明这个问题。在20世纪50年代的莫斯科,拥有五百万人口的大城市只有区区两千名私人执业律师——约等于每2500个市民拥有一个律师,而在同时期的纽约,大概有两万五千名律师在纽约市内执业,每350个市民就拥有一个律师。另外,苏联最高苏维埃当时只有10%到15%的代表来自法律职业阶层,而在美国,66%的参议员和56%的众议员出身于法律职业。即使是这样,赫鲁晓夫还想进一步削减律师的数量。参见Ross L. Malone, American Lawyer's Role in Promoting the Rule of Law, (1959) 43 *Marquette Law Review*, 5。该文作者时任美国律师协会会长,此文是作者在马凯特大学(Marguette University)法学院50周年院庆时所作的演讲。

424例各地各种类型的腐败案例，完成资料汇编2000万字，撰写7万多字的《中国反腐败报告》，分别从腐败犯罪的地域分布、职务结构、年龄结构、犯罪表现、犯罪结局等8项指标进行考察。王律师对腐败犯罪的清醒认识，有针对性地找出具体的防治措施。未来中国的法律职业阶层将会广泛进入政治领域，去制订社会发展规划，去分配社会资源，去掌控社会正义的标准，去引领社会风尚。他们目前尚未能有广泛的民间基础，也还没有这样的经济基础，但中国的法律职业阶层已意识到自己职业的更广泛意义，并开始有意识的去推动中国法治的进程。

五、结语

哲学上有所谓经验理性和建构理性，在哈耶克的体系中，经验理性被称之为进化论的理性主义即“各种自由制度，如同自由所造就的所有其他的事物一般，并不是因为人们在先已预见到这些制度所可能产生的益处以后方进行建构的”，[1]他认为，“制度的源起并不在于构设或设计，而在于成功且存续下来的实践”[2]；建构理性被称之为建构论的唯理主义，“这种观念假定所有社会制度都是而且应当是设计的产物”[3]。哈耶克本人持进化论的理性主义观，对建构论的唯理主义作了彻底的批判。我国法学上关于法治的发展理论，我们认为也存在理性建构论和自然演进论两种[4]。

---

〔1〕［英］弗里德利希·冯·哈耶克：《自由秩序原理》（上），邓正来译，生活·读书·新知三联书店1997年版，第61页。

〔2〕同上，第64页。

〔3〕［英］弗里德利希·冯·哈耶克：《法律、立法与自由》（第1卷），邓正来、张守东、李静冰译，中国大百科全书出版社2000年版，第8页。

〔4〕中国学者中有这样的鲜明的理论框架的学者分别是季卫东和朱苏力。前者主张法治秩序是通过主体的理性建构而成的，其早期代表作就名为《法治秩序的建构》；后者主张法治秩序是基于本土资源而自然演变的，其代表作就名为《法治及其本土资源》。

而在法治模式的事实形态，法治现代化也可以分为两种：演进型法治和建构型法治。演进型法治是指顺应本民族的社会自然演进规律而形成法治的模式，其特点是尊重本土的历史传统和社会资源。比如英国法治经历了从13世纪到17世纪的漫长过程，没有制定成文法也没有制定成文宪法，其普通法先例制度和不成文宪法也正是漫长的自然演进的产物。然而，建构型法治则是在法治按常规作可能自然演进的前提之上，人们运用自身的理性，主动试错式地设计法律制度，从而在短期内、局部先行地建构法治秩序。比如日本明治维新后为了收回治外法权的外交和政治需要，开始进行大规模的现代法典编纂和制度移植，改造权力结构建立西方式的法律家制度[1]。

比较这两种法治现代化模式，我们认为法治在历史的自然演进中获得发展，这固然是客观事实，但是人作为主体在历史面前并不是无所作为，并不是被动的，而是能动的。我们可以在法治的自然演进过程中有所作为，所以，我们应当看到建构型法治的积极和能动的优点。理由主要有三个方面：一是“自然演进”观念不符合中国人发愤图强的民族性格。中华民族数千年来都志在图强而无数次地变革、变法。就以近百年来的历史来看，也不乏制度变革甚至制度革命的能动性。就当代中国社会主义建设中，我们中国人也一直有“只争朝夕”的精神。在法治秩序的建构方面，我们认识到已不能承担自然演进而付出的时间和发展机会的成本。二是演进型的法治对法治发生地的文化土壤有一定的要求。中国的历史传统中有人治传统而缺乏法治的土壤，所以试图通过自然演进来发展出中国法治，确有不可预期性。三是全球化为当代中国推进法治提供了有利的客观条件和内外部机遇。全球化对法治的影响最主要表现在，它带来了各国按照法治的最底线原则来实行法

---

〔1〕 参见季卫东：《法治秩序的建构》，中国政法大学出版社1999年版，第205页。

治的必然性。全球化事实上为我国选择建构型法治提供了客观条件。截至2006年10月,我国已经加入了22项国际人权公约,认真履行国际人权义务,并广泛开展国际人权领域的交流与合作。这也是通过人为的理性建构来缩短法治化过程的重要理由。

总之,中国式的法治已经显示出中国式进路的特点,显示出中国法治秩序特有的建构方式。这就是在官方主导力、民间原动力和职业建构力的动态合力作用下,中国法治在转型和磨合中一边建构,一边探索,一边前行。三方力量虽有利益矛盾和冲突,但与前资本主义以及资本主义利益对抗性关系不同的是,这三方力量在整体上是一致的,和谐的,是可以被整合的。我们还可以进一步展望未来,去研究这种“三合一”的推动力是否可能加速推进中国法治?是否有可能使中国走出一条后发国家的法治捷径?

新权利是怎样诞生的*

在当今中国,含有"阳光权""器官移植权""生育权""悼念权""原唱权""接吻权"等陌生的权利词汇的起诉状,不断的出现在法官面前。这些在普通人看来也许仅仅体现新鲜感的事物对于法学家来说却意味着一个个全新研究领域的开拓。这些法无明文规定的权利的不断出现说明,我们的权利立法是不足的;并且,我们的法官没有认真对待法无明文规定的权利,说明我们的法官在司法观念与司法技术上的落后。我们需要认真思考的是新权利是通过什么途径被认可的?本文试图对这些问题作探讨。

一、权利的社会事实

权利产生的基础是什么?从权利现象本身性质出发,一个基本的判断就是权利产生于社会事实。

在古代社会,权利现象作为一种客观的社会事实而存在,它没有被人们清醒的认识到。人们在当时的

---

* 原载(台湾)《法令月刊》2002 第 2 期。合作作者黄锫,同济大学法学院副教授。

社会条件下并不具备足够的抽象思维的能力来归纳提升这种现象,他们仅仅只是这样去做了,因而客观上享有了权利。而“将一种社会现象浓缩为一个用词语加以表达的概念,是人类社会文化发展的必然产物。”[1]权利这种社会现象被浓缩为一个词语加以表达同样也是不可避免的,而且权利概念与“法”的概念几乎同时产生,两者自出生之日起就如连体婴儿般紧密相连,不可分割。有学者曾经从语义学的角度对西方语言中的“法”字进行辨析,指出在拉丁语中“Jus”一词有两个基本的含义:一个为“法”,另一个就是“权利”。[2] 当然权利概念和法的概念的这种联系并不能代表权利就是法的衍生物。正如上文所分析的那样,在古代社会权利作为一种社会现象就已经存在了,它也可以被认为是社会主体在当时社会条件的制约下所形成的直接的社会需求。这种直接的社会需求对于原始人类来说主要是通过习惯性的权威来保障的如氏族酋长的权威、社会舆论、宗教仪式、图腾崇拜和与之相连的审判恐怖下的心理惰性以及迪尔凯姆(E. Durkeim)所谓的群体情感等,可以称为习惯权利。等到了法的出现以后,权利并没有产生本质上的异化,它仍然是渊源于社会经济生活。法此时担负着确定和保护权利的职能,它的出现使得“过去表现为实际过程的东西,在这里表现为法律关系,也就是说,被承认为生产的一般条件,因而也就在法律上被承认,成为一般意志的表现”[3]。法作为一种社会关系的调整器,首先就应当呼应社会主体的权利要求,使社会主体在生产、流通、分配和交换过程中产生的客观要求得到规范化的确认,也就是法对社会主体的权利要求的确认,它是法的本质属性的重要规定性之一。可以说:“法和法律的

[1] 孙笑侠:《法理学》,中国政法大学出版社 1996 年版,第 88 页。
[2] 梁治平:《法律的文化解释》,生活·读书·新知三联书店 1998 年版,第 324 页。
[3] 《马克思恩格斯全集》(第 46 卷),人民出版社 1961 年版,第 519 页。

功能的发挥,必须建立在对一定社会权利确认的基础之上。"[1]这种对权利的确认的结果就是法定权利的起源。

法定权利是习惯权利或应有权利的延伸,而并不是一种迥异的事物,很难想象习惯权利或应有权利发展到某一天突然之间全部消失而取而代之以法定权利,更何况法律的产生也是一个渐进的过程,不是一夜之间出现的。把习惯权利或应有权利转化为法定权利,这是权利历史的一个重大飞跃,但是,需要注意的是法定权利并不能涵盖一切权利。权利作为渊源于特定社会经济关系的现象,必然会受到发展中的社会经济关系的影响,在此过程中新的权利现象会源源不断地涌现。法律会不可避免的产生滞后性,所以作为法律对社会事实进行确认的结果——法定权利也相应的会落后于实践中的权利事实的发展,这就需要立法者或司法者及时地对新的权利现象进行发现、归纳和提升,使之成为法律承认和保护的权利,新的权利即由此产生了法律上的效力。

二、确认新权利的立法途径——权利立法

丰富多彩的社会生活是权利产生、发展、变更和消灭的基础,这一基础也就决定了不断发展变化的社会关系使权利的内容日益丰实。特别是近代以来,科学技术的迅猛的发展使得新事物层出不穷,人工智能、基因工程、试管婴儿、人体克隆、器官移植、安乐死、电脑网络等令人眼花缭乱。科技的高度发达带动了社会经济的空前繁荣,社会关系复杂性也达到了前所未有的程度。在此基础上各式各样的新型权利更是不断的涌现,人的权利是人作为构成社会整体的自律的个人,为了确保自身的生存和发展、维护个人尊严而享有的并在人类历史发展过程中不断形成和丰富的利益的需求。社会发展、演进的过程就是权利发展、

[1] 公丕祥:《马克思法哲学思想述论》,河南人民出版社1992年版,第261页。

演进的过程，在这个过程中，权利内容不断趋于丰富、种类趋于繁多，构成了一个庞大的体系。在现代法治国家，法律是最普遍的制度现象，社会中的权利通过实在法规范获得其正当性、有效性和真实性。因此，虽然法定权利不是确认新权利的唯一类型，但它确是其中最重要、最值得研究的一种。那么立法是通过什么样的途径将新权利确定下来呢？大致说来可以有以下几种方式：

第一，使经济惯例中的习惯权利成为新的法定权利。

我们可以将习惯*〔1〕理解为人们在长期的生产和生活中，自然形成、逐渐养成，或由于重复和联系而沿袭下来的某种行为方式和生活准则。习惯是一种最普遍的法律渊源〔2〕，其中经济惯例或经济习惯占主要地位，它是权利诞生的最肥沃的土壤。比如，在商业发达的社会里，商业中介人的应当取得报酬（习惯权利）以及对方应当支付报酬（习惯义务），是一种商业习惯，中介报酬的权利在市场经济的法律里面普遍被立法确认。1990 年“李喜平诉梅河口市种子公司”居间劳务报酬案中，法院在没有明文规定这种中介人获取报酬的权利（民间称“回扣”）的情况下，根据《民法通则》第 106 条第 1 款关于民事责任的立法精神进行的判决，保护了中介人获得报酬的权利。〔3〕 1998 年《合同法》第 426 条确认了居间报酬权。

习惯常常成为一个社会的最初或是最明显的社会行为规范及其价

---

* 本文在此处刊登时有所删节。

〔1〕 “习惯”依据 A. J. M. 米尔恩的看法是“……描述在一种特定的社会场合下一直在做的事并且规定应该继续做下去。”参见［英］A. J. M. 米尔恩：《人的权利与人的多样性——人权哲学》，夏勇译，中国大百科全书出版社 1995 年版，第 140 页。（译文中是以“习俗”一词来表达习惯的含义，两者大致可以等同）

〔2〕 ［美］埃尔曼：《比较法律文化》，贺卫方、高鸿钧译，生活 · 读书 · 新知三联书店 1990 年版，第 43 页。

〔3〕 参见最高人民法院中国应用法学研究所编：《人民法院案例选》，人民法院出版社 1993 年版，第 83 页。

值取向的“潜在”基础,甚至,从严格的法学意义上看,习惯中的不少内容和方面本身涉及社会事务,或沾染上了社会性,从而事实上变成了人们的一些特殊权利、义务和责任,变成了一种不得违之的习惯惯制。[1] 习惯的特征使它得以整合“利益、主张、资格、权能、自由”等权利的要素,习惯权利也就表现为权利最初的社会形态。因此,法定权利与习惯中的权利必然也是密不可分的,习惯中的权利是法定权利的重要来源。目前已经有越来越多的中国学者开始关注国家法之外、活跃于社会之中的习惯,甚至有人认为这也是法的一种[2],习惯权利的重要性在司法实践中也有相关的案件予以凸显。新的权利事实如果成为了人们日常生活中的习惯,就有可能在立法过程中被纳入而成为“国家的习惯”(马克思语)。新习惯中的权利也就成了新的法定权利的重要来源。

第二,使道德习惯中应有权利成为新的法定权利。

将道德中所包含的应有的权利规定为新的法定权利是权利立法的另一个主要的途径。道德意义上的权利是应有权利,它虽然也以社会习惯的形式而存在,但与经济惯例中的权利不同,我们以“习惯权利”来指称经济习惯中的权利,以“应有权利”来代表道德习惯中的权利。道德上的应有权利在司法程序中已多次发生,比如[3]在“史广清诉史广文案”中,“悼念权”是一种道德上的应有权利,我国法律中并未予以规定。

---

〔1〕 张冠梓:《论法的成长——来自中国南方山地法律民族志的诠释》,社会科学文献出版社2000年版,第531页。

〔2〕 参见苏力:《送法下乡》,中国政法大学出版社2000年版,第7章“穿行于制定法与习惯之间”。另见苏力:《当代中国法律中的习惯——一个制定法的透视》,载《法学评论》2001年第3期。

〔3〕 2001年8月,史广清以大哥史广文在父亲死亡后,未通知自己,便独自料理后事,致使其在父亲死亡三年半后才得知此事,使其丧失了对父亲进行悼念的权利,将大哥史广文起诉到了法院。12月16日,这起国内首例因悼念权引发的赔偿案在北京市宣武区(今并入西城区)人民法院进行了公开宣判。北京市宣武区人民法院首次以判决形式认可了“悼念权”的存在和合理性。载 www. chinalawinfo. com。

但按照我国的传统习惯,亲属之间在共同尊亲属逝世的时候,应当进行祭祀、悼念,同辈亲属之间应当互为通知,共同进行。尤其是在直接奉养尊亲属的一方,有责任通知不在一起共同生活的亲属,使其能够参加对尊亲属的祭祀、悼念活动。因此,北京市宣武区人民法院依照民事习惯首次以判决形式认可了“悼念权”的存在和合理性。

道德是与人类社会共始终的人的行为的规范形式,它是先于法律而存在的并且是其存在的基础。米尔恩将这种关系表述为“权利的形而上解释为权利的现实内容提供了道德支持,它是法定权利的逻辑前提;权利的形而下解释则是人们主体性价值的现实肯定,它是权利理想的具体化。因为,道德在逻辑上先于法律。没有法律可以有道德,但没有道德就不会有法律。”〔1〕应有权利是被一共同体中的人们在道德上公认的应当享有的权利,也可以称为应有权利,它也是法定权利的原型。法律上对应有权利的新规定只不过是道德上权利的一种“法规化”表述。

第三,使科技生活中的新生权利确认下来。

“权利与社会经济、科技、文化的联系决定了它的发展性特征。随着社会条件的变化和发展,会不断出现新生的权利,它们会受到社会力量的支持而成为一种利益要求的事实。”〔2〕社会的发展是新权利产生的决定性因素,“受社会力量支持”而形成的“利益要求的事实”则是权利在社会中产生初期的原形态。当这种“利益要求的事实”成为一种普遍的现象后就产生了要求更强有力的保障措施予以保证的需要,权利立法即是满足这种需要的最佳途径。

---

〔1〕 参见[英]A. J. M. 米尔恩:《人的权利与人的多样性——人权哲学》,夏勇译,中国大百科全书出版社1995年版,第1章。

〔2〕 孙笑侠:《法的现象与观念》,人民出版社2001年版,第115页。

以网络技术发展对著作权领域的影响为例[1]:在不久以前,纸还是信息传递的主要载体和媒介,人们主要通过各类纸制的文献来获取信息。作品的作者是信息的创造者,出版发行机构是信息的编辑复制者,图书馆和书店是信息的集中收藏者,用户则是信息的接收利用者。在这种模式中,信息基本是单向的流动,信息的生产、传播与利用三者之间关系明确,各自的权利和义务也很清晰。但是,随着网络技术的快速发展,这种传统的信息流通模式发生了质的变化,著者、传播者、用户之间的距离被高科技所拉近,信息不再像以往那样呈单向的流动,而是以一种更灵活的方式运转。作者发表作品不一定非要依靠于出版社,可以把自己的作品交给服务商在网上直接发表,用户获得信息不一定通过文献存储室,而是可以在电脑显示器上直接浏览,也可以下载自己感兴趣的资料。这种新的流通模式导致了许多新的问题如发行、出版的概念的重新界定问题,作品复制概念的争论,防止盗版的困难以及数据库和多媒体产品的产权保护问题。这些新问题的出现总结来说无非是提出了这样一个基本的问题,也就是在新的环境如何对原本含义相对较窄著作权进行切实的保护问题,更确切的是说就是如何确定并保护作品作者因此而新产生的利益要求。就此,1996 年为了适应新技术条件下著作权保护的需要而制定的《世界知识产权组织版权条约》(WCT)和《世界知识产权组织表演和录音制品条约》(WPPT)两个新条约,分别为作者、表演者和唱片制作者增加了一项可适用于网络传输的

---

〔1〕 相关的一些资料可参见薛虹:《网络时代的知识产权法》,法律出版社 2000 年版;张平:《网络知识产权及相关法律问题透析》,广州出版社 2000 年版;郭卫华、金朝武、王静等:《网络中的法律问题及其对策》,法律出版社 2001 年版。相关论文有应明:《作品数字化转换的著作权法律性质》,载《著作权》1997 年第 4 期;许超:《面对数字化技术挑战的中国著作权法》,载《电子知识产权》1997 年第 2 期;薛虹:《网络上的版权侵权责任》,载《电子知识产权》1998 年第 10 期;陈海凌:《论网络时代著作权的合理使用制度》,载《当代法学》2001 年第 7 期。赵国玲、王家明等:《计算机软件著作权的刑法规制》,载《中外法学》2001 年第 2 期。

新权利——公共传播权,将新出现的权利以立法的形式确定下来。

此外,还有其他的一些随着科技文化进步而产生的新生权利如上海黄浦区人民法院已在1996年出现了音乐"原唱权"案件。可见,通过立法将社会中新产生的权利事实(新的利益要求的事实同样是权利立法的重要一环。

第四,分解法定权利,使之具体化,派生出新权利。

权利被法定之后并非自然的就可以被人们所享有,从法定权利到实有权利之间还有一段很长的距离。影响这种距离的因素有很多,法定权利的过于抽象化即是其中之一。权利的过于抽象化使得权利虽然"看上去很美",但却像是空中楼阁一样可望不可即。于是,将权利加以分解,细化就成为必然的选择。分解、细化的过程同样是新权利诞生的过程。这一过程主要就表现为立法的过程。如我国宪法规定了公民的基本权利与义务,但由于这种规定过于抽象,而我国又没有英美法系国家的违宪审查制度,宪法不能在司法过程中被引用。因此,根据宪法制定各种门类的法律,将宪法中规定的权利具体化到各个部门法中,再由法院加以适用保护,这样就有可能将抽象的宪法权利切实的得到实现。

例如,选举权的下位权利概念就包括提名权(推荐修选人)、投票权、选举监督权、补选权,等等。如果一国选举法尚未对这些具体权利作规定,则说明这部选举法的可操作性程度较低。再如,我国《宪法》第46条第1款规定:"中华人民共和国公民有受教育的权利和义务。"但仅凭这寥寥数字并不足以落实公民的受教育权。因此,我国制定了如《高等教育法》等有关的法律法规,将受教育权分解细化为家庭经济困难的同学申请补助和减免学费的权利、学生在业余时间可以参加社会服务和勤工助学的权利、学生在规定条件满足的情况下获取学位证书得以毕业的去权利等。这些权利在宪法里受教育权的规定中并无明确的体现,而是通过具体的法律法规的规定派生出新的权利种类。由于宪法是我国法律体系中的母法,可以说其他一切的法律都是从中派生出来的,因此实际上我国一切法律中有关权利的规定都是宪法中权利的具体化,制定法律的过程实际也包含了将宪法规定的权利分解细化成新权利的过程。

当然,分解细化宪法中权利之后并不意味着权利分化过程的终结,分解细化后的权利仍然可能过于抽象,于是可以在此基础上进一步的将其分化,诞生出新的权利。这样,分化的权利在宪法性权利的统领下依次叠加而成金字塔型,同时由于社会生活的多样化趋势所导致的对法律规范多样化的期望,这一金字塔的周边必然处于不断的扩充之中,这一过程也就是新权利不断的诞生过程。

三、确认新权利的司法途径——权利推定

通过权利立法可以将社会生活中存在的习惯权利、道德权利和其他的新权利以成文法的形式固定下来加以确认,但是,由于法律本身所固有的滞后性和保守性,一项新权利不可能一出现就被上升为法定权利,在它们"受到社会力量的支持而成为一种利益要求的事实"之后到成为法定权利之间必然存在一段被选择、审视、鉴别的过程,在这一过程中这种"利益要求"如果被侵犯而诉至法院,就有了确认新权利的另一种重要途径——权利推定。

权利推定可以分为立法过程中的权利推定和司法适用中的权利推定。前者有学者认为是"指根据某种经验或超验的判断、确然的或或然的事实,推断出某人或一切人享有或应该享有某种权利"[1]的方法,它包括了以英国为代表的"经验式的推定"和以法国为代表的"先验式的推定"两种。这种权利推定实际上类似于权利立法,而最主要的权利推

〔1〕 夏勇:《人权概念的起源》,中国政法大学出版社 1992 年版,第 147 ~ 153 页。

定应该是发生在司法过程中的权利推定。这种权利推定所解决问题主要是:在无法律明文规定某项权利的情况下,这项权利是否可以被确认享有?在目前这样一个权利本位的时代,这一问题会也应该会经常性的被得出肯定性结论。这种肯定性结论的作出也就是新权利诞生的过程。当然,这种推定并非一种肆意的行为,它需要遵循一定的规则,依据一定的标准,概括来说,可归纳为以下七项规则,我们也可以称为权利推定的七种类型。

第一,根据义务推定。

法是以权利和义务为机制调整人的行为和社会关系的,权利与义务是法律中最重要的内容规定,他们贯穿了从法律规范到法律关系再到法律责任的逻辑联系的各个环节。两者之间密不可分,呈现对立统一的关系。正如黑格尔在阐述对立统一关系的一般论述时讲道:“每一方只有在它与另一方的联系中才能获得它自己的规定,此一方只有反映了另一方才能反映自己。另一方也是如此;所以每一方都是它自己的对方的对方”。〔1〕权利与义务的联系正具有这种性质,它们的联系如此紧密以至任何企图割裂两者关系的企图都显得荒谬可笑。如果某人具有了某种权利,那么同时也就意味着另外一个人(或一些人)承担了相应的义务。反之,某人承担了某种义务,也就同时意味着另外一个人(或一些人)拥有了某种权利,他们构成了法律关系中两个不可分割的方面,两者相互依存、相互贯通。正如范伯格所说,“一切义务都需要他人的权利为条件,同时,一切权利都需要以他人的义务为条件。”〔2〕更简洁的表述则是:“没有无义务的权利,也没有无权利的义务”。〔3〕

〔1〕[德]黑格尔:《小逻辑》,贺麟译,商务印书馆1980年版,第254~255页。

〔2〕[美]J. 范伯格:《自由、权利和社会正义》,王守昌、戴栩译,贵州人民出版社1998年版,第88~89页。

〔3〕《马克思恩格斯全集》(第16卷),人民出版社1961年版,第16页。

权利与义务这种关联性为法律适用过程中以义务为依据进行权利推定提供了客观基础。立法技术中常常会为了避免法条的烦琐累赘而是省略许多有关权利的表述,因为,这些权利根据权利义务的相关性可以很容易的推倒出来。如我国《民事诉讼法》第64条规定:“当事人对自己提出的主张,有责任提供证据。”而在该法的其他地方也没有提到相对方有要求对方提供证据的权利。但是,很明显,在司法过程中法官完全可以运用司法技术从当事人一方有义务提供证据这一点推定另一方享有要求对方提供证据的权利。这种依据法定义务来推定权利的方法在司法适用中被大量的使用,法官总是在有意或无意之间运用这项技术,于是与特定义务相对应的新权利也就应运而生了。

第二,根据权利推定。

权利来源于社会事实,而人与人之间的关系则是社会事实的重要组成部分,这种关系并非是单纬度的,而是各种关系之间纵横交错成网状结构相互联系。正因如此,各类关系之间必然存在重叠和累加,由此也决定了权利与权利之间会存在相似性。一种权利的某些特征会与另一种权利的特征相像,正是基于这一点使得在司法过程中从一种权利推导出另一种权利成为可能。

根据权利推定是基于甲权利与乙权利之间客观存在的常态联系在法律上确定乙权利得因甲权利的真实而为真实的一种假定。对此可以作以下解释:其一,这是一个逻辑判断过程,是一个包含大前提、小前提和结论的三段论的推理过程。其中,甲权利与乙权利之间的常态联系是大前提,甲权利的存在是小前提,乙权利的存在是结论。在法律领域以外的日常生活中,这个过程通常被称为推理或推断。其二,在这个三段论的推理过程中大前提的存在需要在具体的司法过程中由法官来作出肯定或否定的判断,而如果法官确立了权利本位的观念的话,它就会是一种可能性很大的或然性,因而这一逻辑推理的结论还是具有不周延性。其三,这一逻辑推理过程在法官断案活动中具有普遍性,一项新权利迫切需要得到确认而在法律中却没有规定时,往往可以通过与之相近的权利来进行推定。在这样的情况下,采用这一推定方法乃是一项被普遍应用的司法技术。其四,在司法的过程中,总会出现确实需要对某项权利予以保护可法律偏偏又无明文规定的情况。在这种情形下,法官一般不愿意脱离制定法的规定单独的确立该项权利(至少不愿公开在表面上背离法律的正式规定)〔1〕,但案件本身及周遭情形甚至自己的道德良心又不允许他死扣条文否认这项权利。这时,权利推定就成为一项必然的选择。法官可以在已有明文规定的法定权利的基础上,运用这种逻辑方式来确认新权利的合法性,以达到两面俱到。在实践中曾发生过这样的案例:深圳市福田区国城花园1号楼500多位住户于2001年8月将深圳市国土局告上法庭,原因是其批准的"社区服务中心"规划项目和国城花园的间距只有12.8米,使得一部分住户的房子将变成"空中地下室",于是住户们希望通过诉讼的方式争取回自己的"阳光权"〔2〕。该案中都出现了"阳光权"这种新型权利,虽然在我国的相关法律中并没有明确规定"阳光权"的概念,但法官如果确立权利本位的法观念,就可以运用司法技术根据权利来进行权利推定,因为,在我国《民法通则》第88条有相邻权的规定,这种相邻权指的是"相毗

〔1〕 因为我国法律中明确规定了"以法律为准绳"的判案原则,并且在实际的建构中设计了诸如"错案追究制"的制度,因此如果法官在没有法律依据的情况下判案,则必须承担在上诉审很有可能被以无法律依据为由而发回重审或改判的风险,并且在本级法院还会被当作判了一个"错案"同时承担相应的损失(如扣奖金、口碑不好、领导不看中等)。所以法官总是愿意在有"法律依据"的情况下判案。

〔2〕 国外也曾发生过有关"阳光权"的案件:1987年,美国一开发商经纽约市政府批准,在纽约中央公园西侧拟建一栋超高层大楼,因大楼建成后将遮挡阳光,使公园内下午形成一巨大阴影。舆论哗然,市民强烈反对且上诉法院,控告政府与开发商侵犯民众权益,因为"公园不仅其土地属于大家,其天空也属于大家,任何人不得剥夺和妨碍人们在公园享受阳光的权利"载http://www.peopledaily.com.cn/GB/huanbao/58/20011123/611856.html,最后访问时间:2002年2月15日。

邻不动产的占有人为行使其所有权或者其他物权而对它方不动产依法支配的权利"[1],其内容主要包括了排除他人妨害自己的权利和要求相邻人提供便利的权利。有学者将相邻权的特征归纳为:(1)它是因为不动产的直接占有而产生的;(2)它表现为占有不动产的权利的扩张和限制;(3)它是一种法定的物权,但法律允许当事人以合同方式予以修正、补充;(4)它虽是不动产财产权,但法律规定不必注册、登记。[2] 而阳光权是因建筑物相邻间距的大小而产生的问题,其特征与相邻权的特征相似。所以,法官可以根据法律中有关相邻权的规定而推导出"阳光权"的存在并将它以判决的形式确定下来。

相类似的一个案件发生在四川省广汉市[3]:2001 年6 月1 日晚,广汉市国税局职工陶莉萍在行走时被吴曦驾驶的一辆奥拓车撞伤。陶遂向法院起诉,认为车祸造成她上嘴唇留下一不规则裂口,这严重影响了她与丈夫、女儿接吻的质量和感觉,现在只有抹口红来"遮丑",自尊心受到打击。因此,要求吴承担侵犯其"接吻权"的责任。该案引起了巨大的争议,焦点之一就在于我国民事法律里并没有"接吻权"的规定,那么应该如何对待这一新型的权利呢?如果运用权利推定的法理该问题不难回答:《最高人民法院关于确定民事侵权精神损害赔偿责任若干问题的解释》第1 条第1 项明确规定:"自然人因健康权、身体权遭受非法侵害,向人民法院起诉请求赔偿精神损害的,人民法院应当依法予以受理。"可见对于健康权在我国法律解释中已经明文规定,健康既包括生理健康,也包括心理健康。虽然亲吻权没有具体的法律依据,但车祸而

---

[1] 张俊浩:《民法学原理》,中国政法大学出版社 1991 年版,第 476 页。

[2] 孙宪忠:《国有土地使用权财产法论》,中国社会科学出版社 1993 年版,第 160 ~ 161 页。

[3] 载 http://inter. 21dnn. com. cn/594/2001 - 8 - 6/367@ 551422. htm,最后访问时间:2002 年 2 月 20 日。

造成陶女士嘴唇裂伤，使其亲吻行为的变成不能或变得十分痛苦的心理体验，被告的行为不但侵害了陶的生理健康同时也侵害了陶的心理健康。因此，可以根据有关健康权的规定推定出“接吻权”的存在。

由于法定权利不可能覆盖所有的权利，而权利纷争也不可能等到某项权利被成文化之后才出现。因此，这种在诉讼中权利推定必然是普遍存在的，在任何一个诉讼中，都会或多或少地适用推定，新权利也就以这种形式从原有的权利中被推定并确认下来。

第三，根据法律原则推定。

法律原则是可以作为众多法律规则之基础或本源的综合性、稳定性的原理和原则。[1] 近代法典化运动企图用法律规则的形式设计每种行为的模式和后果，最终使法官可以像“自动售货机”一样进行断案。但丰富多彩的社会事实打破了这一虚幻的神话，法律总是存在漏洞的状况，迫使立法者往往借助法律原则，把法律原则当作补充成文法漏洞、克服成文法局限性的工具。[2] 法律原则作为“权威性律令”（哈特语）也就成为了法官在法律适用时进行权利推定的基础之一。

法律原则具有模糊性和高度抽象性，它一般不预设任何确定而具体的事实状态，也没有规定具体的权利和义务。因此，它在内容的明确化程度方面显然低于成文的规则。以至于有学者认为“一般性的原则，由于其抽象性，就可能会永远是对的，但也因此可能是毫无用处的”[3]。其实不然，法律原则的抽象性的确会有缺陷，但这种抽象性恰恰也就是它的优点所在，这使它得以容纳更多的内涵，更有可能虽随着社会的进步而被灵活的赋予更广泛的意义。因此，它在司法中的适用范围也远

---

〔1〕 张文显：《法理学》，法律出版社1997年版，第71页。
〔2〕 徐国栋：《民法基本原则解释》，中国政法大学1992年版，第3章。
〔3〕 苏力：《送法下乡》，中国政法大学出版社2000年版，第3页。

大于具体的规则,因为它可以包容更多的权利内容,无论是法定的还是未被法定的,都可源于或从它推论出来。如浙江省最近发生了这样一个案件:有位叫郑雪梨的青年妇女,新婚丈夫不慎犯下命案,2001 年 8 月 7 日一审法院判其丈夫死刑,被告随即上诉。而郑雪梨则向当地两级法院提出了一个在传统司法实践看来荒唐至极的请求——“让我借助人工授精怀上爱人的孩子!”。一审法院当即拒绝了郑的请求。目前,该案已进入终审程序,省高院至今未对郑的请求作出答复[1]。在这个案件中涉及一个死刑犯的生育权问题,也就是说一个死刑犯有没有被剥夺借助高科技手段繁衍后代的权利。在我国法律中对生育权的问题并没有作出明确的规定,更不用说是死刑犯的生育权了,而一审法院正是以这一点来否定当事人的权利主张的。这种否定是值得商榷的,法治原则的一个基本的也是根本的内涵是国家机关及其公职人员的一切公职行为都应当有法定职权根据,可以称为“法无授权无权力”;而公民的一切行为或要求只要不是法所禁止的,并且不损害社会公共利益或违反社会公德,都是可以成立的,也即“法不禁止即自由”。我国现行的刑事法律中也并没有对死刑犯的生育权进行限制,因此,我们认为法院应当从这条原则中推倒出死刑犯生育权的存在进而确认它。

第四,其他方面的权利推定。

实践中还存在其他一些权利推定,包括:

根据权力推定权利。权利与权力之间紧密的关系为我们从权力推定权利提供了前提条件。从权力之中反向推出公民要求权力行使的权利,这种权利的法律规定中往往被省略,但可以在法律适用过程中通过权利推定的方式得以彰显。比如政府权力的不作为行为(失职)发生

〔1〕 载 http://www.sinolaw.net.cn/news/jctj/11/26/tj11.htm,最后访问时间:2002 年 2 月 15 日。

时，政府的相对人(公民或法人)即享有要求政府作为(履行职权职责)的权利。较典型的是环境保护法中的污染受害人，有权利要求环境保护局对污染源单位进行管理、处罚和整治。而在我们的现实实践中，环境保护局并没有充分尊重受害人的这种权利。

根据法律程序推定。如我国《刑事诉讼法》第 36 条规定："证人证言必须在法庭上经过公诉人、被害人和被告人、辩护人双方讯问、质证……"。这是一条典型的程序性条款，它并没有明确的说明各方享有何种实体的权利，但显然可以从中推出各方的质证权。可见，从法律程序中推定权利也是权利推定的重要方法。

根据当事人之约定推定。特别是在私法领域，由于意思自治是近代私法制度的理论支柱和基石，当事人之间自由意志所决定的相互权利与义务受到高度的重视，这种观念在司法过程中同样为法官所持有，因此从当事人双方的约定中推定出的新权利并确定下来也就成为自然而然。如合同案件诉讼过程中对当事人先前在合同中约定的权利的尊重。

综上可见，新权利产生于新的社会事实，而确认新权利的方法主要有立法过程中的权利立法和司法过程中的权利确认两种。对于前者来说，我们可以认为立法者从法律的社会渊源中去寻找权利的内容，然后，把它们翻译成为权利的法律语言，主要存在"分解法定权利使之具体化""使习惯中的权利成为新的法定权利""使道德观念中应有的权利成为新法定权利""使新权利确定下来"等方式。对于后者则主要依循"根据义务推定""根据权利推定""根据法律原则推定""根据权力推定""根据法律程序推定"以及"根据当事人之约定推定"6 项规则确认新权利。社会生活中丰富多彩的新权利就是通过以上途径诞生并被确认的。

局部法治的地域性资源

——转型期“先行法治化”现象解读*

一、经济“先发”地区的局部法治

2004年5月,江苏省委召开全会,把建设“法治江苏”作为一项重大决策写进了大会的决议。3个月后,南京市发布《南京市关于动员部署落实〈法治江苏建设纲要〉的方案》。2006年4月26日,浙江省委在一次全体会议上通过《中共浙江省委关于建设“法治浙江”的决定》。两个月后,杭州市人大常委会于同年6月28日通过《关于推进“法治杭州”建设的决议》。一年后,杭州余杭区出台了内地第一个法治指数。[1]这显然出现了法治的“局部性”推进的态势。当时

* 本文获得国家“211”第三期建设项目“转型期法治的理论、制度和实验”、教育部新世纪优秀人才支持计划的课题以及教育部人文社会科学重大项目“地方法治的理论与实践”的经费资助,是三个项目的阶段性成果之一。

〔1〕 2005年10月,浙江杭州所属的余杭区领导提出了“法治余杭”概念,区里还委托高校组织国内法学家成立了专项课题组。该课题组负责人吃起了“第一只螃蟹”——提出要建立“法治余杭”量化考核评估体系。课题组多数成员怀着试探的心情,谨谨慎慎、犹犹豫豫、半推半就地参与了课题组,最后大家发现这个有争议的课题倒是一次有价值的探索。2007年7月,《“法治余杭”量化评估体系》初稿形成。2008年6月正式评估2007年的余杭法治水平,得到的指数为71.6分。据说,香港特区早在两年前产生过“香港法治指数”,余杭的“法治指数”在内地还是第一例。消息传出后,引起各界广泛关注,有褒有贬,也有疑问。余杭此事与上一层面的政治决策是有关联的。

“长三角”地区的这一新动态，引起法学界的关注和争议。众所周知，从前，搞地方法制或地方法治常常受到质疑，当时总是认为，既然是单一制国家，一个国家法制或法治的实行就必须是统一的，不可能是局部的、分区域的。在今天，我们究竟该如何去看待呢？

一个国家的法制是统一好还是不统一好？这首先是个政治问题（而不只是个法律问题），当然是统一好。如果法制不统一的话，那还是单一制国家吗？地方还听中央的吗？那就不只是司法地方保护主义的问题了，甚至还可能出现国家分裂了。但是，问题的关键在于，法制统一等于法治统一吗？我的回答是，法制统一不等于“法治统一”，更不等于法治在全国范围内在同一时间统一实现。法制统一的原则是很重要的，但是，不能把它与“全国法治统一实行”画等号。全国的法治不可能同一时间实现，因为有些区域慢一些，有些区域快一些，至少中国这个单一制国家的法治不会在短期内实现，所以要允许部分省市和地区局部地先行发展起来，搞局部法治即局部区域先行法治化。过去列宁论证过“社会主义革命可以在个别国家和地区先实现”；后来邓小平说，社会主义市场经济可以在局部省市先发展起来，所以他提出了经济特区的概念。1992 年“南方谈话”时又画了几个圈，增加改革开放的特区城市，让部分城市的经济先发展进来，让一部分人先富起来。列宁和邓小平其实分别论述了“政治地理学”（Political Geography）和“经济地理学”（Economic Geography）意义上的命题，那么，是否存在“法律地理学”（Legal Geography）[1] 意义

〔1〕 20 世纪 60 年代的法国地理学就有一批学者从事政治地理学和社会地理学的研究。70 年代初，他们认为对空间组织有影响的社会和政治力量已被忽略，因此决定探讨社会学及政治学对空间过程知识的贡献。后来的法国新社会地理学者则聚焦于社会生活空间和距离的角色，而且因此探讨引导社会关系的制度化系统。比如，他们特别关注科层制和政治组织，那是控制许多生活在广阔地区的群体的有力工具。他们利用韦伯式的纯权力、权威和克利斯玛来说明在政治过程中不同距离的衰减效应。参见[法]保罗·柯拉法乐《地理学思想史》，郑胜华等译，台湾五南出版股份有限公司 2003 年版，第 218 页。

上的命题呢？这个命题就是“同一国家的某些地区是否能够更快地建立起法治秩序?”这个命题中也包含了诸如“法治的区域化发展的可能性”“法治的发展是不是也存在“先发”和“后发”的问题”。本文想以长三角经济先发地区为对象,研究局部法治的区域资源优势。

二、“先行法治化”现象

一国法治是否存在部分区域“先发”现象？中国法治进程中是否确实存在先行发展的区域？究竟是由谁“先发”呢？无论是从改革开放30年的社会发展,还是进入21世纪以来的近10年的发展,实践告诉我们,中国社会处在转型期,因而中国法治化过程也是转型期的过程。这个阶段性特点决定了中国的法治建设最先发展的很可能是东部经济先发地区,特别是“长三角”地区。中央也多次强调“长三角”地区在多方面的率先地位和示范作用[1]。

其中法治最先发展的是“长三角”地区即上海、浙江和江苏。从先行法治化的地区经验来看,它不但不会违背法制统一原则,而且还能有效避免司法地方化、地方保护主义等倾向。我们以浙江省为例来看看这30年长三角法治化的“先发”迹象,我们可以从一些细节来看：

首先,地方立法的程序化、民主化、科学化以及本土化方面。比如浙江省人大最早采用了“立法听证程序”,创造增强立法民主化的新方式。早在2000年,浙江省在修订消费者权益保护法实施办法过程中,

---

〔1〕 比如2007年5月15日,温家宝总理在“长三角”经济社会发展座谈会上表示,“长三角”率先走科学发展之路,不仅是自身发展的迫切需要,也可以为全国其他地区提供有益经验和借鉴,具有重要示范作用。2008年9月7日《国务院关于进一步推进长江三角洲地区改革开放和经济社会发展的指导意见》指出:进一步推进长三角改革开放和经济社会发展,“……有利于增强对中西部地区的辐射带动作用,推动全国区域协调发展”;“坚持和谐发展,着力保障和改善民生,加强社会主义民主法制建设,维护社会公平正义;坚持率先发展,加强与周边地区和长江中上游地区的联合与协作,强化服务和辐射功能,带动中西部地区发展”。

法制委员会就修订草案中的几个热点和难点问题举行了首次立法听证会,将各方有不同观点的人坐在一起讨论,让大家发表意见,有没有准备的都可以来。浙江省在全国是首次举行立法听证会,后来被别的省、市作为立法经验去学习,其他地方也逐渐采纳。后来于2001年再次举行立法听证会,那是在《浙江省城市房屋拆迁管理条例》中的被拆迁房屋的补偿标准等事宜,听证会上的诸多意见和建议都被吸收到通过后的条例之中。[1] 浙江省人大于2003年做了一件事——行使地方立法解释权,据从事地方立法工作的专家讲,其他地方人大在此之前似尚未有过地方立法解释的先例,至少在2003年时也是非常领先的。这标志着地方立法机关把地方立法解释纳入自己的工作范围[2]。立法上领先于全国的事例还有很多,比如2002年修改了1999年出台的《浙江省职工基本养老保险条例》,根据浙江省的经济与社会发展水平,初步建立了具有浙江特色、符合浙江实际情况的养老保险制度。2000年,制定浙江省县级以上人民政府行政执法监督条例,促进了依法行政。又比如2000年的《浙江省实施〈消费者权益保护法〉办法》,浙江省人大首次把医患关系纳入《消费者权益保护法》的调整范围,这也是史无前例的。

其次,从行政与政府法治上看,很多事实表明,浙江省政府法治的许多实践也是走在全国前列。行政法治的先行性特征比较明显,早在1996年,浙江就制定了关于政府规章设定罚款限额的规章,规定对经营性行为设定的罚款在5万元以下,对非经营性行为的罚款在2000元以下,有效地维护了公民的合法权利。比如2001年,浙江省政府在全国

---

〔1〕 万斌、周国辉等:《浙江法制建设蓝皮书(2002年)》,浙江教育出版社2002年版,第2~3页。

〔2〕 2003年11月6日,浙江省人大常委会通过第一个地方立法解释——《关于〈浙江省人口与计划生育〉第四十九条第一款的解释》。参见万斌、陈柳裕:《浙江蓝皮书(2004年·法治卷)》,杭州出版社2004年版,第4页。

率先颁布政府规章,实施城乡一体化的《最低生活保障办法》《社会中介机构管理办法》《行政审批暂行规定》[1]。浙江省杭州市是全国首个开展相对集中行政处罚权工作。根据《行政处罚法》,经过国务院法制办和省政府批复,杭州在城市管理领域开展相对集中行政处罚权工作,并于2001年9月9日成立了市城市管理行政执法局,执法人员编制精简了37%,依法行使市容环卫、市政公用、城市规划、城市绿化、环境保护、工商管理和公安交通7个方面法律、法规、规章规定的全部或者部分行政处罚权,城市管理中多头执法、重复处罚的现象得到初步解决,执法形象大有好转[2]。浙江省在国务院《全面推进依法行政实施纲要》颁布后第一个率先实施依法行政考核制度,省政府专门制定了考核办法。本届省政府还围绕小康社会目标,制定《六大行动计划》,其中有《公民权益依法保障行动计划》,在全国属于第一例。浙江省政府在全国率先把土地征收审批纳入行政复议范围。

再次,浙江在司法上也做了许多司法机制创新和司法理念创新的探索。比如说,浙江省高院进行执行改革,是全国最早的。2000年2月,浙江省高级人民法院下发《关于统一管理全省法院执行工作的规定》,10月省高院要求全省各级法院试行债权凭证,2001年3月下发《关于执行中实施债权凭证制度的若干规定》,6月下发《浙江省法院执行工作改革方案》,同月召开了全省法院执行工作改革会议,成立了浙江省高级人民法院执行局。最高人民法院确定的全国执行工作改革试点法院绍兴中院,从2001年8月1日起试行执行裁决权与执行实施权两级法院分离。执行工作改革在浙江大地健康有序进行。浙江省法院

---

〔1〕 夏利阳:《政府法制:现状与对策建议》,载万斌、周国辉等:《浙江法制建设蓝皮书(2002年)》,浙江教育出版社2002年版,第53页。

〔2〕 同上书,第60页。

系统是全国法院系统中较早重视裁判文书质量的地方法院。早在1998年就制定《民事(经济)纠纷案件一、二审判决书样式及制作说明》等规范性文件,全省法院率先举行判决书的评优活动,这看起来是细节,但"the divil is in the detail"(魔力就在于细节),事实上它在司法活动中是很重要的。还有,最先提出审判工作"三项承诺"的司法理念[1],把司法的职业性和人民性充分地结合起来。省高院于2009年首创了"法官任职宣誓仪式",也是引起法律界关注的。最近省高院正在研究和准备推行规范法官释明权的一个办法,目的在于解决司法为民和司法职业要求之间的矛盾,促使法官能够按照职业化的规律和要求来为民司法。省人民检察院也有许多全国性的亮点,比如,2003年在全国率先推行民行抗诉书说理改革[2],2006年至2008年的抗诉案件再审改判纠错率达到78.8%。2003年,浙江省人民检察院还在全国率先开展民事督促起诉工作,开辟保护国有资产的新途径。2006年9月在全省检察系统实现了民行案件网上办理与流转,这在全国民行检察系统内也属首次,这些工作都做得有声有色,在全国检察界成为关注的亮点。

最后,再看社会综合方面,"长三角"地区的法治实践更有很多领先的表现。民营企业家最需要法治,特别重视通过法律手段来维护自己的权益,可以说是全国著名的,这也印证了我的一个判断——民营企业家和中产阶级是法治的最主要的消费者。他们对法治有天然的需求。所以,"长三角"地区的地方政府,会比其他地区的政府"近水楼台先得月",或者说是"春江水暖鸭先知"这两个"先",用来说明先发地区的政

〔1〕 当时在浙江省高级人民法院担任院长的应勇同志提出"不使有诉求的群众因经济困难打不起官司;不使有理有据的当事人因没有关系打不赢官司;不使胜诉当事人的合法权益因执行不力或不公得不到保护"。参见叶向阳:《审判工作:以"三项承诺"践行司法为民》,载陈柳裕:《浙江蓝皮书》(2008年·法治卷),杭州出版社2008年版,第67页以下。

〔2〕 庄建南、黄曙、叶建丰:《浙江检察改革回顾》,载万斌:《浙江蓝皮书》(2005年·法治卷),杭州出版社2005年版,第188页以下。

府对民情的敏感性再恰当不过了。浙江省和江苏省同一年率先确定“法治浙江”和“法治江苏”这样的区域治理战略，从政治与经济关系的理论上来看，这不能不说是具有一种必然性。浙江省委于1996年至2000年就开始“依法治省”工作，2004年，省委开始酝酿“法治浙江”问题，由省委组织团队进行研究。2006年省委领导亲自推动召集浙江省内外十多位“法治浙江”咨询专家——我本人有幸也是其中一员，共同来研究“法治浙江”这个工程如何转化为全省上下的行动，后来以省委专门决议的形式发布，命名为《中共浙江省委关于建设“法治浙江”的决议》，这在全国是率先的一例。[1] 再看基层如县一级，我们有“法治余杭”。法治余杭量化评估研究是我们的钱弘道教授主持的重要课题（到本文定稿时，余杭区已经进行了两年的法治指标的评估）。最近还喜讯频频，有很多领导都读到了《法治余杭》这份报告书，各级领导都关注并支持“法治余杭”的量化指标体系及其评估实施活动。

三、从“先行法治化”原因看局部地域资源

上面我所罗列的这些都是区域的局部法治的外在表现，面对这种经济先发地区的法治建设状况和趋势，由于它具有局部地区率先推行法治的特点，我把这种状况和趋势称为“先行法治化”（Leading legalization）。“先行法治化”的趋势和现象，如果要究其必然性或成因了，则要考察“长三角”的社会与经济条件。我们不难发现，此区域的各

---

〔1〕 刘晓清等：《“法治浙江”战略的提出与框架内容》，载《浙江蓝皮书》（2007年·法治卷），杭州出版社2007年版，第117页。

种条件都相对较成熟[1],我认为中国的市民社会正在这个区域悄然出现,这或许正是“长三角”地区先行法治化的一个重要原因吧!据我对浙江省的初步考察,觉得大概有这么几个条件是其成因:

第一,经济发达助长了社会法治化。“长三角”经济的先发性提供了较完善的市场经济体制这一基础条件,是活跃的市场经济活动促使社会的法治化。市场经济发达,说明其市场经济的经验已经达到一定的成熟程度,可以用制度和规则来加以总结和固定下来。回头观察我国近年来的立法,它对于总结和沉淀市场经济经验已经做了多少呢?经济先发地区的立法显然在这方面走在了前列。经济发达也造就了一代具有良好素质的干部和公民,同时更为重要的是产生了最急需法治的这样一个群体——民营企业或私营企业家们,在西方经济史上人称“布尔乔亚”的其实就是大大小小的商人们构成的中产阶级。按照苏联马克思主义法学家帕舒卡尼斯(Evgeny B. Pashukanis)的“商品交易法学”理论,法律产生于人们彼此之间的商品交易,法律反映了“布尔乔亚”的交易方式;法律概念的逻辑与商品交易的社会关系之逻辑形成匹配和对应。[2] 大家是否思考过,是谁最需要法治?当然不是政府。有市场交易行为的人最需要法治,他们从自身权益的角度需要法治的保障,这也是市场发展的必然结果[3]。经济先发还提供了这样一种社会

---

〔1〕 美国威斯康星大学荣誉教授高希均博士近日在浙江省开放论坛上引用的一项调查显示,根据自然环境、基础建设、公共设施、社会环境和法政环境五项要素的加权分析,大陆的30多个城市中,投资环境排在前11位的城市均处于长江三角洲地区。其中江苏吴江、浙江的宁波和杭州位列前三名,外商在这一地区的投资成功率相对较高。转引自岳文辉:《“长三角经济区”的发展需要一个共同的“法律规则”》。参见 http://www.yfzs.gov.cn/gb/info/ztbd/csjfz/2004-11/15/1543020605.html,最后访问时间:2008年10月5日。

〔2〕 参见洪镰德:《法律社会学》,扬智文化事业股份有限公司2001年版,第260页。

〔3〕 正如韦伯所谓的市场对法律的需求是“市场发展的结果”,表现为一方面需要仰赖法律理性规则的“可预测性”和“可计量的”(Calculability)运作,另一方面需要通过法律对市场经济进行强制性镇制。参见 Max Weber, Economy and Society, University of California Press, 1978, p. 337。

氛围:利益的竞争促进全社会的规则意识的增强,这是法治发展的观念基础。经济先发提供的这些条件,是浙江法治发展的重要原因。至少,地方政府的财力积累也有了扎实的物质条件。像浙江省人民政府在全国率先颁布政府规章来实施城乡一体化的最低生活保障制度,如果没有地方国民收入的经济实力,是难以做到的。我们在此无疑看到,正如马克思所分析的那样,经济基础总是决定上层建筑的前提条件。但是也诚如德国法学家科殷(Helmut Coing)所说的,法与社会各种因素的关系上,“它不能在因果关系的解释上追溯到一个唯一的因素——诸如生产关系”,“各种线索联系的进行来回往复,有来有往;存在着一种相互依赖,但是这种相互依赖无法进行一种片面的归纳”。[1] 所以,后面的两个原因也不容忽视。

第二,“长三角”地区人民的主体特征比较明显。历史上特别近代以来,东部人民对于制度建设、规则的制定以及对崇尚规则这样一种氛围的创造,是有着独特贡献的。比如浙江人很讲规则,我们以前总把“绍兴师爷”当作贬义词来用,但是,如果我们挖掘这个词的深层意义,就会发现“绍兴师爷”的典型特征就是规则意识特别强,不重视规则怎么会有师爷呢?怎么会去钻研法律条款呢?重视规则的本质是对规则的一种敬畏。如果说欧美国家的法治传统与宗教有关系,那么关键在于教徒对规则的敬畏源自于信仰。中国不是一个宗教型社会,对规则的信仰是缺乏传统的,但是,我们的世俗社会中存在对规则的敬畏,这是中国传统社会中原本就有的东西,只是我们缺乏发现和挖掘。

如果都把法律当儿戏,当“参考书”,那么还会产生这样的“准法律人”现象吗?这与西部地区很不相同。大家知道在“长三角”的市场上,商人善于“斤斤计较”,能发家致富的都是靠“斤斤计较”。这是权利意

[1] [德] H. 科殷:《法哲学》,林荣远译,华夏出版社2003年版,第142页。

识的表现,既尊重自己的权利,又尊重他人的权利。平常生活中人们对“斤斤计较”的道德评价或许是否定的,但是,在市场道德和商业伦理中,却是正常的、合乎常情的。在商业领域,反而可以说明他们很规范。很多人批评上海人精明都说他们“斤斤计较”,但是,正因为这个原因,他们的市场经济环境才是较为成熟的。这是我说的第二个原因,东部人的一些主体特征。

第三,历史原因或文化原因。东部地区历史与文化传统的原因也是东部社会法治化得以先行的重要成因。为什么近代以来江浙一带同法律有关的事件和人物特别多,比如近代第一位法学家——沈家本,出生在浙江湖州,沈家本之前的都叫“律学”家,而不是“法学”家;近代第一个地方议会也是诞生在浙江省;中国近代最早的地方律师公会出现在浙江杭县,第一部地方律师法即《辩护士法案》产生于1912年的浙江省临时议会;民国时期,“长三角”是法科教育最发达的区域之一,也是法律家与法学家相对集中的地区,可以统计一下,有多少法律界的名士出现在江、浙、沪。据陈布雷回忆,民国初年,“浙江一省公私立法政学校凡七所,辩护士之市招,多于酒家,政府无管理取缔之法令”[1],今天我们要尽早地发现,努力地发掘,“长三角”地区江、浙、沪的历史上特别是近百年来有许多法制近代化的努力,形成了一定的具有地域特征的法治文化传统。我相信,“长三角”地区的法治走在中国最前列这个事实将来会被历史再一次证明的。

还有一个原因即本土公民的精神气质条件,我认为它与法治精神是否契合很重要,这是法治的地方性资源之一,是最重要的资源。这将在另一篇文章中作详细阐述。

---

〔1〕《陈布雷回忆录》,转引自郭世佑《近代法制与中国社会转型的互动》一文。

先发地区法治之路*

中国如何走向法治，是法学界必须关心的重大问题。法治发展的具体路径，有两种不同的理解：一种认为法治秩序是可以通过人们理性的、主观努力而建构出来的、经过法律家的理性设计、经过政府自上而下的推动，这是建构法治秩序、推进法治化的一种主动性的力量。另一种认为法治秩序是不能建构的，只能通过社会的自然演进而逐渐成长即通过社会经济发展，经过民间生活的演进。

真正的法治的实现，不能脱离理性的努力和制度的设计，然而，过分高估理性和设计的作用，则又离事实甚远。同样地，缺少自下而上的推动，缺乏民间的支持，任何实现法治的努力，都终将成为泡影。然而，以为单靠民间的自然演进和推动即可实现法治，又未免过于天真。

实际上，根据当代中国法治的实践，法治或法治

---

* 本文获得国家“211”第三期建设项目“转型期法治的理论、制度和实验”以及教育部重大项目“地方法治的理论与实践”资助，是两个项目的阶段成果之一。本文合著作者钟瑞庆，浙江大学光华法学院讲师、法学博士。

秩序既是根据本土社会发展而自然演进的，又完全可以是被主体经过理性设计和实行而建构起来的。“长三角”的法治实践就是例证，江浙沪三地的法治实践代表着中国东部的法治发达水平，它们已经先行发展了区域性的法治。其进程实践告诉我们，法治或法治秩序既是演进的，又是建构的。

“先行法治化”是指中国东部地区在其经济与社会“先发”的基础上，在国家法制统一原则下，率先推进区域法治化。“先行法治化”所试图解决的法治转型路径的问题，其实质，乃是初始动力和初始路径，而非最终成果。很明显，如果各个船只为航行的准备的充分程度并不相同，那么，就应当允许各个船只根据自身的准备情况而决定起航日期，而非武断地确定一个统一的日期而强行启航。

一、先行法治化与法制统一原则

对于“先行法治化”这个概念，学界可能会有疑义，这是自然的。其中，最为常见的一种观点就是，在我国单一制的国体框架下，先行法治化如何成为可能？或者说，既然要求法制统一，又如何可能允许局部地区先行法治化？

在以法制统一原则来反对先行法治化的观点，其推论过程是，法制统一要求立法权归于中央，在地方政府（地方人大）缺乏所需的立法权的条件下，如何可能实现向法治的转型？在这种观点后面隐含的逻辑是，如果全国统一的立法与法治要求相悖，地方应当遵守这些法律，地方向法治转型，就难免有“违法转型”之困，这恰与法治的要求背道而驰。显然，在先行法治化的路径中，必须正确地解决法制统一原则的问题。不过，这一问题，并没有反对者所说的那么难以解决。

首先必须确立的是，向法治国家转型是中央提出并实施的一项既定国策，而非权宜之计。因此，反对者的关于先行法治化的“违法转型说”,忽略了这一国策的存在。简言之,当局部地区已经具备向法治转型的社会条件时,反对者实际上在主张,中央将对这些需求视而不见,并拒绝通过修法的程序来回应这些需求。这无异于说,向法治转型尚未成为国策。在向法治国家转型成为国策的前提下,我们认为,中央会根据情势的变化来修法回应相应的变化。因此,真正的难题并非是法制统一原则,而是如何在不同的阶段,确定哪些具体的法律条文阻碍了法治的实现。这正是先行法治化可以解决的问题。

进一步来说,在“违法转型说”的逻辑中,隐含的另一个观点是,转型是渐进式的,还是休克式的,或者所一步到位式的。“违法转型说”的观点其实是指在法制统一原则下向法治转型只能自上而下一步到位。而在这种转型路径的后面,不免又蕴含着法治可借政治权力来实现的观点,而这又使“违法转型说”的法律观趋向于把法律作为以上御下的统治工具,而非纠纷解决的工具。通过休克式疗法向法治转型,必然忽略不同地区的社会需求,忽略不同地区对纠纷解决的不同需要。因而,必然是缺乏民间支持的转型路径。因此,我们认为,在这种观点背后,还隐藏着“法律自足性”的逻辑,以为法律可以脱离社会环境而存在。

更为根本地说,在以法制统一原则来反对先行法治化的观点中,存在着以教条来反对经验的哲学推理。实际上,按照教条式的法制统一原则,中国如何会有“一国两制”? 如何会有“经济特区”? 如何会有民族地区的区域自治? 又如何会允许省级人大存在立法权? 又如何可能允许地方财政具有独立性而形成所谓的财政联邦主义? 中国的地域广大和地区差异极大,从一开始就意味着教条式的法制统一原则,根本没有适用的可能性。取而代之的是,必须在中央和地方之间,恰当地划分财权和事权,而这只能通过试错的方式来进行,而非可靠抄袭外国而得。

因此,先行法治化并非反对法制统一原则,而是反对教条式的法制统一原则。实际上,先行法治化乃是试图寻找出一条适应于我国国情的试错之路,并通过这种方式来减少向法治转型的社会成本。任何以教条式的法制统一原则来反对先行法治化的主张都忽略了向法治转型的复杂性,以及相应的庞大的调整和适应成本。法律的生命既然是在经验而非逻辑,向法治的转型,就只能采取渐进式的试错式的方式,方能充分把握和控制转型过程中的风险和成本。实际上,渐进式的改革,正是中国改革开放30年来繁荣稳定的根基。因此,我们有充分的理由相信,这种改革方式,同样适用于法治的转型。

二、经济先发与法治先行

东部地区的经济发展水平处于全国前列。经济发展水平不仅仅表现在诸如人均GDP这样的经济指标上,而且也有明显的法律含义。经济发展水平高,意味着资源的利用效率更高,从而也更易引发纠纷,对法律也就提出了更高的要求。举例而言,在传统的农业社会,在土地利用问题上,最多也就是自用、出租和转让三种选择,而这种选择的频率都是相当低的,基本上不会存在买入转眼间又卖出的情形。然而,在经济发展水平高之后,土地的利用就可能以更多的形式出现。例如,用土地出资成立公司或者合作项目,土地的交易也并非传统的一次付清款项式的交易,而是在付清一定的预付款之后,即可转移权利。而且,付款的来源也可能是来自抵押贷款。参与一项土地交易的就不再仅仅是买方和卖方,而可能加入第三方。这样,与交易相关的法律事项也就自然而然地复杂化了,发生纠纷的可能性也就随之增加。资源利用效率提高,也意味着资源的周转速度加快,在传统社会很多年周转一次的财产,在现代社会可能一年就周转很多次;由此也同样导致法律的复杂化和纠纷数量的增加。因此,随着经济的发展,对纠纷解决机制的要求更高,或者说,经济发展内在地要求法律职业化,要求法律职业内部的分工即要求“法律人之治”。这是东部地区法治先行的最为基本的动力。

资源利用效率提高，会产生一些专门的人从事资源利用效率活动，这就是企业家。经济发展导致一个专门的企业家阶层出现。既然资源利用效率本身要求法治，作为资源利用效率人格化的表现者的企业家，就成为要求法治的重要阶层。按照经济学家奥尔森的观点，资源效率的利用提升到一定程度，就要求逐渐发展出“契约密集型产业”，其典型表现就是通过资本市场连接起来的股份有限公司。企业内部也逐渐发展出出资者（风险承担者）与经理人（企业经营者）的分离。无论是股东作为出资者的利益，还是经理人作为经营者的利益，都内在地要求法律为其提供有效的保障机制。例如，在两权分离的条件下，股东的利益倘无法律的有效保护，经理人就可能会以各种方式侵害股东的利益。即使是企业内部出资者和经理人是合一的如典型的家庭企业，企业的权益也同样需要法律的有效保护。

面对民众的法治需求，东部地区的政府采取了实事求是的态度，有效地提供了经济发展所需的法律条件。例如，在经济发展的起飞阶段，袁芳烈本是带着打击投机倒把的任务去温州任市委书记。然而，在了解到“黑工厂”才是温州的生存之本后，袁芳烈就采取了有效的政策措施，使地下工厂合法化，由此而导致了温州经济的第一次腾飞。在义乌，同样流传着农妇与县委书记辩论而导致商贸合法化的故事。这些都说明，东部地区的地方政府在面对新的制度需求时，与人民要求良性互动，从而使经济发展和制度的良性演变得以实现。试想一下，如果当初袁芳烈按照当时的政策严格取缔地下工厂，打击投机倒把，还会有温州的今天吗？如果义乌县委书记采取取缔商贸的策略，还会有义乌小商品城今日的辉煌吗？

东部地区的民众素养，也使东部地区的实际法治水平不同。法治的核心是按规则办事，而民众的道德水平和行为方式不同，就会对政府提出不同的要求。东部如浙江，民众素来相信君子爱财，取之有道，素来尊崇诚实守信的经营之道，由此自然要求政府必须依法治理，并且对规则本身的合理性，有更高的论证要求。相反，如果民众的道德水平低，本来即相信目标证明手段合理，笑贫不笑娼，那么民众对政府官员的众多不合理行为，就会有更大的容忍空间。因此，民众的道德素养和行为方式，会形成政府官员如何执政的社会环境，进而使法律的实际执行过程和执行方式，都变得很不一样。

三、区域法律生态学

先发地区的先行法治化，虽然发生在局部地区，但其具有全局性的意义，其实质性的推进，需要各方共同努力，包括市场经济中的工商阶层、政治力量中的执政党与各级政府、职业法律人的专业推动力等。是否把所有的推动力全部照单列出，其实并不重要，各推动力之间如何形成合力，才是真正的关键。简单地分类，我们可以把推动力分成三种：首先是政府推动力，代表的是执政党及政府；其次是职业推动力即法律职业阶层；最后是工商阶层等外部推动力。我们可以把工商阶层理解为法治的需求者，而政府和法律职业阶层，可以理解为法治的供给者。良性的法治的进展，要求在法治的需求者和供给者之间形成良性的互动。一方面，政府对人民的诉求，必须尽快予以回应；另一方面，人民对政府决策的复杂性，以及向法治转型的艰巨性，应当有恰当的估计。总之，先行法治化要求政府有政治智慧，人民有足够耐心，如此即可形成先行法治化所需的外部条件。

要建立起法治需求与供给之间的良性互动，我们进一步提出区域法律生态学的概念。简单地说，我国现行法制建设的特殊性，与两个因素密切相关：第一，我国现行的地方法制，是在单一制的条件下，扩大地方的自主权，力图打破在计划经济下“一收就死，一放就乱”的怪圈的过程中逐步形成的,中央和地方的关系,尚未形成一个固定的模式;第二,我国现行的地方法制,与中国正处于转型过程有关,在转型过程中,一切都处于迅速变化过程中,制度同样处于迅速演变的状态,而未形成一个稳定的形态。这两个因素又可以归结为一个因素即由于我国幅员辽阔,无论是地理环境、经济发展程度还是所秉持的文化观念,各地间都存在极大的差异,法律如要符合各地的实际需要,就必须针对当地的情况,予以进行必要的调整。因此,我们提出"区域法律生态学"的概念,包含以下几层含义:

1. 必须突破单一制与联邦制两极化的思维模式。在大部分人的观念中,要么是单一制,地方完全是中央政府的执行单位;要么是联邦制,地方和中央都各自有自己的立法、行政和司法系统。然而,这种两极化的思维模式,并不适用于中国的实际情况。对于中国而言,长期而言形成的大一统、单一制乃是历史传统,具有天然的正当性,且符合民众的习惯和观念。同样地,由于地区差异大,完全一统到底,也根本不具有可行性。实际上,在单一制和联邦制之间,还有大量的重叠之处。单一制完全可以吸收很多联邦制的因素,实现制度上的创新。在某种程度上,中国改革开放的成就,与这一思路有密切的关联。而这种创新模式急需上升到理论层面来加以总结,并为进一步的实践提供必要的理论指导。

2. 必须强调法律与经济、文化乃至当地的地理之间的密切联系。法律并非处于真空之中,也不存在放之四海而皆准的法律。法律的制定和适用过程,必定受到当地的经济、文化等各种条件的影响。因此,即使是全国统一制定、统一执行的法律,在各地执行的时候,实际执行情况仍然是千变万化的。当我们注意到这种差异时,就必须在全国统一的法律,与可由各地创新的法律之间,寻找更为合适的划分标准。例如,地方性的公司和地方性的金融公司如小额贷款公司,完全可以由地方来制定具体的规定。我们将在“区域法律学”的框架下，界定和论证这个标准。

3. 必须在允许地方创新和有效约束地方政府之间寻找更为有效的机制。目前，影响中国稳定和发展的一大因素，是如何既能让地方政府有创新的空间，而又不至于违法行政、暴力执法。为此，必须寻求更为有效的约束地方政府的方法和机制。此一任务，同样在“区域法律生态学”的框架下来完成。

总之，虽然我国众多制度和观念，自西方国家移植而来，然而，中国作为一个历史悠久的大国，有中国固有的文化、观念和制度。因此，解决中国的法治转型问题，不可能完全靠借鉴西方国家的理论而可获圆满的解答，而是必须进行一定的理论创新，以此来解决我们所面临的实际问题。“区域法律生态学”是我们针对这种方向而提出的一种初步的线索和指引，我们将在这个初步的指引下来形成内容更丰富也更具体的理论上的完善和创新。

四、以浙江为例看先行法治化的具体实践

浙江从 1978 年人均 GDP 落后于全国平均水平，到 2006 年人均 GDP 为全国平均水平的一倍，在经济发展上取得了令人瞩目的成就。

改革开放的伟大实践激活了浙江人潜在的“文化基因”，其中包括崇尚法治、践行法治的基因，还包括“以人为本、注重民生的观念，求真务实、主体自觉的理性，兼容并蓄、创业创新的胸襟，人我共生、天人合一的情怀，讲义守信、义利并举的品行，刚健正直、坚贞不屈的气节和卧薪尝胆、发愤图强的志向。”（习近平：《与时俱进的浙江精神》，载《浙江日报》2006 年 2 月 5 日）浙江人的这种文化基因与法治精神有着契合关系。

在法治方面，30 年的变化和成就，同样值得所有浙江人骄傲，也为

“先行法治化”提供了卓越的实证经验。以下分为四个方面来说明。

（一）人民新要求与人权保障

2003年，我国人均GDP超过1000美元，进入这个阶段后人民群众的要求确实会发生变化。现阶段我国的人均GDP已经超过2000美元，随着我们社会经济建设的发展，民主法制建设的成熟，现阶段人民群众对政法工作的要求，也已经发生了深刻的变化，与10年前、20年前不一样了。所以，这个时期中央领导在涉及政法工作时，都强调要尊重人民对政法工作的新期待和新要求，从实践来看，这确实是准确地回应了人民的要求。

人民群众对政法工作的一个核心要求是什么？就是权利保障。这30年来，民众的权利意识显著增强，人民群众对国家的要求发生了巨大的变化。例如，你能否保障安居乐业，不受违法侵害。法律不会带来幸福，但能够保障幸福。又如，你能否解决纠纷矛盾，你能否公平高效。这些都可以归结为权利保障的要求。现在大量的涉诉、涉法上访都是关系到公民权利保护，特别是人权保障的问题。分析多种社会矛盾我们不难发现，现阶段人民群众的新要求，其核心要求就是对权利保护和人权保障的要求。

在市场经济的条件下，每个人都必须面向市场，从市场中获得生存所需的资源。在这样一种背景下，人民会产生对服务型政府的需求，换言之，政府存在的功能，主要是保护人民的权利，以及保障低收入群体的基本生存权，而不是直接从事生产性活动。在从计划经济向市场经济转轨的情形下，政府必须同时向服务型政府转型。而这种要求，必然在法律上表现出来。1988年温州发生了全国首例“农民告县长”案，温州市苍南县农民包郑照诉苍南县人民政府行政强制拆房案。虽然该案一审和二审均以被驳回原告的诉讼请求告终，但该案清楚地显示了民众权利意识的觉醒,对促进地方行政机关依法行政产生的作用是相当大的。

政府保护人民权利的一个重要方面,就是破除计划经济下所形成的各种区分,其中包括城市与农村的区分,以及本地与外地的区分。城市与农村的区分,集中体现在户籍制度上。浙江省在坚持经常居住地登记户口和人户一致的前提下,进一步放开户口迁移的政策限制,制定了更加宽松、平等、规范的城市准入制度。同样地,如何对待外来务工人员,浙江省也走在全国的前列。一个典型的例子是,来自江西、安徽、贵州的王小君、王芳、马丽珍等7名外来务工人员候选人,在2001年12月8日义乌市大陈镇第十三届人大代表选举中,分别获得了参加投票的选民过半数的选票,当选为新一届镇人大代表。区分也同样表现在社会保障上。2001年10月1日开始施行的《浙江省最低生活保障办法》使浙江贫困农民依法享有最低生活保障。到2001年12月中旬,浙江当时有的23.2万名贫困农民全部依法享受政府提供的最低生活保障。据浙江省人民政府法制办负责人介绍,以法规形式将农民列入社会保障的保护范围为全国首创。

在市场经济条件下,需要通过政府提供特殊保护的群体,不再根据旧有的标准如城市或农村身份来进行划分,而是根据新的标准即收入标准来进行区分。低收入群体的生活保障,必须得到政府的高度关注。政府提供的人权保障,不再仅仅局限于按程序执法,而是也包括保障基本的生存权。以杭州为例,在住房改革之后,实现基本的住房权的经济适用房制度,目标逐渐集中于为低收入群体提供基本的住房保障。

(二)政治民主化与政府法治

法治不仅仅表现在司法层面,在政府尤其是行政层面有更为重要的表现。这包括两个方面:第一,在政府决策中如何更好地反映和吸纳民意即政治民主化，这是从政府与民众总体的互动关系而言的；第二，政府执法过程中，如何更有效地减少违法行政，这是从政府与单个人的互动而言的。

浙江在政治民主化方面走在全国前列。一个典型的例子是杭州市的综合考评制度。杭州对市级机关实行综合考评，结合民意、目标和领导评价三个方面，其中，社会评价占 50 分，而目标考核占 45 分，领导评价占 5 分。表面上看，领导评价占比甚低，但考虑到目标考核机制中，包含着很多领导的意见。因此，领导意见占的比重，比表面看起来的要高。这种民意与领导意见的结合，具有典型的过渡性的特征。真正的创新并非在领导意见的加入，而是在民意的引入上。如何在民意的基础上进行权衡，而非单纯根据民意来进行简单地回应，是这种结合型的考评制度的本质。无论如何，引入民意，并且公布根据民意而获得的评价结果，都是在现行体制下的一大创新，可以有效地改变政府作风，促使其更为关心普通老百姓的疾苦，从而促进政府与普通老百姓的关系。而且，通过这种调查发现民众最为关心的难处，可以归结为“七难”（困难群众生产就业难、看病难、上学难、住房难、行路停车难、清洁保洁难、办事难），不仅如此，通过历年调查，还可以发现政府在这些问题上是否取得实质性的进展。在基层政府方面，浙江的村民自治，已经进展到制定“乡村典章”，并根据典章来决定村公共事务的程度，已经实现了很高程度的民主化和法治化。

在政府法制化方面，早在 1996 年，浙江省人大即制定了关于政府规章设定罚款限额的规定，规定政府规章对经营性行为设定的罚款在 5 万元以下，对非经营性行为的罚款在 2000 元以下，有效地维护了公民的合法权利。2000 年，制定浙江省县级以上人民政府行政执法监督条例，促进了依法行政。2006 年，制定了预防职务犯罪条例，从制度上对国家工作人员行为进行了规范。

（三）社会建设与全面法治化

浙江省在经济立法方面无疑是处于全国前列的，然而，经济发展到一定程度，会自动促使其他方面的发展，包括文化方面和广义的社会方面。浙江早在1988年即制定了《浙江省文物保护管理条例》；1995年制定浙江省文化市场管理条例，于2001年修改；2002年制定浙江省实施体育法办法；2007年制定全民健身条例；2007年制定了浙江省非物质文化遗产保护条例，这个条例的制定对浙江省非物质文化遗产的保护作用十分巨大，是体现文化与立法互动的一个范例。

在社会立法方面，一是劳动关系方面的立法，主要包括1988年制定的浙江省劳动保护条例，1998年制定的浙江省集体合同条例和2005年制定的《浙江省劳动保障监察条例》等法规。二是社会保险方面的立法，主要包括1999年制定的《浙江省职工基本养老保险条例》，2008年又进行了修改和2003年制定的《浙江省失业保险条例》等法规。三是社会福利方面的立法，主要包括1996年制定的《浙江省职工教育条例》、1997年制定的《浙江省住房公积金条例》等法规。四是特殊群体权益保障的立法，主要包括1986年制定的《浙江省保护妇女儿童合法权益的若干规定》、1988年制定的《浙江省保护老年人合法权益若干规定》、1990年制定的《浙江省未成年人保护条例》、1993年制定的《浙江省实施〈中华人民共和国残疾人保障法〉办法》、2001年制定的《浙江省实施〈中华人民共和国老年人权益保障法〉办法》和2000年制定的《浙江省法律援助条例》等法规。

（四）司法改革与职业化

作为先发地区，经济发展必然在民事和经济纠纷数量增加上表现出来。1978年全省法院受理一审民事案件9110件，到1998年年底，受理一审民事案件达到126,074件,增加了13.8倍。而从1979年浙江省法院系统建立经济审判庭起到1987年,全省法院受理经济案件数量剧增,平均每年以60%的比率上升;1984年7月到1987年年底,全省共审结一审经济案件34,927件,解决争议金额近8亿元。从1988年到1998年,经济案件成倍上涨,案件种类繁多,新情况、新问题层出不穷。11年间共审结一审经济案件678,089件,解决争议标的金额为983.74亿元。截至2007年的最近5年内,全省法院共审结各类民商事案件1,289,438件。仅2006年,一审收案就达261,551件,已结诉讼标的金额达332.32亿元。

案件数量迅速增加,要求法院解决纠纷的能力增加,而这就要求法官以更为专业化的方式来进行裁判。这包括两个方面:第一是法官的独立裁判的权力,第二是审判的过程。第一点在制度上的主要表现是主审法官制的推进,第二点的制度表现是审判流程的改革。

在过去,法院更为强调集体的审判,实际上形成了审判权的向上集中。法院通过审判委员会、庭长这样的制度来实现对法官的指导和约束。在这种条件下,容易形成判而不审、审而不判这样非职业化的现象。同样地,在这种审判权力的分配方式下,审判的效率必然低下。因此,在诉讼数量迅速增加的条件下,如果不增加主审法官和合议庭的权力,纠纷就必然久拖不决,且会越压越多。早在1994年,杭州西湖区法院与磐安县法院即试行主审法官制。而主审法官制的逐步确立,也意味着法官的职业化,已经成为趋势。

纠纷增加也要求对审判流程进行改革。众所周知,我国过去是采取纠问式的审判方式,法官不仅仅是听取双方辩论,而且也有调查、自行取证的权力。然而,随着案件数量增加,法官自行取证客观上变得越来越不可行。因此,改革庭审制度,势在必行。1993年,余姚镇法庭试行"一步到庭"审判方式,对部分民事经济案件不搞庭前调查,直接开庭，强调当事人举证。自1998年以来，全省各级法院按照省高级人民法院《浙江省法院深化审判方式改革总体方案》和最高人民法院《人民法院五年改革纲要》的要求，围绕建立"公开、公正、民主、高效"审判运行机制的目标，依据三大诉讼法的规定，制定了各类案件的审判操作规程，把各类案件从受理到判决归档的各个审判环节的运作都进行了具体的规范，使之更加透明。当事人的诉讼权利得到了更为有效的保障，当事人平等、充分地参与诉讼的机会得到了保证，审判人员能较好的把握争议焦点，抓住庭审重点，引导并倾听当事人的诉辩、陈述，驾驭庭审的能力明显提高，居中裁判的意识增强。当庭举证、质证、辩论和法官认证、宣判等庭审环节规范有序。真正使庭审成为"摆事实、讲道理"的过程，通过庭审查清事实、陈明理由、分清责任，开庭审判的效果和效率提高。改革后的庭审，再也听不到当事人认为是在"演戏""暗箱操作""走过场"等的指责和怨言了。公开、公正、高效的庭审，被人们称为"阳光审判"，法院、法官的权威因此提高，老百姓对法院和法官的信赖度因此增强。

从1993年到1998年，全省各级法院都在这两个方面做了试验性的改革措施，并取得了显著成绩。比如，金华市婺城区法院在1993年进行审判方式改革后，全院一年新收案件2823件，比上一年上升49.92%，审结各类案件2867件，上升54.47%，未结144件，下降23.4%，收、结案数创建院最高纪录，未结案为历年最少。同时，这一年上诉案件发回重审仅一件，改判率不到结案数的3‰。[1]。这说明，改革使审判效率与质量都有了很好的改善。

[1] 《改革审判方式，办案又快又好》，载《浙江法制报》1994年1月25日。

五、结论

先发地区先行法治化，并非空中楼阁，而是活生生的实践。先行法治化不仅可行，而且具有如下几个方面的优势：

第一，不同的经济发展水平，对法治的需求实际上是不一样的，允许部分地区法治先行，可以更好地实现法治需求与供给之间的平衡。对于中国这么大的一个国家，如何处理地区差异和发展不平衡，如何处理政治与法治在地区差异？这个经验或规律，对于中央立法与政策制定都是具有重要的参考意义的。

第二，向法治转型，是整个中国社会转型的一部分，如此庞大的转型规模，且要求在很短的时间内完成，是史无前例的。而转型成功与否，影响太大。因此，通过部分地区先向法治转型，可以为全国积累经验，减少转型的成本，也树立中国式法治的典型样本，具有实践理性的意义。

第三，先行法治化与我国现有的体制基本一致，不存在根本冲突。自改革开放以来，我国已基本确立中央和地方之间的分权关系，这种中国特色的分权关系，主要表现为由地方实验、中央总结并推广。先行法治化与这种分权模式吻合。

总之，先发地区法治先行，有深厚的民意基础，在现行体制下也完全可行。实际上，先行法治化借鉴了我国经济转型的成功经验。我们相信，先发地区先行法治化，完全可能成为我国向法治转型的基本模式。

论行业法*

一、引言

我们在“法治”的问题上，历来表现出偏颇——对国家层面的“法治”的关注，多于对社会层面的“法治”的关注。我们的法治建设重点在从中央到地方的国家政权体系中艰难地进行着，法学界也只重点关注国家体系上的法治面向，而较少把精力放在社会体系上的法治面向。然而法治并不是只有国家层面，还有社会的层面。这与“大政府、小社会”具有观念、制度和实践上的关联。

事实上，随着社会演进和社会建设，社会的法治化进程却已在自发中悄然兴起。社会越成长，行业越成熟；同时，法治越发展，则行业的法制越发达。这两个社会发展趋势在中国已初见端倪。中国的这种变化，正是所谓“未分工的法和社会”向“分工社会”的

---

* 本文得到季卫东、张志铭、葛洪义、宋方青、湛中乐、张梓太、李丹林、宋宗宇、张赞宁、刘志刚、丁关良、朱新力、李有星、陈林林、钟瑞庆、易凌等教授的帮助，在此致以谢忱。原发表于《中国法学》2013 年第 1 期。

演进[1]。近年来,随着各行业的各种黑幕曝光,国家和民众才开始意识到行业的法律制度如此不健全,以至于危害到百姓民生、社会秩序、政府权威甚至国家形象。

经过30多年的改革、开放、建设和发展,行业分工日益成熟,法律的一个发展趋势就是行业法律规范的细密化。事实上,涉及行业的法律早已潜藏于我们的法律体系,或者说已经在部门法的夹缝中勃兴。例如农业法、自然资源法、能源法、建筑法、交通运输法、邮政法、商业法、旅游法、食品法、金融法、会计法、房地产法、科技法、服务业法、教育法、医事法、公共卫生法、新闻与传媒法、体育法等以行业为领域的法律制度。这些领域的行业法制的发展空间还很大,要走的路还很长。

从近20年的立法状况来看,已经出现行业法制迅猛发展的态势。我国全国人大及其常委会的主要立法成果是行业领域的立法,国务院和地方人大的主要立法成果也是行业领域的法规。那么,管理各行各业的国务院各部委的规章更是如此。但是,传统的部门法的划分,不能适应行业法制的发展要求,法律体系建成之后的部门法划分成为一个“瓶颈”问题。

从近20年的法学研究状况来看,行业法制研究经历了从冷淡到热闹的态势。近年来出现行业法制研究的快速增长的态势。法学界,特别是民商法学、行政法学以及经济法学这3个学科中出现了分工的细密化,从过去的以部门法总论为中心,发展为强化部门法总论的基础上,增进部门法分论的研究,进而又扩展到行业法制的研究。例如行政法学界出现了对公共卫生法、教育法、警察法、建筑与规划法等方面的研究;民商法学者中出现了专门研究房地产法、服务业法、医事法的学

〔1〕［日］六本佳平:《日本法与日本社会》,刘银良译,中国政法大学出版社2004年版,第288页。

者和成果;尤以经济法学界为甚,在农业法、矿产资源法、城市建设法、建筑法(房地产法)、交通运输法邮政法、商业法、旅游法、食品法、金融法、会计法等方面都取得一定的成果。但是,法学理论上并没有给予行业法制相应的重视,也没有给予法学学科体系中合理的定位。

从近20年的法学教育趋势来看,行业法律的教育从过去的不入主流发展为渐需扩展的阶段。过去20年里,一些高校根据自己的专业特色自主设计课程,诸如农业大学开设农业法,邮电大学法学院开设邮政法,矿业大学法学院开设矿业法,但法学教育的14门核心课程框定了基本的课程体系,留给各法学院系自主增加学时的余地已经很小。目前,法学教育中依旧是原来的课程体系格局,毕业生不能满足各行业对法律人才的需求,这种不适应的局面仍然在继续,因而,行业法教育不能跟随行业发展的要求。

二、法律体系完善的重点任务——涉及行业的立法

“我们的法律体系虽然已经形成,但本身并不是完美无缺的,这当中既有一些现行法律需要修改的问题,也有部分配套法规急需制定的问题,还有个别法律尚未出台的问题;这主要是由于立法条件尚不成熟、各方面的认识不尽一致,需要在实践中继续探索,积累经验。总之,立法工作只能加强不能削弱。”[1] 从我国的行业发展来看,需要立法完善和创制的行业法确实还不少。

我国于1984年进行了第一次《国民经济行业分类与代码》(GB/T 4754-1984)的编制,并于1985年1月正式实施。经过10年的社会经济文化的发展,于1994年,国家统计局与当时的国家技术监督局共同

〔1〕 吴邦国:《在形成中国特色社会主义法律体系座谈会上的讲话》,载《人民日报》2011年1月27日,第2版。

对1984年的分类与代码标准(GB/T 4754－1984)进行了一次修订。随着市场经济发展和产业结构的加速调整,以及对外开放、经济交流的快速增长,在很短的时间内出现了诸如信息传输、商务经济、环境与资源保护、知识产权等新兴行业,原有的行业划分显然出现了滞后。同时,国际化的发展趋势,也使我国的行业分类标准面临与国际接轨的要求。于是国家统计局于2002年对GB/T 4754－1994标准作了第一次修订,形成新的《国民经济行业分类与代码》(GB/T 4754－2002)。2003年5月14日国家统计局根据《国民经济行业分类》(GB/T 4754－2002),制定《三次产业划分规定》。

我国对产业的划分是第一产业为农业,包括农、林、牧、渔各业;第二产业为工业,包括采掘、制造、自来水、电力、蒸汽、热水、煤气和建筑各业;第三产业分流通和服务两部分,共4个层次:(1)流通部门,包括交通运输、邮电通信、商业、饮食、物资供销和仓储等业。(2)为生产和生活服务的部门,包括金融、保险、地质普查、房地产、公用事业、居民服务、旅游、咨询信息服务和各类技术服务等业。(3)为提高科学文化水平和居民素质服务的部门,包括教育、文化、广播、电视、科学研究、卫生、体育和社会福利等业。(4)为社会公共需要服务的部门,包括国家机关、政党机关、社会团体以及军队和警察等。

2011年国家统计局又对国民经济行业分类进行了编订(GB/T 4754－2011)。根据我国最新行业分类,可以初步规划我国行业方面的法律体系如下:

表 1　各行业相关法律制度

行业(国家统计局 GB/T 4754 - 2011)	涉及行业领域的法律的初步框架
A 农、林、牧、渔业	农业法
B 采矿业	矿产资源法
C 制造业	工业法(产品质量法)
D 电力、燃气及水的生产和供应业	能源法
E 建筑业	建筑法
F 批发和零售业	商业法
G 交通运输、仓储和邮政业	交通运输法、邮政法
H 住宿和餐饮业	旅游与饭店法、食品法
I 信息传输、计算机服务和软件业	信息技术法
J 金融业	金融法、财会法
K 房地产业	房地产法
L 租赁和商务服务业	商务中介服务业法
M 科学研究、技术服务和地质勘查业	科技法 环境法、公共设施管理法
N 水利、环境和公共设施管理业	
O 居民服务和其他服务业	社区服务业法
P 教育	教育法(含大学法、学术法)
Q 卫生、社会保障和社会福利业	医事法与公共卫生法、社会福利法
R 文化、体育和娱乐业	文化法、体育法、传媒法
S 公共管理与社会组织	公共管理法、NGO 法(第三部门的法)
T 国际组织	国际组织法

行业法制的发展源自社会分工。日本六本佳平教授从法社会学角度分析认为:“未分工的单纯社会的特点是社会规模小、未分工,社会经

营以家庭、亲族为中心，宗教、政治、经济、法律、教育的功能浑然一体。因而，法体系也没有分工，法规范未与习惯规范、道德规范分离。”[1]“而分工社会则出现宗教、政治、经济、科学、教育等领域的分工、自立，并各自生成子体系。法也作为子体系之一，逐渐发展成为自立的实定法形态，形成了法规范、法机构构造。”[2]

每一行业都有一个对应的法律制度和规范体系，事实上目前我国的许多行业都面临着法律的系统化、细密化的问题，特别是在农业法、自然资源法、能源法、建筑法、交通运输法、邮政法、商业法、旅游法、食品法、金融法、会计法、房地产法、科技法、服务业法、公共卫生法等领域，虽然日益被重视，但也还很不完备。也有一些行业，存在的问题更为严重，如教育法、医事法、新闻与传媒法、体育法。从理论上讲，每一行业都必然应当存在一个法律体系，它的法律形式（法的渊源）可以是法律、行政法规、地方性法规、部门规章、地方规章，甚至可以是行业自治性规则、行业标准、行业习惯。

在我国，几乎每个行业都有相关的法律或法规，但是立法体系中没有侧重于以行业为标准，也没有以行业为标准来确定法律体系的建构，同时也没有在法学学科体系和法学教育体系中加以充分重视，所以各行各业的法律制度与规范，零零星星难成体系，不仅表现在国家为行业制定法律法规之间相互矛盾，并且行业法律规则与一般法的法律规则不相协调一致，甚至相互矛盾。

我国自从进入20世纪90年代以后，立法的主要任务放在了行业法制的建设上，所以在此后的20年里（1990年至2010年），全国人大及其

---

〔1〕［日］六本佳平：《日本法与日本社会》，刘银良译，中国政法大学出版社2004年版，第288页。

〔2〕同上书，第289页。

常委会制定了111件,按年份为序分别包括(以下为行文方便,一概采用法规的简称):

1990年共9件中占4件,包括著作权法(2001年修改)、铁路法、归侨侨眷权益保护法(2000年修改)、残疾人保障法4件属于行业领域的法律。

1991年共7件占3件,包括烟草专卖法、水土保持法、进出境动植物检疫法3件属于行业领域的法律。

1992年共9件占5件,包括人民警察警衔条例、税收征收管理法(1995年、2001年修改)、海商法、矿山安全法、测绘法(2002年修改)5件属于行业领域的法律。

1993年共13件占11件包括产品质量法(2000年修改)、科学技术进步法(2007年修改)、农业技术推广法、农业法(2002年修改)、反不正当竞争法、消费者权益保护法、注册会计师法、红十字法、教师法、公司法(1999年、2004年、2005年修改)、关于外商投资企业和外国企业适用增值税、消费税、营业税等税收暂行条例的决定,都属于行业领域的法律。

1994年共11件占9件,包括劳动法、仲裁法、台湾同胞投资保护法、预算法、对外贸易法(2004年修改)、城市房地产管理法(2007年修正)、审计法(2006年修改)、母婴保健法、广告法,都属于行业领域的法律。

1995年共15件占10件,包括教育法、中国人民银行法(2003年修改)、商业银行法(2003年修改)、票据法(2004年修改)、担保法、保险法(2002年修改)、体育法、民用航空法、固体废物污染环境防治法(2004年修改)、食品卫生法、电力法属于行业领域的法律。

1996年共14件占7件,包括律师法(2001年修改)、促进科技成果转化法、职业教育法、拍卖法(2004年修改)、老年人权益保障法、煤炭法、乡镇企业法、环境噪声污染防治法。

1997年共11件占9件,包括合伙企业法(2006年修改)、公路法

（1999年、2004年修改）、动物防疫法（2007年修订）、防洪法、节约能源法、建筑法、献血法、防震减灾法、价格法。

1998年共6件占4件，包括消防法、执业医师法、高等教育法、证券法（2004年、2005年修改）。

1999年共9件占8件，包括合同法、行政复议法、预防未成年人犯罪法、公益事业捐赠法、个人独资企业法、招标投标法、气象法、海事诉讼特别程序法。

2000年共5件占2件，包括种子法（2004年修改）、国家通用语言文字法。

2001年，共6件，均属于行业领域的法律，包括国防教育法、信托法、防沙治沙法、职业病防治法、海域使用管理法、人口与计划生育法。

2002年共8件，全部属于行业领域的法律，包括政府采购法、中小企业促进法、安全生产法、科学技术普及法、清洁生产促进法、农村土地承包法、环境影响评价法、民办教育促进法。

2003年共8件，全部属于行业领域的法律，包括海关关衔条例、居民身份证法、港口法、放射性污染防治法、行政许可法、道路交通安全法（2007年修正）、证券投资基金法、银行业监督管理法（2006年修正）。

2004年共2件，均属于行业领域的法律：农业机械化促进法、电子签名法。

2005年共7件占3件，包括可再生能源法、外国中央银行财产司法强制措施豁免法、畜牧法。

2006年共6件占5件，包括产品质量安全法、护照法（自2007年1月1日起施行）、企业破产法（自2007年6月1日起施行）、农民专业合作社法（自2007年7月1日起施行）、反洗钱法（自2007年1月1日起施行）。

2007年共9件占7件，包括企业所得税法（1991年外商投资企业和外国企业所得税法于2008年1月1日失效)、劳动合同法、反垄断法、突发事件应对法、就业促进法、城乡规划法(1989年城市规划法于2008年1月1日失效)、禁毒法。

从近5年来的立法成果来看,全国人大立法主题重心也是放在行业领域的法律上。例如,全国人大及其常委会2008年制定或修改的水污染防治法、残疾人保障法、循环经济促进法、企业国有资产法、消防法、防震减灾法;2009年制定或修改的食品安全法、邮政法、保险法、能源法、可再生能源法、统计法,制定海岛保护法、驻外外交人员法、农村土地承包经营纠纷调解仲裁法;2010年以来制定或修改的法律中,属于行业领域的法律占了多数,如水土保持法、社会保险法、石油天然气管道保护法、保守国家秘密法、道路交通安全法、建筑法、煤炭法、车船税法、非物质文化遗产法、精神卫生法,职业病防治法、清洁生产促进法、农业技术推广法、邮政法。全国人大正在考虑制定的行业领域的法律还有《考试法》《电信法》《资产评估法》《兵役法(修改)》《慈善事业法》。

除了全国人大立法之外,国务院的行政法规和规章则在数量上占据行业领域的法律的多数。还有各省市区制定实施的涉及行业的地方性法规。另外值得注意的是,我国法院在近些年来所作的涉及行业的判决,有许多优秀的判例值得梳理、总结和归纳,特别是一些判例在缺乏相关行业领域的法律规范的情况下,依据法律解释学的方法进行判决,具有"法官法"的特征,值得我们予以关注并加以分析和提炼[1]。

---

〔1〕 这类案件很多,如教育法领域的案件,包括申钟诉中牟县教委案(1995年)、刘燕文诉北京大学案(1999年)、张某诉复旦大学案(2004年)、林群英诉厦门大学案(2005年)、王某等诉讼法中央民族大学案(2006年)、梁某诉中央美术学院案(2007年)、西北政法大学行政复议案(2009年)、甘某诉北京联合大学案(2007年)等,这些都在湛中乐教授的《大学法治与权益保护》一书中已经有一定的介绍和分析,需要法院系统作一定的分析和提炼,整理出具有司法解释或案例指导意义的规则。参见湛中乐:《大学法治与权益保护》,中国法制出版社2011年版,第352页以下。

另外,关于行业领域的法律的一些有争议的判决甚至错误的判决,也应该引起我们的重视,应该有人进行分类整理和总结[1]。当然,我并不是主张行业领域的法律的发展都依赖于国家法,也并不是主张依赖于立法,还应当看到,行业领域的法律的发展还需要通过健全和完善行业自治性规范。

三、各行业的法制存在哪些共性的难题?

各行业在谈到自身行业领域的法律,都会有各自的困难和问题。就目前普遍存在的共性问题,我把它们大致概括为以下几方面:

第一,多数行业因行业法制不完备,带来的行业弊端日益凸显。这种行业弊端的危害性不亚于政府法治不完备的弊端如行业道德问题,质量问题,行业垄断问题,行业风险与危机问题,行业技术标准未纳入法制轨道,行业消费者权益保障不力问题,而这些问题又与政府监管不力有直接关系。有些行业的法律法规落后于时代、滞后于该行业的新形势和新需求,如邮政法制,1986 年的《邮政法》超过 20 年没有修改,新的《邮政法》到 2009 年才出台。在利益格局、利益主体多元化的新形势下,许多规定缺乏可操作性[2]。如文化法制,据中国民主促进会浙江省省委会调研,目前浙江省的文化立法层次低,文化法少;公益文化事业立法侧重于文物保护,文化产业立法侧重管理;有些领域虽然有全国性法律、行政法规,但没有制定相应实施细则,影响执法效果。公益性事

---

〔1〕 如新闻传媒法领域的有影响或有争议的案件有:彭水诗案(2006 年)、安徽五河一中短信案(2006 年)、稷山薛志敬案(2006 年)、高唐董伟案(2006 年)、内蒙古吴保全案(2007 年)、王鹏案(2007 年)、辽宁西丰县警察进京抓捕记者案(2008 年)、段磊贴案(2009 年)、河南灵宝王帅案(2009 年)、谢朝平案(2010 年)。

〔2〕 胡仲元:《我国邮政业存在的问题和解决之道》,载《中国经济周刊》2012 年 11 月 5 日。

业单位如文化馆、群艺馆、科技馆等仍然处于无法可依的状态。[1] 一些行业协会的服务意识、服务水平、服务能力等与会员和行业的要求仍有较大差距。本来行业协会最重要的工作之一是引导行业自律，但是，协会负责人多为该地区党政机关退休下来的人员，像许多地方的文化产业协会官办行业协会组织的领导干部任用制度，使文化产业协会在一定程度上成为安排一部分领导干部甚至成为某些领导干部牟利的场所。[2]

表2　各行业主题词与重大典型案件

行业（国家统计局 GB/T 4754－2011）	各行业的涉法热点主题	近年来各行业典型大案
A 农、林、牧、渔业	农村拆迁与上访	乌坎事件（2011）
B 采矿业	矿难、生产安全	山西系列煤矿矿难
C 制造业	产品质量与诚信	三鹿奶粉案（2008）
D 电力、燃气及水的生产和供应业	能源企业垄断	镇江自来水苯酚污染（2012）
E 建筑业	建筑质量（豆腐渣工程）	上海6·27楼房倒塌（2009）
F 批发和零售业	商业侵权、网络商业规制	淘宝网事件（2011）
G 交通运输、仓储和邮政业	交通事故	7·23动车追尾事故（2011）
H 住宿和餐饮业	食品卫生	地沟油现象
I 信息传输、计算机服务和软件业	网络事件与网络管理	网络“实名制”争议（2011）
J 金融业	民间融资	浙江吴英案（2007～2012）
K 房地产业	房价高涨与调控	房价调控争议（2010）

〔1〕《文化法太少太旧了——民进浙江省委会呼吁加快文化立法》，载《浙江法制报》2007年1月19日。

〔2〕杨浩鹏：《有心无力还是费力不讨好？文化产业协会亟待调整自身定位》，2011－8－11 15：29 中国文化传媒网，http://www.ccdy.cn/zgwhb/content/2011－08/11/content_963632.htm，最后访问时间：2012年11月5日。

续表

行业(国家统计局 GB/T 4754 - 2011)	各行业的涉法热点主题	近年来各行业典型大案
L 租赁和商务服务业	中介行业规范	会计作假账现象
M 科学研究、技术服务和地质勘查业	科技道德与诚信	浙大院士造假(2009)
N 水利、环境和公共设施管理业	环境污染、公共设施溃乏	康菲公司渤海溢油(2011)
O 居民服务和其他服务业	服务质量	章某诉郑州航校开除学籍案(2011)
P 教育	大学制度、学术规范	非典 SARS 漫延(2003)
Q 卫生、社会保障和社会福利业	医事纠纷、公共卫生危机	"禁娱令"(2011)、足坛扫黑案(系列)
R 文化、体育和娱乐业	文化、体育市场混乱	
S 公共管理与社会组织	公共管理	
T 国际组织	国际组织	

第二,政府对有些行业的管理规制,该到位的没有到位,不该到位的却按计划体制模式来管,管得过多过死。市场经济体制运行至今,GDP 上去了,可是政府对行业的管理理念还没有成熟,有的该管该干预的没有管起来和干预起来。以文化产业为例,由业务主管单位和登记主管机关共同负责的"双重管理"体制,如现今各地文化产业协会受当地文化、宣传部门和民政部门多重管理。此种模式使主管单位过多包揽管理事项,甚至以颁布部门文件形式强化控制,把行业协会当作政府机关的附属,导致文化行业协会自身的统筹协调功能缺失[1]。例如,金融行业中的金融资源分配的公平问题,金融消费者权益如何保护,金融

〔1〕 杨浩鹏:《有心无力还是费力不讨好?文化产业协会亟待调整自身定位》,2011 - 8 - 11 15:29 中国文化传媒网 http://www.ccdy.cn/zgwhb/content/2011 - 08/11/content_963632.htm,最后访问时间:2012 年 11 月 4 日。

信用如何树立，都与政府发挥职能有关。例如，建筑行业中的建筑质量问题，服务业领域常出问题的如出租车业的政府软弱或政府无为的问题。此中的利益集团之间的冲突，法律纠纷也始终伴随着。在这种新型权益与旧有法律之间的纠纷和抗争，要重新创制行业法律规范。如果能够得到社会层面上的社会认知，就有可能顺利地进行“法变更”。但是如果社会对于新型权益要求抵抗强烈的话，就要“发挥政治、行政和司法的领导意识作用，引领社会订立强有力的、对抗社会势力的法规范”。[1] 另外，我国行业领域的法律改革和发展中，存在一些行业改革的重大“瓶颈”问题，这种“瓶颈”问题触及了我们的政治体制的问题如教育法、新闻法、律师法，并不是政府不懂得这些职业的自治性和自主性，而是受制于政治体制。我国许多行业的这类问题的长期得不到解决，与行业领域的法律的欠缺有关，也与行业法制观念滞后有关。

第三，行业领域的法律受行业协会的自治性不足的影响，行业自治规范缺乏或者不健全。我国的行业组织历史悠久[2]，但近代以后的发展中不如欧洲那样具有自治性[3]，而是在官府的控制下发挥作用。目

〔1〕［日］六本佳平：《日本法与日本社会》，刘银良译，中国政法大学出版社2004年版，第290页。

〔2〕有学者认为我国自周末至汉代这个时期起，手工业行会已有存在。参见全汉升：《中国行会制度史》，食货出版社1986年版，第16页。据王仲荦先生考证，唐代的行会就有“既防止同行竞争，又排斥外来竞争”的作用。参见王仲荦：《隋唐五代史》（上册），上海人民出版社1988年版，第412页。宋代是我国行会发展的鼎盛时期，对社会生活还起到管理作用。但主要服务于官府，没有管制营业活动的规章制度。参见傅筑夫：《中国中国工商业的“行”及其特点》，载《中国经济史论丛》（下册），上海三联书店1980年版，第417页。

〔3〕在资本主义兴起的过程中，欧洲行会和行会法起了重要作用。10世纪就出现类似“行会”的“兄弟会”组织，这些行会被用来作为相互保护的团体和自愿的法律实施组织，到了11世纪，商人行会、社区行会、手工业行会等行会遍布各地。凡有行会的地方，就有立法团体，各行会都有自己的法令（Ordinances），内容依行会的种类而千差万别，但大体上都有些共同特征，行会都会规定这样一些内容：学徒身份和成员身价的条件，工作日和假日的日程表，工作质量标准，最低限度的价格，商店之间的距离，有关行会内部限制竞争和平等交易的售卖条件，禁止赊卖，限制进口，限制移民以及其他保护主义的措施。［美］伯尔曼：《法律与革命——西方法律传统的形成》，中国大百科全书出版社1993年版，第473～474页。

前,我国行业协会的法律主体地位确立的同时,却在自治性方面尚有较大不足,有许多行业协会成立了,却发挥不了真正的作用。有人称为"政府主导型和市场运作型相结合"。[1] 有的行业组织公权化,有些行业组织借政府后盾向企业寻租[2]。从美国来看,政府、营利部门(企业公司)和非营利部门(非政府组织)三部分在推动社会发展,非政府组织主要致力于社会服务和管理,政府不去代替非政府组织的功能,而是在这两者之间的更高层面上,通过政策调节、法律制定和财政支持,来实施宏观调控和宏观管理。所以,他们的行业领域的法律是高度发达的。我们应当看到,行业法律制度的发达与行业组织的发达成正比的。"借助这种行业自治组织,商人同样可以推动法律与监管制度的变革"。[3] 行业规范是行业协会根据法律赋予的自治权,自行制定并调整其本行业事务的规范体系,主要包括协会章程、行规行约和行业标准三类。由于行业自治规范影响着国家法的制定和实施,而国家法也规范着行业自治规范的形成。因此,必须协调行业自治规范与国家立法的关系,恰当划分各自调整的领域,并在此基础上建立两者间的互动和合作机制。[4]

第四,行业领域的法律中的公权与私权的关系相当复杂,在现有的法律体系中,仍然存在不协调。行业法律体系中,一定存在私法与公法相交汇、相结合的状况,这是行业法制所必要的。问题只不过是如何立法的问题,是单行的还是综合的立法方式问题。以矿业法为例,"矿产

---

〔1〕 杨浩鹏:《有心无力还是费力不讨好? 文化产业协会亟待调整自身定位》,2011-8-11 15:29 中国文化传媒网, http://www.ccdy.cn/zgwhb/content/2011-08/11/content_963632.htm,最后访问时间:2012 年 11 月 5 日。

〔2〕 《行业协会成政府附庸频频骚扰企业》,载《法制日报》2006 年 11 月 14 日。

〔3〕 秋风:《行业黑幕的背后》,载《商界评论》2009 年第4 期。

〔4〕 黎军:《基于法治的自治——行业自治规范的实证研究》,载《法商研究》2006 年第 4 期。

资源法”属财产法的私法范畴,“矿业管理法”(我国没有单行制定)调整的对象是针对探矿企业和采矿企业的政府管理,矿业管理法调整的方式是对探矿企业和开采企业的行为进行公法限制。[1] 有时候,我们的立法工作中,起草法规的往往是政府部门,这样就把部门本位主义体现在草案之中,只重视管理权,而不重视行业自治权,不重视行业关系主体的权利。制定一部“行业领域的法律”就变相成为“行业管理法”。在国法与行规的关系中,国法的监管规制常常取代行业规范的作用。

第五,许多具有混合型特点的行业,要么缺乏法律制度的规范,存在法律漏洞,或者相关法律不能协调配套。这尤其表现在一些新型的、混合的行业,它们是多种产业和行业的结合体,其制度规制是新出现的新问题,几乎缺乏相应法律制度。例如,物流业具有多行业性、基础性、服务性和综合性。物流产业包括了铁路运输行业、公路运输行业、航空运输行业、水路运输行业、管道运输行业、包装行业、装卸行业、邮政行业、电信行业等,却没有相应的法律法规进行综合性的对应规定。物流业鱼龙混杂,法律关系主体繁多,法律纠纷“此起彼伏”,消费者受损后往往面临维权难的困境;而“物流企业”至今还不是一个法律概念。[2] 例如,文化创意业,它包含了新闻、传媒、电影、电视、演出、娱乐、出版、广告、商标、动画、文物、拍卖。而我们的影视与音像的法律、演出与娱乐市场的法律、网络文化的法律、出版的法律、书报刊市场的法律、文物保护的法律、美术艺术品保护的法律、文物艺术品拍卖的法律、保护文化遗产的法律等,都还不能满足市场与社会发展需求。

---

〔1〕 康纪田:《让矿业法独立于矿资法的法治价值》,载《资源环境与工程》2006 年第 6 期。

〔2〕 有学者认为“构建一个统一的物流法律体系,至少要考虑我国目前与物流有关的六方面的法律制度,包括运输法律制度、信息法律制度、保险法律制度、合同法律制度、竞争法律制度和物流标准体系。”参见《物流业法律纠纷此起彼伏 乱象频生催中国物流统一立法》,载《法制日报》2009 年 7 月 16 日。

四、行业法的界定及其意义

法律体系是一国主要部门法所构成的体系，从部门法意义上讲我们已经建成中国法律体系，但是，当部门法在社会生活中实施的时候，部门法与部门法之间存在很多间隙、裂缝甚至断层，如何针对这些问题进行缝合？这是我国法学界和法律界历来较少思考和探究的。在此，请允许用“行业”与“法”组合创造一个词——行业法（Occupational Law）。它是指以国家涉及行业的法律为基础，通过政府涉及行业的行政法规和行政规章、地方立法机关以行业为背景的地方性法规等，从而形成的行业法体系的总称。如果作广义解释，还包括各行业组织制定的自治性规范。因此从法律渊源上看行业法的外延，除了全国人大涉及行业的法律、国务院的涉及行业的行政法规、地方立法机关涉及行业的地方性法规、政府各部委的涉及行业的部门规章、地方政府的涉及行业的地方规章，再加上各行业自治性的行业规范。

（一）部门法与行业法的关系

部门法在其调整的社会关系范围内适用于所有的行业，如行政法普遍存在于农业、工业、商业、矿产业、能源业、建筑业、信息业等各行各业，各行各业都离不开行政法。民法几乎适用于一切行业中的涉及财产与人身权利的平等主体关系。再如刑法，既适用于工业领域的犯罪，也适用于农业领域和商业领域的犯罪。又如诉讼法，既适用于商业领域的诉讼行为，也适用于农业、工业领域的诉讼行为。

全国人大近年来习惯于在立法中对法律作这样的划分：宪法、民商法、刑法、行政法、经济法、社会法、诉讼法和非诉讼程序法。这类似于日本或国民党的“六法全书”的名称，只是一个概略的称谓而已，它不能涵盖法律体系中的所有部门法，更无法概括法律体系中的行业法。

行业法与部门法的关系，首先表现在行业法是跨部门法的。某一个行业法可以涉及多个部门法。例如，新闻传媒业法，它涉及宪法的表达自由、行政法中的新闻传媒业的行政管理法、新闻传媒的民事侵权法和新闻侵权的诉讼法、刑法上的非法出版犯罪；此外，如信息技术法，涉及知识产权法，电子商务法涉及商法、利用电脑犯罪涉及刑法、信息数据的证据则涉及诉讼程序法及证据法。医事法也是跨民法、行政法和其他法的如医疗民事赔偿法、医政管理法，由于某些医疗行为类似于科学技术探索，因而甚至带有科技法的属性。民法（部门法）的分论有自身的"划分"标准，并不按行业划分，经济法虽然存在行业分类，但因其自身的理论体系不健全，所以没有进一步作"行业法"意义上的分类。而目前只有行政法有相似的行业分类，被称为"部门行政法"，[1]实际上，部门法分论不同于行业法，它代替不了行业法，它只是行业法的一个组成部分。

行业法与部门法的不同在于：其一，部门法强调社会关系的性质，行业法强调社会关系的空间领域。其二，部门法强调国家属性、权力属性和计划属性，行业法强调社会属性、民生属性和市场属性；部门法反映的是国家的立场，而行业法反映的是行业的立场和社会的立场。其三，部门法的实践意义在于立法与司法的专业化工作，行业法的实践意义在于国民经济与社会发展中的产业与行政的法治化工作。其四，部

〔1〕 部门行政法的概念最早出现在1983年王珉灿主编的《行政法概要》，全书分为绪论、总论和分论三部分，分论即"部门行政法"，概述了军事、公安、国民经济运行、教科文卫等部门行政法。后来，就有更多的行政法学者提及"部门行政法"，但大都研究得不够深入。有学者分析了这现象的原因，归结为部门行政法"具有较强专业色彩和技术色彩"，认为目前存在的问题仍然是部门行政法的研究几乎是一片空白，这也是不少实际部门工作者批评行政法学研究成果"流于空泛"的重要原因。参见江菁：《中国行政法三十年》，载周汉华：《行政法的新发展》，中国社会科学出版社2008年版，第29页。

门法的划分是法律专业内部性的分类，而行业法的划分则是法律专业外部性的分类。部门法总是以高度抽象的归纳为特点，方能对众多的法律制度和规则进行归类。它具有法律专业分门类的功能，而不具有行业分工的功能。因此，部门法是内部性的分类，而非外部性分类，具有局限性。行业法相对于法律专业，它是外部性的分类。但是，如果从各行各业的角度来看，行业法才是真正反映行业"内部"的规范体系。它恰恰是从法律专业外部，深入行业里面的，因为它是发生于行业生态需要的一套规范体系。其五，部门法具有国家本位的特征，行业法系统比部门法系统具有明显的自治性特征。就这两个系统的整体来讲，部门法几乎完全以国法的立场来对待这个社会的，因而具有国家主义的特性。而行业法具有市民社会或民间主义的色彩，因而是更开放包容的，可以容纳行业自治性规范的。按照卢曼的社会系统理论及托依布纳的"自创生法"理论，行业法这个系统是具有"自我再制"（Autopoiesis，又译"自创生"）[1]或"自创生法"[2]的生命构成体。按这个理论，我把这个行业法系统的特点表述为能够自我再制，其内部会自己生产自己，并维持自己；当国家法意义上的部门法不完备的时候，行业规范或行业习惯会以 Creatio ex nihilo（从虚无中进行创造）的方式"生产"出来。

当然，行业法不同于"行会法"，但包括行会法。此处行业法所谓的"法"是广义的法，包括国法与行规。行会法是指行业规范或规约的"总和"，是行业自治性规范体系。如中国近代以来商业行会有自己的规约，其内容大致包括(1)开业，(2)职员，(3)同业者竞争之禁止，(4)度

〔1〕 Georg Kneer，Armin Nassehi：《卢曼社会系统理论导引》，鲁贵显译，巨流图书公司 1998 年版。

〔2〕 [德]托依布纳：《法律：一个自创生系统》，张骐译，北京大学出版社 2004 年版，第 15 页。

量衡、货币、商业习惯,(5)会费,(6)会议,(7)诉讼,(8)制裁,(9)善举,(10)祭祀。我国近代商业行会规约效力很高,甚至连政府种种法令行同空文的情况下,行会的规约却不折不扣地被会员所遵奉[1]。近代中国行会制度规范来看,都有这样一些基本功能,包括“订立规约”“调停与诉讼”“同盟绝交”“事业独占与障碍排除”等[2]。

在此,我们有必要阐明行业法与国家法的关系。简单地讲,行业法中有大量的国家法,但我们不应该把行业法只看成国家法;国家法是行业法中的一部分,而不是全部;行业法还包括行业组织规范、行业习惯等。为了阐明行业法与国家法的关系,有必要说明行业法的 4 个显著特点:第一,法律渊源形式的多元复合。任何一个成熟的行业法,都会由不同层级的法律渊源构成。除部分行业法涉及宪法、部分行业法涉及国际法之外,狭义的行业法,包括法律、行政法规、地方性法规、政府规章[3]。广义上的行业法除宪法、法律、行政法规、地方性法规、政府规章之外,还可以包括行业自治规范、行业标准和行业习惯等。这种行业习惯相当于法社会学所谓的“活法”。“社会中的活法也随着社会构造的分工生成了利益、价值、组织基础各异的无数活法。活法虽非正式的法,但作为秩序机构,它具有独特的制裁机构,与实定法对峙”[4]。第二,行业法通常都是公法与私法的结合,某种意义上讲,是带有社会法的属性。由于公权介入行业管理,行业法的政策性格浓厚,同时行业法

〔1〕 全汉升:《中国行会制度史》,百花文艺出版社 2007 年版,第 146 页。

〔2〕 同上书,第 146 ~ 152 页。

〔3〕 广义地讲,“政府规章”这个效力层面,还包含了部委和地方政府创制的大量的诸如纲要、指南、标准、规划、裁量基准等政策性文件。

〔4〕 [日]六本佳平:《日本法与日本社会》,刘银良译,中国政法大学出版社 2004 年版,第 289 页。

中存在一定程度的“软法”[1]，它可以减少国家法的强制性，为行业自治留有余地和空间。第三，行业法具有知识的交叉与复合，它把法律专业知识与行业业务知识结合成一体，行业内部的行政法、民商法、经济法、诉讼法和刑法是互为依托联结、相互渗透交叉的。第四，行业法的社会关系具有复合性，其法律关系具有特殊性，甚至不适用部门法的一般规则。例如，媒体侵权的处理不同于普通民事侵权，特别是对官员和公众人物的批评过程中出现的侵权纠纷，它们不是单一的民事问题，也不是纯粹的行政问题。其他行业法也是如此，它们所产生的法律关系，甚至无法归类到传统的法律关系之中。有的行业（Industry）进化为职业（Profession）如教育、医疗等职业，其内部法律关系的特殊情况则更不同了。

所以现在看来，一国法律体系内部并不如过去理解的那么简单了，它不只是由部门法构成的法律体系。如果说部门法是法律体系的“块”，那么行业法是法律体系的“条”，一国法律体系只有在“条”“块”结合的情况下，才是立体的，生动的，丰满的。

（二）行业法的作用和任务

要充分发挥行业相关法律制度的作用和任务，所以还需要从行业法整体角度来强调它的基本任务。

首先，各行业法要分配政府与行业对行业管理的权限责任，确定各

---

〔1〕 Soft law，苏永钦教授引用 Hessnlink，Martijn W.，The New European Legal Culture（2001）中的概念，“指形式上没有拘束力，由不同民间商会或学术团体研订的法律原则或草案，实际上却对欧洲民商法的调和发挥了可观的效果”。参见苏永钦：《民事立法与公私法的接轨》，北京大学出版社2005年版，第57页。近年来，参见罗豪才教授倡导研究“软法”，他是指“那些旨在描述法律事实或者具有宣示性、号召性、鼓励性、促进性、协商性、指导性的条款，其逻辑结构不够完整，没有运用国家强制力保证实施，似乎只能称为‘软法’”。参见罗豪才、宋功德：《认真对待软法——公域软法的一般理论及其中国实践》，载《中国法学》2006年第2期。

自的权力与义务(责任),确定国法与行规对行业事务管辖的边界。罗豪才教授所研究的四类"软法"中[1],还没有包括行业协会等非政府组织制定的规范。但我非常赞同罗先生这样的观点,"在公共治理实践中……软法规范在矫正硬法失灵方面发挥着重要作用,通过填补硬法空白、弥补硬法不足、丰富硬法细节等方式回应了法治化的现实需要。如果社会生活中没有软法规范,那么公共治理和法治建设都将难以想象"。[2]

其次,各行业法都要确立行业自治组织作为具有独立运行方式、目标和价值的社团法人的地位。通过立法完善避免行业组织公权化,避免行业组织借政府后盾向企业寻租,只有明确了行业自治组织或协会的法律主体地位和资格,明确它们的权利与义务,它们才能发挥其对经济、社会的管理和协调能力。特别要强调有些容易被疏忽的权利如行业组织的结社自由、言论自由。

再次,通过行业法来确定具有行业特点的权利义务关系,确定具有行业特点的纠纷的解决。许多行业内的主体的权利义务具有自身的特点。例如,医疗卫生法律关系的主体间权利义务不同于普通主体,教育法与大学法中的主体的权利义务不同于普通主体,新闻媒体法律关系中的主体的权利义务具有特殊性。不可能运用民商法或行政法及其原理所能够予以解决,换言之,民商法和行政法的普遍性规则不能满足行业法的特殊要求。

---

〔1〕 有三类就是我们所谓行业法的范畴,其一,国家机关创制了大量的诸如纲要、指南、标准、规划、裁量基准等规范性文件,旨在满足部分公共管理、特别是国家机关自我管理方面的制度需求;其二,各类政治组织,如政协、共青团等,创制了大量旨在解决参政、议政问题的自律规范;其三,名目繁多的社会共同体,如足协、村委会等,创制了大量的自治规范,以实现社会自治的制度化、规范化和程序化。

〔2〕 转引自新华网 http://news.xinhuanet.com/politics/2009-07/08/content_11671223.htm,最后访问时间:2011 年 11 月 16 日。

最后，通过各行业法确定市场主体、行业组织等利益集团和政府之间的协商机制和程序。没有法定的协商机制和程序的保障，各个利益集团之间可能由于实力悬殊而无法达到制衡，利益集团与政府有可能会相互排挤和侵蚀，市场主体的利益在利益集团中也有可能遭受无端压制。通过行业法制，要发挥出什么样的作用和效果呢？各行业法要建立一套平衡的行业市场秩序、行业管理机制，动员全社会成员通过利益集团参与国家的经济社会生活，从而在一个行业领域保证经济繁荣和社会稳定。

（三）行业法的不可替代性

虽然部门法基本上涵盖了大多数的社会关系，但是部门法的本身特点决定了它只能是对社会关系作粗线条的对待，而不是深耕细作式的调整。

部门法，按照我国法学理论通说，就是指按照其“调整的社会关系”和“调整的方法”，所作的法律分类[1]。关于这个部门法的传统理论，似乎没有人提出过质疑的观点，更没有提出过关于法律体系内部分类的合理解释。当下中国法学仍然存在一个问题——没有把部门法与行业法作区分，部门法划分或者法学学科划分中的逻辑混乱，没有用统一的标准来分类。于是长期以来的一连串的问题都没有得到解决，如部门法划分中，我们把环境与资源保护法作为一个部门法，这显然是值得怀疑的，因为这是一个行业。如果因为它重要，而把它列为部门法，那么，农业、工业是最重要的行业，却为何不列为部门法呢？再说法学学

〔1〕 长期以来，我们的《法理学》教材都是这么肯定地陈述的。参见沈宗灵主编：《法理学》，北京大学出版社2000年版；张文显主编《法理学》（第3版），高等教育出版社2000年版。

科划分[1]的混乱。我国国务院学位委员会确定的“法学学科目录”中把环境法作为二级学科（知识产权法作为独立的二级学科也已经被提出来讨论），我并不反对环境法和知识产权法等新兴法律和新兴学科的重要性，而是指出这种划分标准的不一致性。环境与资源法中并存环境行政法、环境侵权的民法、环境资源问题的国际法等跨部门法的问题。

另外，我们一直争论不休的民法与商法的关系问题，其实也与我们对部门法的重视而轻视行业法有关。民商法学界目前的“民商合一说”坚持把商法作为民法的特别法来看待，其实是有悖特别法理论的。有学者从保险法的角度论述了相关的观点，我很赞同[2]。根据我的划分，民法毫无疑问是部门法，而从行业法的角度来看，商法更多地具有行业法的特性。如果对两者不作这样的区分，则说明不了两者的复杂关系。这里暂不作深入分析，只给民商法学者提供一种思考的新路径。

总之，行业法具有不可替代性，笔者把它归纳为以下三个方面的原因：

第一，行业法内部不仅有法律的规律，更重要的是它具有行业的规律，所以它是部门法无可替代的，如教育法中有教育规律和学术规律（如大学法中有特别权力关系，司法权对学术问题予以谦让的“学术尊从”原则），如新闻传媒法中有新闻和传媒的规律（新闻诽谤以“实质恶意原则”为前提，而不是民事侵权法上对所谓“过失”的一般理解，媒体与司法的特殊关系等）。

第二，行业法通常是形成新部门法的基础和根源。不得不承认，在

---

〔1〕 在国外似乎很少听到有学科划分这样的概念，法学学科二级、三级分类似乎并没有那么受重视。

〔2〕 夏春利：《从保险法角度看民法与商法的关系》，载《中国保险管理干部学院学报》2001年第1期。

传统的“六法”或“七法”之外，再形成新的部门法，通常是离不开行业法的发达，例如，环境法、知识产权法、劳动与社会保障法，这些行业法在最近若干年里，迅速发展成为部门法的呼声很高。

第三，如果过分强调部门法，会使一个有机的行业法整体受到割裂，以致不能看清其整体面貌。简单地把某个行业法的问题理解为某个部门法的问题，是有害的。如前所述，医事法带有科学技术探索的属性。因此，简单机械地把医事法的问题理解为某个部门法，是会误入歧途的。当年我们讨论医患关系是不是受消费者权益保护法调整，就有某种机械化了，过于简单地对待了，所以，医方和患方都不服气。

五、发展行业法的目标和途径

基于政治国家与市民社会的“国家/社会二元模式”，我们对法治的发展也同样可作“两分法”，即包括法治国家与法治社会两个部分，法治秩序主要是在这两个领域存在和运行，前者是国家和政府的法治化，后者是社会与行业的法治化。从发展的角度来看，中国今后的发展势必出现国家与社会“二元互动”的发展模式：一是国家与政府的发展，二是社会与行业的发展。所以，社会与行业，国家与政府，两方面的法治化是今后法治发展的两大主题。从当下中国的社会建设的角度来讲，我们也需要加强行业法制，推进行业的法治化。行业法是国家与社会二元互动的载体之一，是国法与行规的结合部。同时，行业法治化是社会法治化的必备条件和应有之义，也是与国家和政府法治化同等重要的法治必经之路。

法治在空间上存在“多维性”，至少是“三维”：第一方面是纵向的法治即国家自上而下的法治；第二方面是横向的法治即地方区域性法治。我们还疏忽了第三方面的深度和厚度的法治，这就是指法治伸展到各行各业，在行业领域建立法治。起步阶段的法治和转型时期的法治具有一个特点,那就是法治局限在平面上的,而不是有纵深的、立体的法治。“依法治国”提出十多年以来,法治基本上局限于一个层面,即从中央到地方的地域空间上的“平层面”,在国家、省、市、县、乡、村的层面谈法治,实际上是有误区的,大家已经发现这个问题——所谓全国一盘棋,法治被割裂化为行政区划,法治失去应有“国家—宪政”和“社会—规则至上”的意义。经过这些年的发展,法治在行业领域中出现蓬勃生机了,这不仅表现为各行各业的法律问题层出不穷(这不是坏事情),还表现为各行各业出现行业内的“小法律体系”,更表现为各行各业有法治化的民间需求。

所以,笔者认为,行业法的目标就是与国家和政府法治化并列、平行的社会整体的法治化。如此才能构成法治这一目标的整体性,否则是残缺的法治。发展行业法,就是法治在另一个面上的发展。

如前所述,近10年来,在全国人大立法活动中,多数立法集中于行业法的制定,并且在执行过程中,并不是按照“部门法”的逻辑思路来执行的,而是依照行业来执行的。

第一,今后国家立法应当继续侧重在行业法方面。中国特色社会主义法律体系虽然已经建成,但我们也要看到,这个法律体系还需要不断地做细密化的工作,尤其是行业领域的法律制度和规范。“法律体系也要与时俱进、不断创新,它必然是动态的、开放的、发展的,而不是静止的、封闭的、固定的,一定阶段所称法律体系只能是相对的而不是绝对的。这个法律体系形成后,立法任务不仅没有减轻反而越来越重:一是深入贯彻落实科学发展观,坚持以人为本、构建和谐社会、全面落实依法治国基本方略、加快建设社会主义法治国家等目标和任务的提出,对法律体系建设提出了新的更高要求;二是我国经济社会快速发展,经济体制深刻变革,社会结构深刻变动,利益格局深刻调整,思想观念深刻变化,统筹协调各种利益关系的难度加大”。[1]

第二,国家的行业立法应当着重解决以下问题:确立政府规制机构,确立行业规制立法权限,确认行业发展政策和原则,确立行业内权利主体间的基本权利义务,确立针对行业的许可证制度,规定行业竞争基本规范和行业违法违规的罚则。

第三,政府行业执法更加规范,并加强行业领域的行政立法。法治政府建设,在行业管理工作中应当包括3个具体表现:一是转变政府管理行业的方式和手段,变行政规制为法律规制;把过去的诸如纲要、指南、标准、规划等政策性文件加以转化,使之成为规范性文件。二是政府职能部门应当在进行行政立法的时候,注意既规制行业,又规范行政自身。三是政府应当帮助行业协会建立健全行业规章制度。

第四,在加强行业法制的同时,也要重视行业自治规范。这样国法与行规结合起来,才真正能够实行行业的法治。行业规范在我国有悠久的历史,其基本内容迄今仍有借鉴价值[2]。比如媒体法,不应当只等待国家和政府制定正式的法,还应当通过媒体的从业协会,制定媒体从业守则。像英国媒体法里面就包含了新闻控诉委员会、独立电视委员会、电台机构、英国广播公司节目制作人指南、广告标准管理机构等制定的行业规范[3]。

---

〔1〕 全国人大法律委员会主任胡康生的讲话。来源于中国人大网 http://www.npc.gov.cn,最后访问时间:2010年8月30日。

〔2〕 我国清代行会法的主要内容大致包括行业经营原则、入行规约(行业内的登记制度)、议事制度、交易规则、会馆(公所等)的管理办法、抽捐办法、业内纠纷处理办法、业内违规惩罚办法以及业内的福利制度等方面规定。这对于今天的行业协会仍然具有借鉴价值。参见孙丽娟:《清代商业社会的规则与秩序》,中国社会科学出版社2005年版,第100页。

〔3〕 [英]萨莉·斯皮尔伯利:《媒体法》,周文译,武汉大学出版社2004年版,第451页。

六、行业法与法学学科改革

持续发展了30年之后的今天,我国法学学科改革以及行业法的研究和教育改革,具有十分广阔的可作为的空间。目前,我国法学界对于行业法的研究已经受到许多学者的重视,特别是年轻学者的重视。尤其是民商法学和行政法学的学者,在相关行业的民商法和行政法问题领域开展了卓有成效的研究。据不完全统计,目前已有一些大学重视行业法的研究[1]。

形成于20世纪80年代末的学科分类,中间经历过调整,2008年曾准备调整但没有预期的结果。学科分类目录,是国家学位委员会根据科学分工和产业结构的需要所设置的学科门类。它是人才培养规格的重要标志,从广义上讲,高等教育的专业结构是高等教育培养专门人才的横向结构,它包括专业结构的比例关系,以及专业门类与经济结构、科技结构、产业结构等之间的联系。在法学一级学科下,目前划分为9个学科,包括理论法学、法律史学、宪法与行政法学、刑法学、诉讼法学、经济法学、民商法学、经济法学、环境与资源法学、国际法学、军事法学。这主要是按照我国部门法为标准进行的学科划分。部门法的划分,导致在研究和教育的环节中,过多局限于这样的学科分类格局,阻碍了法学的深化、细化、科际整合和交叉研究。

所以应当弱化学科划分的藩篱。因为我们的学术研究过多地服从学科的归属,会失去问题意识和社会关怀。强调学科归属,是行政化、计划化的产物,虽然学科划分有其必要性,但要克服其中的弊端。研究

〔1〕 比如北大、法大的教育法研究,法学所的电信与信息技术法以及电力法,复旦和南开的医事法研究,武大和复旦的环境行业法研究,传媒大学的传媒法研究,交通大学的海洋法研究,浙大的服务业法研究,浙大、中南政法和中国农业大学的农业法研究,西南政法的体育法研究、华政的网络传媒法研究、中央财大和华东理工的能源法研究。

一切问题都不会只归属于一个学科，法学内部更是如此，农业法制问题难道是经济法学一个学科的事吗？还包括宪法与行政法学、民商法学、环境与资源法学，甚至刑法等。所以，关键还在于淡化学科意识。

法学教育自20世纪70年代末恢复以来，一直是以培养司法职业为人才培养目标的。至今没有注意到社会对行业法人才的迫切需求，对此麻木甚至盲目，如果再保持现状，法律人才培养也就失去重要的目标和机会。循环往复，则对法学教育、人才培养以及对法治建设都将构成极大的危害。可是我们的法科教育体系中，缺乏行业法的应有地位。教学课程体系中，虽有选修课，但地位很低，作用很弱，主要原因在于行业法整体上不受重视，同时我们的教学惯例也存在一定的问题，没有能够提供足够的行业法课程供学生选修。

提出行业法教育，人们可能会担心行业法纳入法科教育后，会不会冲击传统法学教育的完整体系，出现法学教育的碎片化？笔者认为，行业法教育的重点在于法律硕士的培养环节。尽管法律硕士专业学位是以法学一级学科为平台的教育，强调不分专业的。但是，我们越来越清晰地认识到，法律硕士专业学位的教育恰恰应当强调“复合”与“交叉”，而不应当强调法学一级学科的系统性学习。

法律硕士专业学位的教育中一直流行着这个“复合型法律人才”概念。什么叫复合型？原来在20世纪90年代初设法律硕士专业学位教育的时候，最早的文件里头把复合型理解为“法律知识与其他学科知识的结合”〔1〕。这只能称为“知识复合”，实际上知识复合只是初级层次

〔1〕 从1995年试点开始，JM的培养目标中就指出“高层次复合型”这个概念。其原意是要求“能够综合运用法律、经济、管理、科技、外语和计算机等方面的专业知识，独立地从事法律实务工作和有关管理工作”（参见国务院学位委员会《关于开展法律硕士专业学位试点工作的通知》学位办〔1995〕36号）。我们现在称为“外部复合”即法律知识与其他领域或专业的知识的复合。所以，鼓励具有不同学科、专业背景的生源报考JM。

的复合,其上升阶段是“能力的复合”。知识与能力的复合可分为两种,一种是本专业内部的复合,这是打通二级学科的藩篱;另一种是“跨学科专业复合”,另外 JM 教育在 3 年之中(当然 3 年是不够的)除了知识复合之外,还应当朝另一种复合努力,这就是能力的复合,它是一种复杂形态的复合。

从国家和社会发展来看,我国目前需要有一大批在法律专业上具有“贯通型”的法律人才的同时,还需要一大批在各行业内部从事行业法制的“复合型”人才——他们不仅懂法律,还懂同行业的业务。这两类是法学本科教育和科学学位法学研究生教育所不能替代的。面向非法学本科毕业生招生的法律硕士是“复合型”专业学位,面向法学本科毕业生招生的是“贯通型”专业学位,它们在人才模式上具有职业型的显著特点。根据我国法律职业和法律教育发展的趋势,它在未来发展中,将会成为我国职业型高级法律人才培养的主渠道。

行业法的行业综合性,代替了法科知识的单一性,通过行业来寻找法律应用的路径。比如,医学生报考了 JM,就可以在医事法、公共卫生法、医事知识产权法等行业法领域找到兴趣点和结合点;又如,工科生报考 JM,就可以在专利法方面找到兴趣点和结合点;原来学建筑学的 JM 学生以及规划专业的学生,可以专攻建筑法、城市规划法等。这样一来会不会与既定的 JM 教育的一级学科背景平台相违背?其实两者并不矛盾,因为,JM 学生仍然保持不分专业(二级学科)的学习,其目的就是要为其就业后的行业提供全面的法律服务,不限于民法和刑法,也不限于行政法和诉讼法,因为,在他就业的行业内部,几乎所有的法学专业方向他都要懂并且去应用。所以,这真正叫作宽口径、有专精的“点”与“面”的完美结合。

最后涉及法科教育的人才培养目标问题。我们历来在法科教育的人才目标上存在分歧,有人认为法科教育是培养法律职业的,是以司法人员为典型的模式进行职业型教育,也有人认为法科教育是通识教育。笔者认为,法科教育大致可培养三种法律人才:一是职业法律人,法律专业领域的人才如法官、检察官和律师;二是党政机关法治人才如立法和行政机关的法务人才,在中国社会转型期,体制内尤其需要这方面的人才;三是行业法人才,从事各行各业的法务人才。

综上所述,我们可以预见到在今后相当长的一个时期,我国法治需要重视行业法的发展,我们的法律体系的完备是朝着行业法方向努力,我们的法学学科体系将会把更多的行业法纳入其中,我们的法学研究将在行业法方面不断深化细密化,我们的社会更多地需要懂行业业务的应用型法律人才,我们的人才培养目标将更多地倾向于行业内的复合型、实践型法律人才的培养。

三、

法治内在合理性

法治、合理性及其代价

如果说当代西方学者探索法治问题主要围绕法治与福利主义政策的矛盾，那么中国学者讨论法治问题主要是围绕什么问题呢？笔者认为，对于法治正在起步的中国来说最重要的莫过于法治中的合理性问题的理解。

一、理性的法治与“依法治国”

“法治”这个多义词首先表示一种治国方略，它是指一个国家在多种社会控制手段面前选择以法律为主的手段进行社会控制，而不是选择其他作为主要控制手段。即我们今天重新提倡的“依法治国”。但它还有其他更重要的、不应被省略的含义即必须强调“法治”之法内容或精神的正义性与合理性。

汉语“法治”一词从被使用时开始，就与“以法治国”“依法治国”等词相提并论，主要是被作为一种治国方略来理解。“以法治国”一词在中国古籍中首先见于《管子》一书，其后的商鞅、韩非等又对此进行了发展和实践[1]。在中国古代思想体系中，法治总是与“礼治”“德治”“人治”等治国方略相并列、相对称、相对立。我们可以认为：存在一种与“人治[2]”相对应的“法治”，这就是作为一种治国方略的“依法治国”；也存在并不与“人治”相对应的“法治”。

法治除“治国方略”之外，还具有办事原则、法制模式、法律精神和社会秩序等几层含义。法治的理性精神也就体现在这些含义之中：

第一，法治是一种理性的办事原则。其基本含义是在制定法律之后，任何人和组织的社会活动均受既定法律规则的约束，即通常所谓“依法办事”。只要法律已经规定，任何人和组织不得以任何正当或不正当的目的（理由）去违背法律规则，而只能遵照执行。无论发生什么具体情况，甚至是法律本身发生不正义的情况，也要严格依法律办事[3]。在既定的法律面前，严格遵循才是正当的。在法律面前只有先考虑形式的合理才能承认实质的合理，这是法治的基本要求。可见，作为办事的则的“法治”与作为治国方略的“人治”不是对称的一对范畴。

第二，法治是一种理性的法制模式。法制历来具有多样性，通常可以专制的法制与民主的法制两大模式，法治就是后一种法制模式。民主是一种合乎理性的制度、观念，作为民主的法制模式，法治的基本含义是；法制必须以民主为社会条件和制度基础。中国历代法家主张“法治”并直接参与实践，但他们所谓的“法治”理论不具有民主的精神，他

---

〔1〕 但是这里有一个问题：历史上主张过“依法治国”的朝代并不都是实行法治的。所以我们不能仅仅以是否确定“依法治国”的方略来认定某朝代是否实行法治。何况许多“依法治国”的提法还不是当时的政治事实，而只是当时的文人、学者对政治所发表的议论而已。

〔2〕 “人治”实际上可以被等同于“礼治”和“德治”使用，因为它们在根本上是一致的，德治、礼治只不过是人治的美称罢了。

〔3〕 罗尔斯在《正义论》中谈到：“一个法律的不正义也不是不服从它的充足理由。当社会基本结构由现状判断是相当正义时，只要不正义的法律不超出某种界限，我们就要承认它们具有约束性。”参见《正义论》，中国社会科学出版社 1988 年版，第 340 页。

们的法制实践不具有民主的社会条件和制度基础。这只是人治之下的法制。真正意义上的法治是以民主为社会条件和制度基础的法制模式。近代资产阶级在追求经济自由、渴望政治民主、反抗封建专制的过程中逐步建立法治这种自选首主的法制模式。其基本特征是法律反映广大人民意志;这种代表民意的法律至高无上;保护人权和公民权;政府必须依法行政;司法独立;公民权利受到侵犯应当得到公正的救济。

第三,法治是一种理性的法律精神。如果说民主是法治的条件和基础,那么法治是法律(法制)的精神。这种精神源于民主的社会条件和制度基础,是民主在法律上的转化形式,与民主一脉相承。法治的这些精神表现在一整套关于法律、权利和权力问题的原则、观念、价值体系,它体现了人对法律的价值需要,成为人们设计法律的价值标准和执行法律的指导思想。法治所蕴含的法律精神包括(1)法律至高无上。法律具有最高的权威,法大于权,正式的法律不因局部政策变化而随意修改。(2)善法之治[1]。善法是经正当程序制定的,必须反映广大人民的意志并体现客观规律,善法需要通过理性来公平地分配各种利益。(3)无差别适用。法律适用不承认个别(特殊)情况,只承认普遍规则的效力[2],非经法定程序不得因个别情况而改变法律的普遍性,即使这种改变的目的是正当的,目标是正义的。(4)制约权力。国家、政府享有公权力,但是,这种权力必须接受法律、权力和权利的制约,禁止滥用权

〔1〕 按照亚里士多德的话来讲,就是"已成立的法律获得普遍的服从,而大家所服从的法律又应该本身是制定得良好的法律。"亚里士多德:《政治学》,商务印书馆1965年版,第167~168页。

〔2〕 富勒认为,法律的一般性是法律区别于更直接和更狭隘的规则和命令的核心。参见L. 富勒:《法律的道德性》(英文),1964年版,第46~48页。

力,政府和官员的行为应当与法律保持一致性[1],滥用权力就应当受到追究;国家机关决不是牟利的经济组织,法律应当绝对禁止权钱交易。(5)权利本位,法律必须包含切实保护人民权利的内容,权利和义务是统一的,但是权利是基本的,应占主导地位,在立法、执法和司法的各个环节均应关怀和尊重人权。(6)正当程序。程序是法律实施的关键,正当的程序是实行法治的关键。它不仅具有消极限制权力的功能,还具有积极引导和促进权力合乎正义的作用[2]。

第四,法治是一种理性的社会秩序。法治还可以被理解为一种社会关系或社会秩序。徐显明在《论"法治"构成要件》一文中把"法治"表述为"在法律规束住了国家权力和政府后而使权利在人与人之间得到合理配置的社会状态[3]",这也说明法治是一种社会关系和社会秩序,正是在这种意义上,我们才常常有"法治社会"的提法。这种社会关系和社会秩序是这样被安排的:法律与国家、政府之间,运用法律约束国家、政府的权力;法律与人民之间,运用法律合理地分配利益;法律与社会之间,运用法律确保社会公共利益的不受权力和权利的侵犯[4]。法治所追求的目标就是这样一种理想的社会结构和社会秩序。既然法治是一种社会的理想状态,那么它必然不是一个一成不变的确定状态;而是一个不断探索和不断实践的过程,具有由低到高发展的阶段性。

---

〔1〕 富勒认为:"这种一致性可能受到来自下列各种方式的损害和妨害:错误解释、法律不可理解解、失察于必要的对法律律度整体性的维持、受贿、偏见、愚蠢自负以及追逐个人的权力。"参见 L. 富勒:《法律的道德性》(英文),1964 年版,第 81 页。

〔2〕 孙笑侠:《论新一代行政法治》,载《外国法译评》1996 年第 2 期。

〔3〕 《法学研究》1996 年第 3 期。

〔4〕 这是现代社会赋予"法治"的新的内涵。如果从近代"法治"来看,它只具有第一层次和第二层次的含义。

二、法治与形式合理性

实行法治，究竟形式合理性更重要还是实质合理性更重要？这是影响中国法治建设进程的重大理论问题中的关键性问题。

有学者否定法律的形式合理性，认为“规则法治观念”（指19～20世纪西方要求法律在形式上合乎理性的观念）“不仅缩小了法治的境界，取消了法治的深层根据，还因为这种法只是在形式上是好的，内容和实质上并不一定好[1]”。我认为，法治实际上是这样一种制度模式：在法律创制问题上强调法的目标，或曰实质合理性——体现自然法观念；在法律执行问题上强调法的自身品质，或曰形式合理性——反映实证法观念[2]。

已有的法治经验显示，当我们在评价法律的法律执行情况时，实际上存在两个序列的标准，一是法制的自身品质，它是在不联系法的外部社会问题的情况下来认识法制的，是法律内在的一种评价标准。比如，法官是否严格遵循法律规则进行审判，政府是否有超越法律的行为，法律的程序是否能够保障法定的权利。二是法制的社会目标，它是把法律联系于社会、结合道德、政策、国家的政治目标等来对法制进行评价。比如，法制是否达到预期的效果和目的，法官的一项判决是否符合公认的道德原则，政府的行政行为是否符合国策。问题是当两者存在矛盾和冲突时，哪个更值得考虑，更需要尊重？我主张在法律制定的时候应当充分考虑实质合理性，即尽可能地把道德、政策、社会目标等吸收到法律之中，当法律的实质（目的）合理性已融进立法阶段时，两方面是基本一致的。如果执行法律规则与社会目标相一致的话，当然不会存在

[1] 严存生：《要确立正确的“法治”观念》，载《法律科学》1996年第3期。
[2] 孙笑侠：《中国法治的现实目标选择》，载《法律科学》1996年第3期。

选择谁、偏重谁的问题。法律的目的与法律的规则发生矛盾，往往出现在法律执行阶段，因此，我们应当提倡立法阶段以实质合理性为主，执法阶段只服从和执行法律的既定规则。

在中国法律传统中，我们总是把衡量法律合理与否的标准放在目标合理方面；在个别案件与一般规则相矛盾的情形下，我们的评价总是倾向于法本原情、舍法取义；在法律施行的过程中更多地重视执法者的因素、目标的因素，而较少考虑法律自身的因素和法律过程的因素。我们较少考虑目标合理的法律需要有自身品质的合理为前提。而把法律所追求的社会目标当作法律的自身品质来追求，在法治的问题上就会带来一系列困惑：在立法方面力求法律规则的实质合理性因而忽略法律规则的“一般性〔1〕”在执法方面力求法律规则符合个别正义，从而轻视正当法律的程序性。这在现代社会就会带来昂格尔所谓“迅速地扩张使用无固定内容的标准〔2〕”。据此设计的制度模式必然导致政府权力得不到控制。实质合理性基本属于目的后果的价值，是一种主观的合理性；形式合理性主要是一种手段和程序的可计算性，是一种客观的合理性。尽管两种合理性在当代社会处于矛盾冲突状态，但在法治问题上特别是法治建设的起步阶段，法律的形式合理性要比法律的实质合理性更重要，对于法治而言，其首要条件并不是法律外部所求的合理性正义，而是“形式法律”的合理与健全。韦伯说：“一切形式法律至少在形式上是相对合理的〔3〕”。法治的建立首先需要重视法律自身的“合理性”，而不是法律所要追求的“合理性”。

---

〔1〕 即富勒所称“一般性”。参见张文显：《当代西方法哲学》，吉林大学出版社1987年版，第93~94页。

〔2〕 ［美］昂格尔：《现代社会中的法律》，吴玉章等译，中国政法大学出版社1994年版，第181页。

〔3〕 ［德］M. 韦伯：《经济与社会》（英文），加利福尼亚大学1968年版，第656页。

近代法治与现代法治虽不同，但法治仍有其不变的理念即在执行法律的时候更多地偏重形式合理性。尽管现代法大量出现行政和司法的自由裁量现象，允许政府官员和法官在适用法律时具有造法精神，发挥主观能动性，多考虑道德、公共政策、社会福利等因素，但这一切都是在法律的范围内进行的。如果说自由裁量是强调人的主观能动性，根据具体情况由官员和法官自由裁量更符合正义的话，那么这些官员也应成为法律的维护者[1]。

法律的实质合理性的参照标准可以由这样几个方面组成，一是人的意志，二是伦理道德，三是政治目标，四是一定的社会事实。换言之，相对于这四个因素来讲，法律是一种形式。立法者应当根据就四种因素在遵循客观规律的条件下制定法律，立法者在法律颁布实施前已经把上述四种因素加以考虑的反映。如果国家实行的是真正的法治的话，那么在法律颁布之后即执行法律的过程中则不应当过多地考虑这四种因素。近代法治的精义就在于合法颁布并具有普遍性的法律应当被全社会尊为至上的行为规则，即便这个法律存在实质不合理也应该无例外地被尊重。如果不强调依照既定的法律规则办事，而是随意改变既定的法律规则；那么法律就丧失了稳定性，法律就没有了权威，法制也就沦为人治了。

人治之法在法律上的表现有四个方面：第一，在法律与人的关系上（这里的“人”既可以表现为君主个人、行政长官、执法者，也可以表现为人民、公民、阶级、利益阶层等），法的权威不如君主的权威，行政权力大于法官权力，法律过多受执法者主观意志主宰。第二，在法律与道德的

---

〔1〕 正如亚里士多德在《政治学》中所说的，“法治……优于一人之治。遵循这种法治的主张，这里还须辩明，即便有时国政仍须依仗某些人的智虑，这总得限制这些人只能在法律是运用其智虑，让这种高级权力成为法律监护官的权力”。参见《西方法律思想史料选编》，北京大学出版社1983年版，第53页。

关系上（这里的道德包括伦理、人情、舆论等），法律没有独立的自我准则即内部道德，受伦理束缚，受人情支配，受舆论左右。第三，在法律与政治目标的关系上（这里的政治目标既可以是表现为政党纲领的政治目标，也可以是表现为国家的政治目标，既可以指近期的政治目标，也可以是长远的政治目标），法律绝对服从政治目标，一切不符合政治目标的法律都可以随时被改变或废止。第四，在法律与社会事实的关系上（这里的社会事实是指时势变化中的事实、个案中的事实），法律因时势变化而变化，因个案中的个别情形或需要而任意解释法律。这样一来，法律成为一种“可变”的、不稳定的因素，过于追求实质合理性，必然使人为因素、道德因素、政治因素以及时势因素无限地膨胀。

三、“舍法取义”模式检讨

执行正式法律和实现社会正义，都是政府负有的义务。但是，正式法律与社会正义在某些情况下会存在矛盾，这时候，政府及其官员应该是服从正式法律呢，还是放弃正式法律？中国式的法官面对这样的问题，采取了“舍法取义”的态度。最典型的表现是在古代许多复仇案件[1]中的法官似乎可以称为“道德家法官[2]”。这种类型的法律固然有优点，但是也从这些优点中产生某些弊端，那就是缺乏法官的职业特征，职业角色过于伦理化、政治化，不仅承担执法任务，还承担道德家、政治家的任务。

---

〔1〕 如东汉郅郓为友报仇后自投监狱，而法官即劝其离开监狱，否则法官要自杀（《后汉书·郅郓传》）。东汉一位叫桥玄的法官为袒护为父报仇的被告，以违法手段处死依法审判的法官《后汉书·桥玄传》。法官的判断逻辑是，为道义而杀人者不应受到法律追究，因此法官宁可纵囚、违法或者丢官。

〔2〕 如果我们分析古代法官的来源、面分、这一点是容易理解的。古代立法者大多是法家或受法家学派影响较深，而法官大多是熟读儒家经典而再经考试取得法官官职的儒家弟子，因而判案中也带有鲜明的儒家色彩。

美国学者 James E. Bond 在其《审判的艺术》一书中提出过“政治家法官”与“艺术家法官”两种类型的法官。前者“注意的是那构成原文基础的原始理解”,而后者则“注重未来的灵感,同时重视摆在法院面前的特殊案件以维护正义的重要性[1]”。在我们的司法实践中。也同样存在法官“政治家“化的现象。法官履行执法义务时,还得在特殊案件中舍弃法律追求道德伦理、经济效益和社会正义。严格来讲,法官只能在法律允许范围兼顾道德、经济和社会正义方面的考虑。

同时,法治问题还涉及“合理性”问题的三对范畴:正式的法律与执法者的关系;正当程序与严格规则的关系;形式正义与实质正义的关系。中国传统法的思想和模式轻视正式法律、正当程序和形式正义,片面追求法的实质合理性。

中国传统“礼法”在法律“正义”或法律“合理性”的理解方面存在偏重实质轻视形式的倾向,强调立法、执法的道德指引或参照作用。注重实质正义势必把治理之道寄望于“人”,这就同中国的政治想模式“仁政”天衣无缝地结合在一起。“礼法”与“仁政”轻视形式合理性的缺点表现在:(1)重“内圣”,轻他律,“仁政”建立在“性善论”基础之上。所谓“内圣外王”的治世之道就是把对官僚的信任建立在一种虚构的非事实的基础上,“有德的统治者”的想法,与温情主义相结合时不需要任何中介[2],追求道德理想而舍弃法制机制。(2)重实体,轻程序,他律的法制只被理解为规则对行为目标结果的约束,而对体现行为动态过程的程序则不屑一顾。“民本”毕竟不等于“民主”,所以“仁政”不是官民之间双向式的政治机制。(3)重官僚施恩,轻官民交涉,行政者单方面

---

〔1〕 [美]James E. Bond:《审判的艺术》,郭国汀译,中国政法大学出版社 1994 年版,第 12~15 页。

〔2〕 [日]石川英昭:《中国法文的特质与儒学的影响》,载《儒学与法律文化》,复旦大学出版社 1992 年版,第 201 页。

向百姓自觉施恩,作为一种当政者的道德义务存在,而百姓则没有相对的权利。

如果把执法自觉遵循伦理道德、爱民如子,追求民本主义的“仁政”,视为一种“合理性”,保证这一执法模式的法律则是一种追求“实质合理性”的法律即追求法的社会目标(“外在道德”)的法律。中国自汉代以来遵从孔孟儒学,政治与法律制度上处处推行这样一种追求实质合理性的法律。且不说程序不被看作“法治”的必要因素,[1]礼法与仁政传统下的法律,连“严格规则”也是不容易真正实现的。因为,法律一旦与道德相混杂,法律的确定性品质也就丧失了。韦伯所批判的亚洲国家的法律与宗教命令、伦理规范和风俗习惯含混不分,实际上主要是针对中国传统法律文化的,在我国“道德劝诫和法律命令没有被形式化地界定清楚,因而导致了一种特殊类型的非形式的法律[2]”。

法律的严格规则并非在任何情况下都是灵验的。例如,在现代行政法上,立法机关所提供的行为标准都不单纯是“合法”问题即形式合理性问题,还产生了行政“正当”问题即实质合理性问题。行政的标准与当事人的行为标准都存在模糊化,从本质上说是法律目的性倾向在行政法领域的表现。这种变化恰恰导致了行政自由裁量的目的性或实质化倾向。导致法律对行政权力的失控。昂格尔在分析当代(“后自由主义社会”)“福利国家”和“合作国家”的发展对法治的影响时谈了这样一种趋势:在立法、行政及审判中,迅速地扩张使用无固定内容的标

〔1〕 中国古代法中虽然也大有程序存在,但是,程序并不是出于保障法律适用的正当考虑。正如有学者所指出的,“设计用来确保可预见性和一致性的程序的稳定性,不过是其他更实际考虑的一个附带后果而已”。参见[日]石川英昭:《中国法文的特质与儒学的影响》,载《儒学与法律文化》,复旦大学出版社1992年版,第252页。

〔2〕 [德]M. 韦伯:《经济与社会》(英文),加利福尼亚大学1968年版,第80页。

准和一般性条款[1]。这说明寄希望于严格规则已经远远不够了。何况对于偏重实质合理的中国传统文化,严格只会导致执行者无所适从。

这样一来也就把对法律的解释和适用的准确性、一致性,完全寄托于作为执法者的“道德人”。进而法律的品质也就取决于执法者的品质。考察当代中国政治,我们也不难发现其追求实质合理性的特点。比如,在行政法治方面注重吏治追求清正廉洁的道德教化目标的同时,却忽视了什么样的行政程序才能最大限度地约束官员的自由裁量权这一法律自身的合理性问题。事实上真正的法治首先不考虑官吏的品德优劣问题,而是考虑规则的一般性和严格性;真正的法治也并不只重视明确的一般实体规则,还重视正当的程序,真正的法治是在优先考虑形式正义的前提下才去考虑实质正义问题。

四、法治与政治性代价

形式合理性总会有付出的牺牲,因而“法治在西方也并未被始终看作解决人类社会问题的良策”[2]。法治的代价基本上都属于政治范畴,都同执政者的政治利益与政治权力、政治意志与政治习惯直接相关,所以,我们称之为政治代价。

这种政治性代价主要表现为以下几种情形:(1)把法律作为治国的主要方式,因而政治目标实现的手段单一化了。其他手段的运用被限制了,如政策、行政手段的使用范围和程度受到限制,从主要依政策的

---

〔1〕［美］昂格尔:《现代社会中的法律》,中国政法大学出版社1994年版,第181页。与昂格尔一样,其他一结学者在近几年都提出这个问题。据笔者理解,美国学者诺内特、塞尔兹尼克关于法的3种类型(压制型、自治型和回应型)的理论中所谓“法律发展的动力加大了目的在法律推理中的权威”与“从关注形式公正向关心程序公正或实质公正转变”是指称同一种现象。参见《转变中的法律与社会》,中国政法大学出版社1994年版,第87页。

〔2〕［美］高道蕴:《中国早期的法治思想》,载《美国学者论中国法律传统》,中国政法大学出版社1994年版,第247、216~217、220页。

命令办事向主要依法律办事的转变，是一项复杂而艰巨的工作，其改变的艰难过程本身是一种代价。(2)法治意味着权力受到法律、权力、权利的制约，因而权力在量和质上都有所缩减和割舍，权力的灵活性和自由度会降低。(3)既然一切服从既定的普遍规则，那么两种需要权衡的利益目标冲突不可避免，这需要权力行使者作出抉择，为了更大的利益而放弃较小的利益，因而也可能"牺牲掉某些个案中的实体正义"[1]。实行法治会造成某些具有社会危害性的行为不受法律的调整，或者受调整的时候因形式合理性的必要性而被忽略。这也要求国家和政府对社会生活的许多方面保持宽容态度，不能任意运用权力来干预，但这不等于说这些行为不存在社会危害性。(4)法治在总体上能够提高社会控制效率，但是它不排除在具体情形下会导致办事效率的下降。那么，法治为什么具有政治性代价呢？

法治之法无疑是国家与政府自我约束的工具。一个国家或政府在推行一种"良法"之前，权力是随着执政者的意志和习惯而运行的，如果说存在政治权力运用规则的话，它们主要是君主命令、惯例、经验、道德、教义、政策，等等，我们有时又把这种状态称为"人治"。这种状态对于权力运用者而言，简便、自由，有针对性，对个案处理来说具有高效率的优点。相反，当根据一般性的普遍法律规则和程序来行使权力时，权力在很大程度上受到限制，因此国家和政府权力在量和质上都必然要作相应的割舍。例如，刑事审判方式从职权主义到辩论主义的转变，势必引起国家公诉机关权力的缩减；行政处罚程序的设定，势必导致行政机关处罚权力的限制，这是法治付出代价的原因之一。

再从法律的稳定性（确定性）、抽象性与社会的变革性、多样性角度

[1] 郑成良：《"依法治国，建设社会主义法治国家"学术研讨会纪要》，载《法学研究》1996年第3期。

来看。科恩(Morris Cohen)认为,"生活需要法律具有两种适相矛盾的本质,即稳定性(或确定性)和灵活性。需要前者,以使人的事业不致被疑虑和不稳定所损害;需要后者,要免生活受过去的束缚[1]"。在兼顾法律的稳定性和灵活性的复杂过程中,我们势必会权衡最大利益,并且需要牺牲某些利益。由于法律在内容上具有概括性和一般性,表达形式上具有简要性与抽象性,所以在适用时又必须是相对稳定的。而法律被具体适用的对象总是具体行为或事件,它们是千姿百态、百变无穷的。因而,当客观情势发生变化时,它就有不适应情势的可能性。当遇到时过境迁的情况,法律规范就从概括性、一般性、抽象性的特点中派生出僵化的一面,即柏拉图所谓"如同一个顽固而无知的人"。"规范性调整也有一个重大的弱点,就是它不可能充分考虑到每个具体情况的特点,作出符合每个具体情况的处理[2]"。当我们在适用法律的时候,就不得不在法律的稳定性与灵活性之间进行取舍。这是法治付出代价的原因之二。

法律无法穷尽也不必穷尽一切可能发生或存在的社会现象,因此会存在遗漏,因为,第一,立法当时不可能完全预料社会生活中可能发生的事;第二,法律毕竟是通过简明扼要的言词来表述社会现象的,任何语言都不是万能的,它不可能包罗万象去穷尽所有的行为与事件;第三,法律调整的范围只限于那些有必要运用国家强制力去干预的社会关系,而在社会关系中的不少方面用法律干预是不适宜的,甚至是不可能的,因而法律也不必去穷尽一切社会现象。柏拉图在《政治家篇》中借"异邦人"之口表达了他关于法律或法律规范的弊端的观点,他说:

---

〔1〕 [美]高道蕴:《中国早期的法治思想》,载《美国学者论中国法律传统》,中国政法大学出版社 1994 年版,第 247、216 ~ 217、220 页。

〔2〕 孙国华:《对于法的性能和作用的几点认识》,中国政法大学出版社 1986 年版,第 3 页。

“在人类生活中没有任何东西是静止不动的，这就注定不可能用什么高明的知识，打算颁布一项简单的法规去永远处理每一件事情，法律如同一个顽固而又无知的人，他不容许任何人做任何违反他命令的事情……哪怕别人遇到了新情况也不行，尽管这样做比他自己规定的办法也得多[1]”。法治理论十分注意这样的问题：当公民出现危害社会的行为而又没有法定依据时，法律是否要追究？要么以政府宽容或放任危害为代价，要么以限制或侵害公民自由为代价。所以，追究与否，都会引起一定的牺牲和代价。这是法治需要付出代价的原因之三。

法律规范都是通过法律条文的词汇、语言表达的，而词和语无非是一种表达意思的符号，它可能准确地表达一个意思，但也不排除一个词语被曲解的可能性。尽管法律是统一的行为尺度，但它存在许多不能作具体、确定规定的地方，这主要有：一是需要作主观判断的规定如涉及“适当”“必要时”“政当”“合理”等词汇之处；二是后果归结中关于罚则幅度的规定如“有期徒刑 3 年至 7 年”这样的规定，就需要进行自由裁量，进行法律推理。这种推理过程离不开适用者的主观意志，因而也就渗透了适用者个人化的非理性因素。“如何在个人行使自由裁量权与机械地适用法律之间维持适当的平衡，这一问题断续困扰着法律理论家[2]”。这是法治需要付出代价的原因之四。

法律是通过法定程序经由大量的人力、物力来执行的，这就会引起法律执行的成本问题即司法与行政资源的投入问题[3]。比如，执法过程中程序的复杂程度与官员精力的消耗和机关物力的负担一般是成正

〔1〕 西方法律思想史编写组：《西方法律思想史资料选编》，北京大学出版社 1983 年版，第 16 页。

〔2〕 ［美］高道蕴：《中国早期的法治思想》，载《美国学者论中国法律传统》，中国政法大学出版社 1994 年版，第 247、216～217、217、220 页。

〔3〕 ［日］棚濑孝雄：《纠纷的解决与审判制度》，王亚新译，中国政法大学出版社 1994 年版，第 267 页。

比的。换言之,行政与审判的工作效率(这里不包括正义的产出问题)往往是随着程序的严密化而降低的。但是,必要的程序总是需要的,而必要的程序总是会比没有程序的状况带来更多的工作负担。降低法律实行的成本问题,可以从诸如简化某些程序等方面着手,但这并不意味着对程序的否定或取消。在中国目前的法律条件下,程序不是要简化,而是要健全,因此,实行法治还需要付出更大的代价。特别是在当代被认为是"法治的关键[1]"的刑事审判程序方面,中国更多需要程序的成本投入。这是法治需要付出代价的原因之五。

由此不难预料,政府的政治性代价承受力将使法治进程出现某些曲折。但是,只要政府对法治化的代价作充分的思想准备,保持坚定的法治信念,曲折又是微不足道的。

---

〔1〕［美］高道蕴:《中国早期的法治思想》,载《美国学者论中国法律传统》,中国政法大学出版社1994年版,第247、216～217、217、220页。

法律父爱主义在中国的适用*

一、引言

传统的公民针对政府享有的防御性消极权利，随着社会变迁而发生变化。社会不足以使人们在孤立于政府与社会的情形下过上满意的生活。因此，衍发出公民要求政府为特定行为的积极权利。这些权利的诞生以及随之而来政府承担的积极行动之义务，使政府比以前更密切、更广泛地介入人们的生活中，这实际上又对个人自治和契约自由构成限制和威胁，把法律城堡上空飘扬的"自治"的大纛降了"半旗"，甚至让以往防御政府的人更多地依赖政府。国家从"守夜人"变身成为"家长"或"父亲"，这两种看似对立的身份却都为人们所需要，正如我们的生活同时需要父亲的严厉和慈爱一样。这个相对于个人来说既像"利维坦"又像"父亲"的政府和体现其意志的法律，可否出于对公民的"爱"而限制他们的自由或自治呢？在中国这个与西方有着不同法律文化、法律规范和社会

---

* 原载《中国社会科学》2006年第1期。合作作者郭春镇，1974年生，厦门大学法学院副教授。

现实的国家,“父爱”是否可以施予得更多一些?

在法治发达国家,随着近代法向现代法变迁,发生了“从对所有人的完全平等的法律人格的承认到承认人格权”这一转变。“法律人格”发生“从自由的立法者向法律的保护对象”“从法律人格的平等向不平等的人”“从抽象的法律人格向具体的人”的转变,其背后反映出“从理性的、意思表示强而智的人向弱而愚的人”的转变。[1] 法律主体和哲学认识论中的主体分离了,有了非“主体”的主体,以致有人担心“主体性的黄昏”来临。此时,政府通过法律对公民施予强制的爱在特定领域是否成为必要?[2] 在中国这个全民科学文化教育水平不高的社会里,在这个有长期“仁政”传统的国度里,政府对公民施以强制的“爱”在哪些领域是必要的,又在何种情况下是适度的?是基于什么理由可以施用这种强制的“爱”?又是基于什么理由而主张要限制这种强制的“爱”?

从中国制度化的历史来看,有些强制规定是人们容易接受的,如强制骑摩托车者戴头盔、强制汽车司机系安全带、禁止免除雇主责任的劳动合同和劳动法规中的强制保险等。有些规定则是人们反感和拒绝的,如云南省曾在20世纪80年代婚检中进行处女检查,并对检查中的非处女予以50元罚款等规定。也有些规定是有争议的,如最近“强制婚检”的存废问题。本文试图描述和分析的,就是这样的法律规则的存与废所涵盖的问题。

二、法律父爱主义的基本理论

说到法律父爱主义,人们一般会联想起中国传统的家长制或罗马

---

〔1〕[日]星野英一:《私法中的人》,王闯译,中国法制出版社2004年版,第50页。

〔2〕如在雇佣契约、供求关系极不平衡的当事人之间,消费者与生产和销售者之间等领域。

法中的家父权制。但无论中国式的"父为子纲""君为臣纲"这样的父权还是罗马法中的家父权,都已消失于历史的舞台,而法律父爱主义在当代法上却屡见不鲜。

(一)法律父爱主义的概念与特征

父爱主义(Paternalism)又称家长主义,[1]它来自拉丁语 pater,意思是指像父亲那样行为,或对待他人像家长对待孩子一样。当然,这里是指具有责任心和爱心的父亲或家长。法律父爱主义主要分为两种:软(Soft)父爱主义和硬(Hard)父爱主义。软父爱主义的核心是只有"真实"(即那些在认知上和意志上没有欠缺)的决定才值得尊重。[2]它只对受到削弱的决定即"强制、虚假信息、兴奋或冲动、被遮蔽的判断,推理能力不成熟或欠缺"的结果进行限制和干预。[3] 正如范伯格所说,软父爱主义保护当事人不受"不真实反映其意志的危险的选择"的危害。[4] 因此,软父爱主义不是阻碍自治,而是在实际上保护和提升自治。[5] 软父爱主义的典型例子来自密尔,这个例子涉及一个人在不知道的情况下要过一座被毁坏、有危险的桥。密尔解释说,有人"可能抓

[1] 舒国滢:《权利的法哲学思考》,载《政法论坛》1995 年第 3 期;张文显:《二十世纪西方法哲学思潮研究》,法律出版社 1996 年版,第 549 页;孙莉:《德治与法治正当性分析——兼及中国与东亚法文化传统之检省》,载《中国社会科学》2002 年第 6 期。本文出于对该概念内涵的考虑,将其翻译为父爱主义。

[2] Feinberg, Moral Limits of the Criminal Law: Harm to Others Vol 1, Oxford University Press, 1987, p. 10.

[3] Joel Feinberg, Legal Paternalism, in Paternalism, Rolf Sartorius ed., 1983, p. 3, 7.

[4] Joel Feinberg, Moral Limits of the Criminal Law: Harm to Self Vol 3, Oxford University Press, 1989, p. 99.

[5] Hayry, Paternalism, in 3 Encyclopedia of Applied Ethics, Ruth Chadwick ed., 1998, p. 454. 弱家长主义的核心观点能被证成(justify),因为对当事人的干预实际上是支持而不是压制当事人的自治。

住他将他拉回来而不真正侵害他的自由，因为他自己也不想堕入水中”。[1] 在当事人不知道关于桥安全与否的情况下，很难说当事人是自由的或自治的，因为，他并不知道他过桥这一行为的真正结果是什么。其理论依据是人们在作出的选择并不总能反映他们的愿望和偏好，信息的缺乏、不成熟或不自愿都能阻碍愿望的实现。[2] 因此，即便声称自己是自由至上主义者(Libertarianist)的人士，也同意基于软父爱主义而进行的规制和干预。[3] 硬父爱主义是指管理人出于增加当事人利益或使其免于伤害的善意考虑，不顾当事人的主观意志，来限制其自由的行为。善意的目的、限制的意图、限制的行为、对当事人意志的不管不顾，构成这个概念的 4 个重要组成部分。[4] 硬父爱主义体现在“强制戴安全帽”的规定。

法律父爱主义有以下特征：第一，其目的是增进或满足公民(或相对人)的福利、需要和利益，主要分为两种情形，一是阻止他自我伤害，二是增进其利益。第二，其措施必然是不同程度地限制相对人的自由或权利。法律父爱主义因限制对象的不同区分为直接父爱主义与间接父爱主义两种情形。前者是对受益当事人自由的限制。比如，法律要求司机系安全带；后者是对与受益者相对的主体的自由限制，受益者不一定总是其自由受到限制的人。例如，禁止把受害者的同意当作推拖法律责任的辩护理由，这一法律限制主要是影响施害者，而试图保护的

---

〔1〕 John Stuart Mill, On Liberty 166, Gertrude Himmelfarb ed, Harmondsworth: Penguin, 1974.

〔2〕 Cass R. Sunstein, Disrupting Voluntary Transactions, in Markets and Justice, John W. Chapman & J. Roland Pennock eds. , New York Univ. Press, 1989, pp. 279, 282; Sunstein, Legal Interference With Private Preferences, 53 U. Chi. L. Rev, 1986, pp. 1158 - 1166.

〔3〕 John Hospers, Libertarianism and Legal Paternalism, 4 J. Libertarian Studies, 1980, pp. 255, 256, 265.

〔4〕 Thaddeus Mason Pope, Counting the Dragon's Teeth and Claws: The Definition of Hard Paternalism, 20 Ga. St. U. L. Rev. , Spring, 2004, p. 659.

却是“心甘情愿”的受害者。第三,法律父爱主义的措施在客观上亦产生有利于公共利益的效果。法律父爱主义与公共利益或公共福祉和社会连带之间存在“剪不断,理还乱”的关系。有些法律或政策的规定,从社会的角度来看是公共福祉,从个人的角度来看,则是父爱主义的。如台湾地区“大法官”在论证第472号解释关于法律要求强制保险的规定“合宪”的时候,就以公共福祉和社会连带作为证成该规定的理由,其“立法”目的是想消除由于对当事人的伤害而对其他社会成员产生的负担。对于以公共利益取代法律父爱主义的观点,有学者提出这样的质疑:“为什么有些人那么热心地坚持认为那些从伤害中承受的不幸最多的人最不可能从该立法中获益?”〔1〕

(二)法律父爱主义的理论依据

佩雷尔曼在其论证理论中曾提出所谓“惯性原理”(Prinzip der Trägheit):诉诸既存之实务“实践”者,无须证成,只有改变者才需要证成。〔2〕自近代社会以来,自治、自由与权利被视为人的基本价值之一,任何试图对它们施加的限制都要承担论证责任。基于法律父爱主义而对自治、自由进行限制,当然须有充分的证成理由。通常支持的理由有三方面:第一,从价值论的角度考虑,个人选择应该被尊重,但个人未必在任何情况下都知道自己的最大利益,这就使为增加其利益的外来干预提供了可能。可以设想,假如为了获取比赛胜利而参加棋类比赛的棋手在下每一步棋时都知道自己最佳选择的话,就不会输掉任何一场比赛,而这是不可能的。此外,自治也未必总是一个比利益更重要的价

〔1〕 Paul Burrows, Analyzing Legal Paternalism, International Review of Law and Economics, 1995, pp. 15,500.

〔2〕 舒国滢:《走出明希豪森困境》,载《法律论证理论》(序),中国法制出版社2002年版,第12页。

值，虽然自治迄今仍是一个亟待进行法学与哲学反思的概念，但它至少不应该是一个非此即彼（All-or-nothing）的概念，而应是一个程度上（More or less）的概念。[1] 自治与利益的领域也不是非黑即白，而是存在很多灰色的区域。对于那些由年老、贫穷、柔弱、迷惑的人们引发的问题，不能完全将其放到贴有自治标签或贴有利益（慈善）标签的盒子里去。第二，从法律经济学的角度考虑，如果将自由理解为既包括积极自由也包括消极自由，那么有时即便限制了消极自由，也要看其对整体自由的影响，看看对积极自由的提高有多少。在限制消极自由所失去的内在固有价值远远低于因扩大积极自由产生的工具性效益而增加的价值时，这种限制可以被认为是正当的。[2] 即使不对自由作出积极或消极的划分，这种衡量也是有意义的。第三，近代法律中的“人”是源自经济学中理性经济人的假设，是“利己的、理性的、运动着的”“自由而平等”的人。[3] 但随着经济的迅速发展，垄断性大企业不断增加，多数人为了生活不得不签订由这些企业单方面决定内容的合同以获得自己维持生活所必需的财物，同时，信息不对称也使得很多消费者处于不利境地。于是，在法律中的“人”的形象发生了转变。由抽象地认为人是自由行动的立法者、具有平等的法律人格，转变为对人的法律人格予以具体理解，承认由于人在各方面的不平等而造成这样的现象：有些人因富有和强势而享有自由，有些人则由于穷困、弱势、不理性而不能享有这些自由，因而，需要予以特别关照和保护。法律中人的形象从理性的、

---

〔1〕 Gerald Dworkin, The Theory and Practice of autonomy, Cambridge University Press, 1988, p. 9.

〔2〕 Paul Burrows, Analyzing Paternalism, International Review of Law and Economics, 1995, pp. 15, 496.

〔3〕 拉德布鲁赫：《法律学入门》，东京大学出版会，昭和 27 年，第 109 页。转引自星野英一：《私法中的人》，王闯译，中国法制出版社 2004 年版，第 34 页。

强而智的人转变为在一定程度上弱而愚的人,[1]而这也是现代法治国家发展的必然。因此,在某些领域,法律父爱主义的存在是合理的。

三、法律父爱主义在实证法上的应用

法律父爱主义制度在各国的实证法上应用范围颇为广泛,限于篇幅,此处仅以美国和中国大陆为例,对其在合同法、行政法和宪法等领域的应用进行粗略的梳理。

(一)合同法

法律父爱主义在合同法上的应用,最著名的案件之一是洛克纳案,该案的缘起是纽约州劳动法的规定。为了保护面包工人,他们每周工作时间不得超过6天,每天不得超过10小时。洛克纳是纽约一个面包房主,他起诉该法律侵犯他的"合同自由"和私人财产权,最高法院多数法官判定他胜诉。但当时即遭到最高法院法官霍姆斯(Oliver Holmes)的反对,他在其著名的反对意见中提出:"美国宪法不应遵循(社会达尔文主义者)斯宾塞的社会静力学"。[2]这个1905年作出的判决直到1937年才被推翻。诸如禁止卖身为奴、[3]在婚约中规定不得提出离婚的条款、[4]房屋租赁合同中房屋最低可居住性条款的不可放弃、[5]禁止放弃某些消费合同中"冷静期"[6],可以说都体现出合同法中的法律

〔1〕 星野英一:《私法中的人》,王闯译,中国法制出版社2004年版,第71页。

〔2〕 Lochner v. New York, 198 U. S. 76 (1905).

〔3〕 Hodges v. United States, 203 U. S. (1905 - 1906), pp. 1 - 38.

〔4〕 15 S. Williston, A Treatise on the Law of Contracts § §1741 - 1743 (3d ed. 1972). 转引自 Anthony T. Kronman, Paternalism and the Law of Contracts, 92 Yale L. J. April, 1983, p. 763。

〔5〕 Anthony T. Kronman, Paternalism and the Law of Contracts, 92 Yale L. J., April, 1983, p. 763.

〔6〕 A Case Study of the Impact of Consumer Legislation: The Elimination of Negotiability and the Cooling - Off Period, 78 Yale L. J., 1969, p. 618.

父爱主义。中国《合同法》第53条关于合同免责条款的规定、第81条关于不可转让专属权利的规定以及第233条关于对危害承租人安全或健康的租赁合同解除权的规定,《劳动法》第44条关于劳动者正常工作时间之外的工资标准规定、关于最低工资的规定,也都体现了法律父爱主义的应用。

(二)行政法

父爱主义在行政法上的应用主要体现在健康和社会保障以及公共安全方面。一些行政主体通过对相对人个人行为的规制实现其父爱主义的目的。

美国20世纪70年代围绕着苦杏仁苷(Laetrile)的争议是硬父爱主义在公共健康规制中的一个典型例子。[1] 苦杏仁苷是作为治疗癌症的药物使用的,尽管在实际上没有研究表明它有临床效果。[2] 即便病人们充分认识了其缺点和可能的副作用,食品与药品管理局(FDA)还是禁止苦杏仁苷上市并获得了最高法院的支持,最终限制患者服用苦杏仁苷的权利。[3]

在健康领域,父爱主义还体现在对保健品的规制,尤其是对保健品的行政许可方面,虽然关于保健品的规制问题仍存在尖锐对立,但FDA对于新药发展的规制仍可视为力图达到两个目标:禁止未获得许可证的药品进入市场;限制消费者对药品的选择领域。此时,个人自由被限制在政府机关的行政许可的自由裁量范围内。[4] 中国《药品管理法》

---

〔1〕 Marcia Angell, Breast Implants: Protection or Paternalism, 326 New Eng. J. Med., 1992, p. 1695.

〔2〕 Arnold S. Relman, Closing the Books on Laetrile, 306 New Eng. J. Med., 1982, p. 236.

〔3〕 Laetrile, 42 Fed. Reg., (1977), pp. 39,768, 39,803.

〔4〕 Michael D. Greenberg, Information, Paternalism, and Rational Decision - making: The Balance of FDA new Drug Approval, 13 Alb. L. J. Sci. & Tech., Summer / Fall, 2003, p. 663.

第25条对医疗机构配制制剂的行政许可的前提要求、质量要求和仅能在本医疗机构使用而不得在市场销售的规定,第37条对药品实行处方药与非处方药分类管理的规定等,是法律父爱主义在中国行政规制中的体现。

在行政法领域里,父爱主义还表现在社会保障和退休制度上。社会保障系统是最大、最有力的父爱主义计划,对雇主和雇工都是如此。美国总统福特于1974签署《雇员退休收入安全法案》,合乎该法条款的退休计划就被称为"合格计划",它涉及传统的公司退休金计划、401计划、为雇工利益设置的免税或受教育而追加退休养老金计划以及个人退休账户计划。经过联邦税务局(IRS)或者联邦劳工部(Department of Labor)备案和批准的遵守"合格的退休计划"的公司雇主和雇员可以享受包括抵税和延税等最多的税务优惠。就雇工而言,如果他们提前从合格退休计划中支取金钱,法律就要求他们交税并加以10%的罚款。[1] 法典本不禁止在死亡、残疾、退休之前支取该款项,但IRS规定除5种例外,禁止当事人提前支取并要追加10%的罚款。[2] 政府对私人退休金制度的鼓励措施是立足于父爱主义的限制,法律强制雇员储蓄而不是消费,他们必须现在储蓄以便在将来收到退休金[3]。中国的《社会保险费征缴暂行条例》第4条、第7条、第12条、第13条关于社会保险费的缴纳主体、形式和罚则的规定,《失业保险条例》《工伤保险条例》关于强制保险的规定,亦是法律父爱主义的体现。

---

〔1〕 近年来这个规定有所放松。1997年,纳税人税收免除法开了几个口子,使人们可以从个人退休账户提前支取金额。参见 Taxpayer Relief Act of 1997, Pub. L. No. 105 - 34, 111 Stat. 788 (1997)。

〔2〕 转引自 By Edward J. Gac & Wayne M. Gazur, Tapping "Rainy Day" Funds for the Reluctant Entrepreneur: Downsizing, Paternalism, and the Internal Revenue Code, 86 Ky. L. J., Fall, 1997 / 1998, pp. 134, 135。

〔3〕 Ibid., p. 127.

(三)宪法

父爱主义在宪法性法律上的应用主要体现在对商业言论和男女平等等方面。商业言论(Commercial speech)作为表达自由中的一种,历来为美国宪法第一修正案所保护。1978 年至 1981 年,波多黎各的一个赌场因为做广告而根据法律规定屡次被罚款,该赌场不服,提起诉讼,该案最终被美国最高法院判决维持原处罚决定。[1] 该案的判决对言论的限制目的在于阻碍消费者从事合法但不受宪法保护的行为,其主要目的在于保护消费者。在法院曾经处理过的案例中,这个案件被认为体现了最纯粹的父爱主义。[2]

自 1985 年,要求限制烟草广告的呼声越来越高,美国医学协会(American Medical Association)投票表决提请国会制定禁止烟草广告的议案。在辛辛那提大学法学院的一个禁止烟草广告和促销禁令合宪性讨论会上,罗文斯坦教授认为该禁令是合宪的。他认为即便在 *Posadas* 案之前,最高法院类似的判决也毋庸置疑,*Posadas* 一案更是解决了这个问题,最高法院如果要否决对烟草广告禁令的话,需要违反先例。如果只看法院的行为而不是看其语言,会发现除非商业言论真正服务于父爱主义目的,否则一般都会被限制。法院还从来没有否决过一个可能被解释为执行一种真正父爱主义政策的限制商业言论的议案。如果我们看看法院做了什么而不是说了什么,很明显,商业言论原则不是一

---

〔1〕 Posadas de Puerto Ricoassoc. v. Toursim Co. ,478 U. S. 328 (1986).

〔2〕 F. Dostoyevsky, The Gambler, in The Gambler/Bobok/A Nasty Story 17 (Penguin Classics ed. 1966). 转引自 Daniel Hays Lowenstein, Symposium: Commercial Speech and the First Amendment: "Too Much Puff": Persuasion, Paternalism and Commercial Speech, 56 U. Cin. L. Rev. ,1988, p. 1205。

个反父爱主义的制度。[1] 类似的制度在中国《广告法》及相关法律法规和规章上也经常可见。比如,《广告法》第14条、第15条对药品、医疗器械广告某些内容的禁止性规定,药品广告的内容须以有关卫生行政部门批准的说明书为准的规定,国家规定应当在医生指导下使用的治疗性药品广告中必须注明"按医生处方购买和使用"的规定;第16条禁止麻醉药品、精神药品、毒性药品、放射性药品等特殊药品做广告的规定;第18条对烟草广告限制性规定、烟草广告中必须标明"吸烟有害健康"的要求。国家食品药品监督管理局印发的《保健食品广告审查暂行规定》从17个方面规定保健食品广告中不得出现的内容,以引导消费者合理使用保健食品;并且明确保健食品广告中必须说明或者标明"本品不能代替药物"的忠告语,电视广告中保健食品标识和忠告语必须始终出现。

美国法律出于对母亲健康生育能力公共利益的考虑,允许雇主不让妇女从事某些特定工作如夜班、加班、重劳动以及在刚生育完之后的劳动。虽然有女权主义者认为,尽管现在的妇女比18世纪的妇女享有很多的权利,但传统观念中认为妇女应主要为家庭服务的看法还没有从雇主的思想里完全消除,并将上述规定以讽刺的口吻称为"浪漫父爱主义",以"女性工资""女性工作"的形式限制妇女。[2] 但法院依然表现了对类似规定的尊重,承认雇主可以有不同的雇用条件的要求,而这种要求是以性别为基础的。[3] 中国的《妇女权益保障法》也不乏针对

〔1〕 Daniel Hays Lowenstein, Symposium: Commercial Speech and the First Amendment: "Too Much Puff": Persuasion, Paternalism and Commercial Speech, 56 U. Cin. L. Rev., 1988, p. 1205.

〔2〕 Pamela J. Smith, Romantic Paternalism——The Ties That Bind Also Free: Revealing the Contours of Judicial Affinity for White Women, Journal of Gender, Race and Justice, Fall 1999, p. 135.

〔3〕 Phillips I,400 U. S. at 543. 第五巡回法庭维持了地区法院的判决。

妇女的父爱式的特别保护如第25条规定任何单位均应根据妇女的特点,依法保护妇女在工作和劳动时的安全和健康,不得安排不适合妇女从事的工作和劳动,妇女在经期、孕期、产期、哺乳期受特殊保护;第26条规定任何单位不得以结婚、怀孕、产假、哺乳等为由,辞退女职工或者单方解除劳动合同;而这些规定可以不理睬妇女本人的相反意愿。首次提请第十届全国人大常委会第十六次会议审议的妇女权益保障法修正案草案,从国家保障妇女依法享有社会保险、社会救助、社会福利和卫生保健等权益、防止就业中的性别歧视、强化女职工特殊劳动保护等方面作出了新的规定。此外,中国义务教育法更典型地体现国家或政府为公民自身利益而对其自由作出限制。

四、法律父爱主义、仁政与民本理念

法律父爱主义意味着在某些领域、在某种程度上政府可以而且应该充当“家长”或“父亲”的角色,而作为政府这一抽象概念具体体现者的政府“官员”则是父爱式法律和政策的制定者与执行者,这在中国古代“父母官”的称谓和仁政爱民的民本理念中有所体现。[1] 从中国在这方面的历史与现实资源,可以发现法律父爱主义在中国的特殊意义和必要性。

(一)古代仁政和民本理念

政府对公民生活的干预、对公民施予强制的“爱”而不管公民是否同意,颇有向前现代法制复归的外在表现,但这却能和中国的法律传统、本土资源进行相对契合的汇流与衔接。对于身负五千年法制传统

〔1〕 需要说明的是,“父母官”这一概念与传统说法的角度并不完全一致,它更是一种描述性的,对公民爱护且尊重其人格尊严与主体性,而非将其作为统治者治理工具的概念。

的中国而言，以新的眼光看待和解读传统，有助于建构既与中国公民法情感相协调，又能与世界法治理论相对接的、具有自身特色的法治，似乎更为可行。而中国古典典籍中所蕴含的日常经验性思想内容，常常与包括现代西方思想和理论在内的古今中外各种思想表现出彼此相容的特点。[1] 西方法律父爱主义则与中国的"父母官"称谓中所蕴含的仁政、民本理念有几乎相同的内涵。

仁政爱民的民本观的渊源可追溯到殷周，《尚书》有"实施德于民"[2]之说。至春秋时期则将德与礼、忠信、仁义相结合，构成治国的基本原则。孔子认为所谓"仁"就是将"恭、宽、信、敏、惠"5种品德推行于政事，他还主张"节用而爱人，使民以时"[3]即"爱民"思想。孟子继承孔子德政思想而主张仁政。"亲亲而仁民，仁民而爱物"。[4] 荀子也继承了孔子的儒学思想，他在论述水之载舟、覆舟问题之后说道："故君人者，欲安，则莫若平政爱民矣"。[5] 他认为："有社稷者而不能爱民，不能利民，而求民之亲爱己，不可得也。民不亲不爱，而求其为己用，为己死，不可得也。"[6]

《说文解字·人部》这样解释，"仁，亲也，从人从二"。在解读时存在明显的偏向：一是将"仁"人际化，认为"仁"是一个表示人际关系的概念；二是认为"仁"主要是指爱人，尤其是指爱他人。[7] 郭店竹简出土后，人们意识到"仁"的古文应为上"身"下"心"，更多地反映了心/身、

---

[1] 李幼蒸：《原始仁学的意义——〈论语〉文本的符号学—解释学读解法》，载《国外社会科学》2004年第5期。

[2] 《尚书·盘庚》。

[3] 《论语·学而》。

[4] 《孟子·尽心上》。

[5] 《荀子·王制》。

[6] 《荀子·君道》。

[7] 梁涛：《郭店竹简仁字与孔子仁学》，载《哲学研究》2005年第5期。

内在的一面。将此两者结合起来才构成“仁”的完整内涵。孔子仁学也因此包含了“成已”与“爱人”两方面内容。[1] 颜回“其心三月不违仁”,[2]绝不是说其心在3个月里一直在想着爱人,而是指律身修己而言。所以,仁决不仅仅是要消极地适应外在规范,而是一种创造力,一种不可遏制的成就实现自己的冲动。[3] “仁政”的“原意”也因此意味着政府既要在规范框架内“律己”,又要创造、发挥自己的能动性。在当前可以将“仁政”解读为与政府在既不违反宪法规范,在宪法框架内行动,又充分发挥其“能动性”;既实现自己又“爱”公民,为了公民的利益而对其有所行动。

中国古代之所以有仁政爱民政策,是由于古人相信“民惟邦本”,将“民”视为国家之根本。而对民本含义的解读,在夏勇教授看来,有两种含义:其一是将民本解释为“民为君本”,有些统治者讲“以民为本”,讲的是统治术,把统治者与“民”之间的关系比喻成“水舟”关系。其二是他所说的“新”民本即《尚书》“民惟邦本”的“原意”不仅是讲民为国之根基、源泉或凭持,而且是讲民为国之主体。民本的主体不是君主,不是君主以民为本,而是民为主体,民为本,君为末。他认为“民惟邦本”是一个关于价值法则和政治法则的判断,也是一个关于人民的主体资格的判断,还是一个关于政治合法性的判断。[4] 民之尊贵,民之尊严,民之不可侵辱,乃是天理,是一种可以与西方“natural rights”(自然权利)相对应的“天爵”。[5] 后一种仁政爱民理念完全可以与当前尊重人性尊严的“以人为本”的执政理念和宪法规范中的人权条款相符,可以

---

〔1〕 梁涛:《郭店竹简仁字与孔子仁学》。

〔2〕 《孔子·雍也》。

〔3〕 梁涛:《郭店竹简仁字与孔子仁学》。

〔4〕 夏勇:《中国民权哲学》,三联书店2004年版,第8页。

〔5〕 同上书,第11~14页。

与宪政与法治框架相契合。这一新民本体现在主客观两方面,一方面是政府实施仁政时主观上对百姓的爱,另一方面是在仁政理念下实施的政策与制度,其中包括对公民行动的引导甚至包括对某些自由的限制。

仁政与民本理念在古代实证法规范中时有所见,即便这些规范是基于前一种民本理念,但从个人的视角来看,仍有法律父爱主义的特征——主观上为了当时民众的利益而在客观上限制其自由。从功能比较的角度来看,这些规定通过对契约自由、自我决定予以限制的直接父爱主义,通过为保护特定主体限制他人的间接父爱主义,保护弱势群体。

（二）当前中国场景下的适度法律父爱主义

由于法律父爱主义（又译为法律家长主义）的名称,人们很容易将其与封建家长制联系起来,忽略其背后"人像"有近代法中的"人"向现代法中的"人"的转变;忽略它仅仅在某些方面有向旧身份制的复归的表象,而绝非在实质意义上回复旧身份制;忽略它是在尊重人格和人性尊严的基础上考虑中国现实中的人的具体地位而作出的制度性安排。由于历史和现实的原因,中国法治化进程主要是政府主导、政府与社会互动的模式。它强调在市场经济羽翼未丰,民主化进程有待推进,社会自治能力较为欠缺的情况下,在不排斥社会对法治的推动力的前提下,政府在某些领域运用一定的强制力规制经济与社会的法治建设。在中国现阶段,没有政府主导,仅靠社会规范和力量来推进法治,将会延宕这一进程的实现,同时还很可能因各种矛盾冲突使法治化过程耗费过多社会资源。这是中国法治建设的现实选择,也使法律父爱主义在这个场景下的应用有较之西方更大的空间[1]。

法律父爱主义在当前中国有其存在的社会经济基础。中国的贫富差距不仅存在,而且还有扩大趋势,目前中国的基尼系数已经超过了警戒线 0.4,收入差距已经处于高水平,城乡整体的基尼系数持续上升并达到 0.465,2005 年将逼近 0.47。[2] 由于弱势群体在与强势群体进行缔约时缺乏相应的讨价还价的能力(bargaining power),如果不加干预,往往会出现"马太效应",这在一个关注实质公平、关注具体的"社会人"[3]权利的政府是不能视之泰然的。甚至有学者主张,当前中国应将制定关注和调整"社会人"权利的法律作为政府首要任务。[4]

法律父爱主义在当前中国有其存在的民众心理基础。在中国,民众心理中以"仁政"与"民本"观为代表的政府观念与法律父爱主义之间存在对接汇流的可能性。当代中国公民的生活习惯是对政府的信赖和依赖,占全国人口 85% 的农村人口受教育的程度不高,其公民智识尚未达到"小康"水平,这更一定程度上印证了"愚"的人的形象,[5]加上各地区文化与经济发展不平衡。这时,政府采取法律父爱主义中强制"爱"的方式来引导、干预仍十分必要。前述两种民本思想中的"水舟"关系为中国人所熟知且信赖,政府必须考虑公民的利益,要做"父母官",否则有可能倾覆。由于主张对他人或社会的绝对个人自主权的正

---

〔1〕 当然,有些权力最终还是应由政府移转至社会。

〔2〕 《国际金融报》评论员:《中国基尼系数已逼近 0.47 统筹公平与效率》,载《国际金融报》2005 年 10 月 12 日。

〔3〕 这个社会人是与特别注重追求的是自身利益的最大化的经济人、与生态环境和谐共存的生态人相对应的概念。

〔4〕 周旺生:《中国法理学的若干迷点——2005 年 5 月 18 日晚在人民大学法学院的演讲》,载学术观察网,http://www.oao.com.cn,最后访问时间:2005 年 10 月 12 日。

〔5〕 需要说明的是,作者无意将农民视为"愚"的代表,从本文及星野英一教授的文章中可以看出,任何一个主体包括受高等教育的主体,在某个方面可称为精英的主体都可能在其他某些方面是个"愚"的人。

当性在中国传统中极少见到,[1]这种以公民利益为主导的温和功利主义与中国人的法情感协调一致,接受起来几乎无任何滞碍,这就为出于保护公民利益而对其个人自治进行一定程度的干预留下空间。从先秦思想中解读出来的新"民本",与现代法治尊重人、爱护人、保护作为社会人的基本权利与尊严的品格,与中国宪法修正案中的人权条款可紧密衔接。而现代法治社会中的人是社会人,不能脱离其具体的生活场景,他们在处于弱势的时候,需要政府不顾其形式上看似"自治"而实质上由于其弱者地位造成的"不自治"来对其进行法律干预。[2]

法律父爱主义在当前中国有其政治基础。以中共十六大和总书记胡锦涛2003年7月1日讲话为标志,中国改革发展和执政理念在向新民本主义和人本主义过渡。胡锦涛在中央人口资源环境工作座谈会上的讲话中提出"以人为本",并对其作出解释:"坚持以人为本,就是要以实现人的全面发展为目标,从人民的根本利益出发谋发展,促发展,不断满足人民日益增长的物质文化需要,切实保障人民群众的政治、经济和文化权益,让发展的成果惠及全体人民。"这意味着政府将一种以人为本为的理念作为施政的纲领。在这个前提下,法律父爱主义就有了坚实的政治基础。

法律父爱主义在当前中国还有实证法上的规范基础。福利国家的影响和中国人权与社会保障制度的入宪为法律父爱主义的实施提供了规范依据。宪法修正案在《宪法》第14条中增加一款,作为第4款,"国家建立健全同经济发展水平相适应的社会保障制度"。据此,国家负有

---

〔1〕 夏勇:《中国民权哲学》,生活·读书·新知三联书店出版社2004年版,第82页。甚至自治这一价值在当前西方主流法学家心目中也不是最重要的价值。如罗尔斯、德沃金、范伯格等学者对所谓均衡论的主张,参见皮文睿:《儒家法学:超越自然法》,载《美国学者论中国法律传统》,中国政法大学出版社1994年版,第120~122页。

〔2〕 必须承认,现有的对于法律上"自治"的理解尚缺乏法学和哲学层面的反思,自治的内涵与外延尚未有具统治力的共识。

责任保障公民享有实质上的权利,维护社会成员社会福利和社会保障的权利也因此具有宪法上的依归。社会保障制度在对个人自由选择上总带有或强或弱的强制,或不顾当事人自己的意愿的成分。

五、人性尊严与对"超父爱主义"的防范

法律父爱主义绝非是一个在任何场合都可以被证成的理论和原则,它只能在特定的场合才具有正当性。我们也清楚地知道,在今天的西方,人们通常对"法律父爱主义"颇有微词,所以,处在现代化进程的中国,"法律父爱主义"似乎有背时之嫌疑。基于前述的分析,我们认为如果认真考虑并发掘其正面的意义,限制并消解其负面的影响,还是很有必要的。

范伯格运用利益衡量原则论证:只有在风险是"如此不合理"的情况下,对当事人自愿行为的直接干预才能被证明为正当的。[1] 对于很多行为,如果采用一种粗暴的、直接的家长式统治,无限扩大强制性"父爱"的范围,将个人完全作为政府行为的客体——我们姑且称为"超父爱主义"——则会造成政府施行暴政的危险。现代社会中由于社会分工进一步细化,"弱而愚"的人不但没有减少,相反还在增加,他们恰如需要家长特殊关照的弱小的子女。值得重视的是,政府在对他们的利益和福祉多一份关注的同时,也要为父爱式的法律设定一个界限,超越这个界限的"超父爱主义"必须被禁止,以防范现代社会中的人向旧的身份制的完全复归,进而由于主体性的丧失而成为客体。法律父爱主义是在尊重公民人格与主体性基础上的、为相对人自身的利益而对其自由进行温和限制的理论主张。它在基于爱民理念而限制公民自由与自治的同时,必须有一个限度,而人性尊严是这一理论应予关照的核心

---

〔1〕 范伯格:《自由、权利和社会正义》,贵州人民出版社 1998 年版,第 65 ~ 73 页。

概念。质言之,人性尊严既是法律父爱主义适用的出发点,也是产生其良好效果的原因,更是对法律父爱主义予以限制适用的原因。法律父爱主义之所以有必要存在,就在于人人具有人性尊严。法律父爱主义正是基于此,才使弱势群体在面对强势群体缺乏讨价还价能力的时候能有所依靠,避免“自治”地沦为强势的附庸与客体,或使人们避免在不理性的思维状态下做出让自己以后无法过正常人有尊严生活的行为。缺乏对人性尊严关照的法律父爱主义必然会沦为“超父爱主义”,进而对公民的权利造成过度的侵害并违反“以人为目的”这一根本出发点。

人性尊严——父爱主义应用的界限

前已述及,在现代法中虽对人因有强弱、慧愚不同而加以区别对待,不过其前提是承认人的实际能力的不平等,但强调当事人法律人格和尊严的平等。法律父爱主义的立法本意在于促进当事人人权的保障,但公民防御权的衰微之势可能导致人权体系的崩溃。因此,如何使法律父爱主义与人权保护和谐共处并最终促进人权的发展,实是一个重大课题。笔者认为,为使积极权利与消极权利和谐发展,法律父爱主义的立法虽可直接或间接地限制人们的某些行为,但不得侵犯人权或宪法基本权的核心——人性尊严。

1. 人性尊严的内容。人性尊严是一个高度抽象的法学概念,对于人性尊严的意义的诠释必然受到对“人”的理解的影响。正如德国联邦宪法法院一段著名的宣示中所说的那样,“基本法中人的形象,并非是一个孤立、自主的个人形象”[1]“未经思虑的活动自由与在法的意义上

---

〔1〕 BVerfGE 4,7,转引自蔡维音:《德国基本法第一条“人性尊严”规定之探讨》,载《宪政时代》1999 年第 18 卷第 1 期。

的自由所必要的交互关系是不相合致的”,[1]这意味着,人性尊严中的人的形象并非是高大英俊、强而有力,并非这样“自主”的,他们“未经思虑”的活动也可能印证他们有可能是“弱而愚”的。学者们一般从正反两个方面给它下定义。

从正面积极地为人性尊严下定义的学者,其定义大都相当抽象,难以掌握。如“人的固有价值、独立性、本性、本质”“在特殊且本质的意义之下形成个人的东西”,有的定义稍为详密如“人性尊严与时间及空间均无关,而是应在法律上被实现的东西”。它的存立基础在于人之所以为人乃基于其心智;这种心智使其有能力自非人的本质脱离,并基于自己的决定去意识自我、决定自我、形成自我。[2] 李震山教授则通过总结人性尊严的特点来给它下定义,认为它的特点有作为权利主体的每个人都将人本身作为目的,并在尊重基本权利正当行使的范围内尊重宪法人性尊严核心内涵的自治与自决。[3]

由于从正面所下定义的欠缺,为了便于在法律适用中实现对人性尊严的保障,从反面侵害的角度进行定义则成了一个虽不甚严谨但颇具实效的方法。典型的例子就是德国联邦宪法法院在判决中导出的著名的“客体公式”,即当个人在国家中完全被变成一个客体时,就抵触了人性尊严。因为一个人既然被矮化为“物体、手段与数值”,自然不必在意其精神与意识,因而极易成为他治、他决的客体,构成对人性尊严之侵害。[4]

2. 宪法规范的解读与人性尊严。与德国宪法明文规定人性尊严不

---

〔1〕 德国基本法第2条第1项后段。

〔2〕 蔡维音:《德国基本法第一条“人性尊严”规定之探讨》。

〔3〕 李震山:《人性尊严之宪法意义》《人性尊严与人权保障》,元照出版公司2001年版,第11~19页。

〔4〕 黄桂兴:《浅论行政法上的人性尊严理念》,载城仲模编:《行政法之一般法律原则》(一),三民书局1997年版,第11页。

同,美国宪法仅仅为政府画出一个轮廓,专注于限制政府权力而缺乏要求政府积极行为确保人民权利的积极因素。两个宪法的文本和性质上截然不同,德国基本法以价值为中心,并设定了权利和义务;美国宪法是价值中性以求保护消极自由,尤其是政府不得干预的自由,但没有写出政府必须实现的价值。尽管如此,按照布兰代斯法官的说法,宪法是"具有成长性,能扩展并吸收新的条件。成长性意味着政治、经济和社会的变化。因为我们的宪法拥有成长和吸收的能力,它能够作为发展着的人基本法"。[1] 对于宪法修正的规范基础及各权利之间的关系,尤其是道德权利、法律权利与人性尊严的关系,德沃金与布伦南大法官都认为,宪法所确认的基础性价值是人性尊严。[2] 与美国宪法相似,台湾地区"宪法"也没有关于人性尊严的直接规定,而且可否从"宪法"增修条文第10条第6项规定("国家应维持妇女之人格尊严,保障妇女之人身安全,消除性别歧视,促进两性地位之实质平等")中导出也不无疑问。对此,台湾地区前"司法院大法官"吴庚在承认上述言论的前提下,认为"我们现在解释宪法不是探求制宪者的意思,而是宪法的意思,尤其对基本权的解释更应考量人民的权利意识、社会发展的现况与人权之普世趋向",这实是对布兰代斯法官所言的精当理解与运用。

3. 中国大陆宪法规范中人格的尊严与人性尊严关联。笔者论述德国、美国和中国台湾地区的宪法规范、宪法解释与宪法理论中对人性尊严的规定,是试图借鉴它们在宪法规范中没有规定人性尊严的条件下如何随着社会的发展从宪法中解读出人性尊严这一理念,进而在分析

〔1〕 Ernst Benda, The Protection of Human Dignity, 3 SMU L. Rev., Spring, 2000, pp. 452, 453.

〔2〕 "In search of the Constitution": "Mr. Justice Brennan" and "Ronald Dworkin: The Changing Story", both produced by Public Affairs Television, Inc, New York, 1987. 转引自 Michael J. Meyer: The Constitution of Rights., Cornell University Press, 1992, p. 1。

中国大陆学者对人格与人性尊严论述的基础上，以一种开放性和成长性的态度来解读中国宪法的规定，并探索可否导出人性尊严这一宪法权利的核心。因为，我们需要人性尊严这一使人之为人的最基础与核心的价值。对此，夏勇有着深刻而精当的论述：尽管从中国的传统学说和当代理论中很难找到西方式的自然权利，但"人之作为人的要求和尊严……是内在于每个人自身，是人之天性、民之本性"，"我们的同胞也是人，是正常的人，是有尊严和价值的人。在具备人之作为人的一般特性的意义上，他们与欧洲人、美洲人、非洲人和其他国家的人毫无二致。他们不希望在没有满足需求时被说成是没有需求"。[1]

对于中国《宪法》第 38 条规定的中华人民共和国公民的人格尊严不受侵犯中所说的人格尊严，国内的学者有不同理解。有学者在其论述中将其与德国基本法保障人类尊严和人格尊严条款同等对待。[2] 林来梵教授则在承认"人的尊严"即"人格尊严"的"人格主义"的前提下，认为从目前中国宪法学界的通说来看，现行宪法中的"人格的尊严"显然有别于人性尊严，认为现行宪法规范的用语和结构本身决定了它必然被解释为一项单纯的具体权利，而与它最为近似的权利类型当然为人格权。[3] 但他并不是将两者截然切断，也为人格尊严向人性尊严的转换留下一定的空间："人格主义最为适合于作为建构或诠释我国宪法权利规范的核心原理，甚至可借鉴来作为当代我国法秩序整体的哲学基础"。[4]

中国宪法的发展和执政党政策的指引性作用为将现行宪法中"人

---

〔1〕 夏勇：《中国民权哲学》，生活·读书·新知三联书店 2004 年版，第 49 页。

〔2〕 蔡定剑：《中国宪法实施的私法化之路》，载《中国社会科学》2004 年第 2 期。

〔3〕 林来梵：《从宪法规范到规范宪法——规范宪法学的一种前言》，法律出版社 2001 年版，第 174 ~ 175 页。

〔4〕 同上书，第 173 ~ 176 页。

格的尊严”向“人性尊严”的转换提供了政治上和法律上的空间、契机和必然性。2003 年 10 月中共十六届三中全会通过《中共中央关于完善社会主义市场经济体制若干问题的决定》,将“坚持以人为本,树立全面、协调、可持续的发展观,促进经济社会和人的全面发展”作为全党的指导思想。温家宝总理在 2004 年 3 月 5 日全国人大会议上所作《政府工作报告》,对落实“以人为本”的说明是“政府的一切权力都是人民赋予的,必须对人民负责,为人民谋利益,接受人民监督……只有人民监督政府,政府才不会懈怠。”而“以人为本”既是对新民本主义的表述,更是人性尊严的内在意蕴。集中体现“以人为本”和人权、人性尊严的是现行《宪法》第 24 条修正案。从宪法文本上看,将“国家尊重和保障人权”放在第 2 章“公民的基本权利和义务”的第 1 条,明确了其一般原则的地位,因而《宪法》第 38 条的人格尊严就成为人权条款下并体现人权要求的人格尊严。将两者相结合,在中国当前宪法规范和宪法学理论的动态发展中,不难从规范体系和时代背景中解读出宪法规范中内含的“人性尊严”这一理念。这在一定程度上为中国法律父爱主义的有限适用提供了合理坐标。

六、结语

在考虑中国历史文化传统、现状、福利国的影响和现行宪法规范的前提下,在某些领域以法律父爱主义作为立法原则是正当和可行的。它虽然表象上呈现了向近代法注重身份这一特点的复归,但其为解决“弱而愚”的现代人所面临的困境有积极意义,而且这种表象的复归是在尊重人格平等的前提下产生的。因此,在这些领域内,父爱主义的法律法规能够证成,但父爱式法律不得逾越作为基本权利核心的人性尊严这一界限。所以要反对借“父爱”之名,行侵犯人民权利之实的制度与行为,为此,除了在立法时要注意不得侵犯人性尊严外,最好的方法就是建立宪法诉讼和司法审查作为制度上的保障。中国当前不存在违宪审查制度并不是禁止父爱主义立法的理由，从理论上讲，任何立法——不管是在特定领域内的法律父爱主义还是其他立法——都有可能侵犯人民的权利。尽管我们尚未建立违宪审查制度，但现有制度也有一定的纠正功能——虽然还很不完善，孙志刚案件引起《收容遣送办法》的废止即是一个证明。尽管这种包括人大备案制度在内的纠错机制尚无法与违宪审查相提并论，但它毕竟存在并在一定程度上发挥作用。某些领域的法律父爱主义立法若有侵犯人性尊严的现象，可能也会如其他侵犯人权的法律法规一样，在现有的纠错制度框架内得到一定程度的解决。

儒家哪些传统有悖法治?*

——读昂格尔的 Passion: An Essay on Personality 序言

在哈佛燕京与哈佛法学院的学术活动中,常常会有一个问题萦绕在脑海:哪些儒家传统阻碍了当代中国法治的?在中国当代社会,经济改革已经取得成功,法治工程也已经启动,我们今天的确需要研究这个问题。

面对现实问题,我们的法治理念与中国传统政治习俗、与中国传统伦理观念、与中国传统法律文化难以相容并存。

昂格尔教授对中国问题有过研究并保持着浓厚的兴趣,所以,带着这样一个问题,我去访问了昂格尔教授:受儒家传统影响的社会有无可能建立起法治?没有想到他的反应颇出乎我的意料——你所谓的"法治"是怎样的法治呢?他说,法治有许多种类,看你在何种意义上理解法治,或许就存在一种中国式的法

* 原著 Passion: An Essay on Personality, by Roberto Mangabeira Unger. 300 pp. New York: The Free Press/Macmillan。

治。我这才明白过来，他是批判主义法学的代表，他也是对传统法学进行解构的。法治在他看来也并不是只有一种固定不变的理解。但是，如果法治可以任人理解甚至曲解，那还叫法治吗？

我现在把问题改为儒家的哪些传统与法治原则相悖？作为中国人我深知儒家传统博大精深，分析它是一件非常复杂的事。但我们总不能因为敬畏它就不作批判了，以至于绝对地盲目维护它的权威。

儒家传统大致有四种情况，(1)某些精髓从来就是优良的，至今可利用的；(2)经过改造或历史演变而焕发光彩的；(3)在一定历史条件下是有积极作用的，时过境迁后才成为腐朽的遗产；(4)本来就是一堆烂货。专门的儒学学者也好，宽泛意义上的中国学者也好，都应当避免对儒家的偏见。前者可能因为儒家学说体系的自足、特色与崇高而迷信、迷恋、迷惑于它，后者可能因切身感受到儒家社会弊端而全盘否定儒家。[1]

在我对昂格尔教授作第一次访问时，他就向我推荐了他的著作《Passion：An Essay on Personality》的序论部分。初读他的论著，最强烈的印象是使用的词汇丰富而深奥，表达的意思深刻而精辟。我过去没有意识到英语会有如此丰富而深奥的词汇，更惊叹昂格尔娴熟的遣词修辞功夫，我不禁以为，一个人的思想深度与他的语言功夫可能是成正比的。

我在钢桥的帮助下，才能快速顺利准确地理解原文，最有意思的是两个人阅读与一人独自看书效果不同，我们相互还有讨论，结果我们激

---

〔1〕 在对待儒家传统的态度上还有这样一种现象，那就是海外的儒学学者，对儒家传统的态度基本上是肯定多于否定，赞赏多于批判，这与国内学者的看法几乎是对立的(国人几乎都在近20年中深切感受到儒家传统对中国现代化的阻碍作用)。这受许多因素影响，其中很重要的一点是海外儒家学者对儒家传统的消极影响缺乏直接的切身感受，所以他们常常对儒学抱着捍卫姿态，以致有部分哈佛燕京的中国学者认为海外儒学者是“站着说话不腰痛”。

动不已,被昂格尔对中国的准确而深刻的分析所感染!我感叹他的神奇在于他有超人的感悟力!他没有到过中国,他对中国数据的阅读很有限,而他居然如此深刻地分析了中国传统与现实!我没有阅读全书内容,所以,对为什么用“激情”作书名还存有疑问。尽管如此,我们阅读过程中已经激情四溢了。

我尤其被他对儒家的入木三分的分析所吸引。

“儒教倡导的社会是一种联系着宏观社会组织与微观个人激情的社会,这种教义式的社会关系要求的不平等的权利、现实的交换、相互的忠诚都被交织在同样的人际关系之中。”[1]昂格尔对儒家倡导的社会关系的特点作了高度概括,很准确也很深刻。

我们今天其实还部分地生活在这样的传统之中,我们的公共事务都是私人情感化的。比如在法律义务中融进感情化的内容,比如公务员为人民服务本来是一种义务,可是在儒家传统中总会加上一层意思——父母官对子民的爱护之情。既然这样百姓就应当像尊敬父母那样尊敬官员。还有一种表现则是相似的,比如人事组织任免中的人情关系网络,行政或司法的程序开始就出现找关系和托熟人,便于以私人感情沟通公务决定。在一个现代国家,仍然把公共事务与私人情感交织在一起,不区分公共与个人,不区分理性与情感,不区分法治与人情,其不利后果是可想而知的?

“儒家教义指出,社会的这种情感秩序和安排秩序是相互依赖的。当这两种秩序复合为同一种规范体系,他们会在自我主张与生长出繁荣与快乐的共同体之间缓和它们相反条件的对立。但是,当社会的公共安排或社会成员的私人情感与此理想发生分离,那么一种自我隐遁、

---

〔1〕 *Passion:An Essay on Personality*,by Roberto Mangabeira Unger. 300 pp. New York:The Free Press/Macmillan,p. 65.

不信任和冲突的恶性循环就开始了……"[1]

的确，两种秩序会有截然不同的两种结果。中华帝国数千年的超稳定结构，就证明了儒家所谓"和谐"（最好用替换词）秩序的内在作用力。但是，1840 年以后的百余年来，从维新变法到帝国解体，从人祸战乱的绵延到改革动机的发生，就是说明了两种秩序的相反条件已经无法共存了。可是儒家所设计的这种社会秩序模式，却深深地嵌入中国人的生活理念、思维方式和行为方式，已不幸地成为中华民族的传统文化，（对传统文化的批判最近比较犯忌，最好换一种说法）是到了应当退出历史舞台的时候却难以退出……

昂格尔认为，儒教的倡导者对自然主义理论的忠心，要求他们去相信即使最坏的社会状态也代表着一种文明生活真实模式的腐化景象。社会和主体的形式无以被再造。[2] "在他们演变成伦理和政治学说的过程中，无论如何，儒学的洞见有着自然主义观念的暗涵。正因此番理由，儒学要承受着社会与主观性的瑕疵概念所带来的折磨。"[3]

自然主义是儒家学说的一个思想特征，也成为其致命弱点。儒家思想知识体系中最擅长的是人文知识、人文思想，而社会科学与自然科学的成分则却极其缺乏。儒学缺乏西方哲学思想的逻辑和概念的精确可计量性，尽管感悟透彻而深邃，但这种感悟不能以精确的概念予以言传。其语言的模糊、判断的折中、思想的妥协，在社会问题上就表现出迂腐和不顺应时代发展以及社会需要。

"这种教义的最密切的现代政治样板就是这样的程序——把一种社会福利的承诺与一种政治禁锢的接受相结合。根据这一程序，人民

---

〔1〕 *Passion：An Essay on Personality*，by Roberto Mangaberia Unger. 300 pp. New York：The Free Press/Macmillan，p. 65.

〔2〕 Ibid.

〔3〕 Ibid.，p. 67.

的基本需要应当被关心——如果可能,依靠自己的共同体和公司,如果必要时,也可由中央政府来保障。但这种关心方式应当减少与社会生活的基本方面的冲突的机会,防止通过干扰效率与和谐(可否改为太平共处?)的增进来挑战意识形态。"[1]

这是很精彩的分析。儒教指导下的政府把百姓当作子民,提倡爱民如子,百官都应当有亲民勤政作风,但是另一方面,不允许有批评政府的意见,更不允许有反对或反抗的念头。因为儒家在这里面设计的逻辑是政府官员都是子民的父母,他们会像父母那样热爱并善待你们百姓的,既然这样,你们还想批评或反对他们吗?没有他们,你们怎么活呀?!所以提供人民福利——这最基本的人权也成为唯一人权需要——成为政府的唯一义务。

昂格尔认为,古典儒学对和谐一致问题所呈示的洞见是中国任何一派传统思想所未曾超越的。(1)儒学关注社会与个人之间关系。认为人与人之间直接的关系模式是构成社会生活整个系统的一份子。在他们被转变成一个个零碎的个人偶遇和经历之前,这个系统是无法实现和被判断的。(2)个人感情总是受他人的影响。道德修炼越尽善尽美,其工具性地位的经历也就越少。(3)相信"passion"的生活具有活力和冲击力;仁是一种自我表达与自我形成的属性,相对化和指导力,这就是仁的力量。仁通过对冲突和欲望的驾驭,能够使人实现理想社会关系模式。[2]

他对儒家的这3点归纳是有独特见地的。人与人的情感关联代替了公共社会结构,生产、交换、分配以及公权力与私权利的交往都基于

---

〔1〕 *Passion: An Essay on Personality*, by Roberto Mangaberia Unger. 300 pp. New York: The Free Press/Macmillan, p. 66.

〔2〕 Ibid., pp. 66 – 77.

人情。个人激情总是受他人影响，受他人态度评价的左右，中国人做人做事的对与错、好与坏，甚至做事的动机，常常出于对他人评价的牵挂。相信个人道德范畴的"仁"对社会生活所产生的作用。如果儒家的这些思想教义适用于简单的自然经济之中，一个淳朴的桃园生活景象之中，那么它对个人人生境界是很有启迪意义的。但在现代社会的公共生活领域中，儒家只能成为私人生活信念，个人道德修养，而难以通过它来组织社会、控制社会。

昂格尔对儒家思想的评论是儒学作为一种对社会的态度或方式，它把一种社会分层和等级统治的制度错误地当作那种能很好调解个人主张相互冲突情形的社会生活系统。它漠视了限制——在生产与交换之间以及主体性与连带性之间，限制了发展出可替代性选择的出路。它对这种限制的容忍展示在倡导个人化关系的主张中，(此主张)通过用交换与忠诚的因素灌输进这种柔化了的赤裸裸的统治。这种主张其实只会挥霍浪费可贵的现实进步和人类和解的机会。当已建立或突然出现的特殊利益面对常新的挑战时，当社会秩序内的常规运动和威力丧失的革命冲突之间出现对立时，当集中各种生产、阶级或民族而居于个人境况之上的暴政被推翻时，儒家都没有认识到具多面性的生产、情感和认知上的权能的出现。[1]

我同意昂格尔教授对儒家思想的上述批判。儒家的这种秩序逻辑是身份型的情感逻辑，而不是契约型的法理逻辑。儒学的确把社会分层和等级统治制度作为能够调解个人冲突的社会生活系统，在制度理想的选择之中只给定一种制度模式，而排斥了其他选择的可能，让人民只在唯一选择中接受现实，同时它的高明在于，用温情脉脉的父母官热

---

〔1〕 Roberto Mangaberia Unger, *Passion: An Essay on Personality*, New York: The Free Press/Macmillan, p. 67.

爱善待子民的家长制方式,使百姓服从等级制度的安排,这是儒家学说的特点之一。所谓“交换与忠诚的因素”其实很深刻揭示了政府与人民之间的儒家式关系:一方面双方各取所需,人民只要福利,而政府要求人民放弃自由;另一方面政府像父母那样热爱人民,而人民像子女那样忠于政府。人治之所以产生并存在,就是因为有这样的交换与忠诚关系。

对于昂格尔所概括的这个儒家特点,我的基本看法是从法治的立场看,我是反对儒家无视自由和平等的思想的。但是,我又担心它是一种必然产生并存在于中国的地方性知识,如果真是这样,我觉得中国法治应当有另一种前途。

我们不得不考虑到,社会制度模式的单一设计、“柔化了的赤裸裸的统治”“交换与忠诚”等东西,是什么样的原因导致的?是因为中国社会的特殊本土资源而必然产生儒教中的这些思想呢?还是在儒家倡导下才出现在中国社会呢?如果是前者,那么儒家有关的思想以及此思想在现实中的转化形式,在中国就是必然的,而改变它的难度将是巨大的。

如果是后者,那么说明儒家的出现不是一种必然,它就允许我们用另一种思想来代替儒家,必要时可以否定儒家倡导出来的某种社会制度结构。

我问这个问题的出发点是想搞清楚一个问题:中国人克服儒家带给法治建设的阻碍,有多大的可能性?

我想,儒家或从儒家发展出来的以下八项原则是严重阻碍中国法治建设的,它们是具有实质倾向的正义观(作为形式的规则与程序总是敌不过目标与结果的正当性;然而,法治恰恰是基于形式正义的),仁政观(而法治下的政府权力应当是受怀疑和受控制的),制度的有效性仰赖于个人道德与权威(而法治秩序中的个人道德与个人权威应当是十分次要的)，有仁义伦理而无契约诚信(法治精神其实就是契约精神，法治依赖于诚信，没有诚信就没有法治)，集权政治(法治尽可能地避免集权)，行政本位与等级观念(权利本位观、平等观是法治的精神要义之一)，义利关系伦理观(与市场的有效机制相吻合，法治鼓励利益)，个人服从团体的绝对位阶关系(个人与团体的位阶关系在法治秩序中是相对地动态地展开的)。我想昂格尔教授可能就是因为看到这些困难，才得出结论说中国是世界法治光谱的负极代表。

有什么途径能够既建成完备的法治，而又在改造传统文方面付出相对较低的代价？昂格尔教授对我强调了这样一种制度——能够吸纳冲突、自我调节、自我更新的开放的动态发展的制度。这是很具有启发性的回答。如果考察"吸纳冲突，自我调节，自我更新的开放的动态发展的"这几项特点，我们会发现，除了正当程序，已经没有其他任何制度可取代了。程序的特征就是吸纳冲突，包容异端，化解矛盾，自我调节，自我更新。所以，我们的制度大厦应当是以程序为钢架的。在这样的制度之下，"和谐"不是无矛盾，无冲突，而是矛盾或冲突都很容易被纳入这种制度之中加以妥当的消解。这种和谐的秩序逻辑首先是基于契约型的法理逻辑和程序逻辑，而不是首先基于身份型的情感逻辑和忠诚逻辑。

法治也并不是人类最理想的状态。法治也普遍被某些基本矛盾所深深困扰，它无法最大限度地实现个人与集体意志的使命。但是，我们的社会仍然需要法治，我们没有理由因此而拒绝法治去选择其他弊端更多的秩序逻辑与治理方式。

和昂格尔谈中国传统与现代法治*

第一次(2004 年 2 月 13 日)〔1〕

孙笑侠(浙江大学法学院教授,以下简称孙):昂格尔教授,你好! 我来自中国浙江大学法学院。现在哈佛做访问学者,主要关注的是中国文化传统与当代法治秩序的关系问题。我有一些正在思考的问题想通过与你的交谈,得到一些指教和启发。

昂格尔〔2〕(哈佛大学法学院教授,以下简称昂):欢迎你! 那好,我们就儒家传统讨论一些问题。我曾经写文章对儒家进行过批判,很高兴有机会与你讨论

---

* 本文原载《政法论坛》2007 年第 1 期,转载于《法理学 · 法史学》2007 年第 4 期。

〔1〕 2003 年至 2004 年间笔者在哈佛大学作访问学者时,对昂格尔教授作了三次学术访谈,这是根据当时的谈话录音的整理稿。笔者在完成这篇访谈的过程中得到哈佛大学法学院法学博士(SJD)候选人王钢桥先生的大力支持与合作,感谢他为我在联络与翻译方面给予的大力支持,浙江大学法学院博士生周婧同学在整理访谈成文时也给予了帮助,特致谢忱。

〔2〕 罗伯托 · 曼加贝拉 · 昂格尔(Roberto Mangabeira Unger)是美国哈佛大学法学院教授,美国批判法学运动领袖,美国当代著名法学家,1949 年生于巴西,1976 年获得哈佛大学法学博士学位,留校任法理学教授。前些年曾回巴西担任政府要职。2008 年建军节,因为他为巴西制订国防战略方面的工作,昂格尔教授接受卢拉总统颁发的荣誉勋章。

对儒家的批判。我很想知道你对我批判儒家的看法。

孙:我还只注意到您在《现代社会中的法律》中的有关儒家的论述。

昂:这方面论述主要是在我的《Passion》一书中。在美国研究儒家的人都是外来人,从社会方法来研究儒家,强调它对社会的影响和结果,没有人从内部结构上进行检讨,像杜维明虽然是在内部,但他们在内部又总是捍卫者,把儒家当宗教,不作批判。这是不应该的,我们需要打破这种格局。

孙:对儒家的看法,我现在正与杜维明教授每周都有讨论,我还准备继续访问杜先生讨论法治与儒家社会的关系。我赞成你这样的看法,我们应当从社会内部结构上剖析儒家,从制度化角度的当代社会发展需要来批判儒家。那么你是从什么角度进行批判的?

昂:有一些儒家学者作了对儒家认同性的研究,并强调儒家会在诸种学说中胜出。目前已有的批判者也多是功能性的批判,关注儒家是否能够实现某种社会功能。

孙:我很想知道你是从什么角度批判的?

昂:我在《Passion》的 Introduction 中作了细述,希望你能够阅读这本书之后给我一些回应。现在笼统地简单谈其中重要一点,就是现代西方政治道德的传统都强调和谐,强调个人世界与社会世界的互动,个人秩序之间与社会秩序的和谐。像柏拉图与孔夫子在形式上看来是相似的,都强调社会秩序与个人秩序的和谐,但是在我看来,事实上整个世界只是一个对抗(背叛或冲突)的世界,只能在冲突中实现和谐。当下中国应当把握一种思维方式,处理好秩序与无序之间的关系。

孙:你的分析很有意思。的确在这一点上中国需要把握好两者关系,用我们流行的话来说就是“稳定、改革与发展”的关系。“改革与发展”的要求是暗示着“冲突”的,而“稳定”或“团结”的要求是强调“和谐”的。两方面之间正是紧张关系,我认为中国在制度上还没有更理想地处理好它们的关系。这是很困难的。

昂:有两个概念的法治,一是强迫推行的法治秩序,对方没有反应的话,这种法治秩序就被自动接受了。二是超越简单的秩序与无序的关系,通过冲突来实现的,而非通过强迫来实行的法治,人民是在冲突中达成和谐,实现法治的。

孙:第二种是否指欧洲?

昂:我只是对理想化模式的划分,不是现实描写,但从西欧民主进程历史来看,法治是从第一种到第二种的发展模式。

以此反观中国历史,儒家与法家虽然矛盾,但他们还是互补的,类似的情况是欧洲传统的基督教与强权推行的互补性。通过强权推行,最后产生的结果是这样。

儒、法两个方面其实是同一立场和角度的,这正是我要批判的。它们形成同盟,渐进的实验主义的民主是多元化的,它能够与冲突与对立协调起来。

孙:儒家强调协调。

昂:更高级社会应当保持一种创造力,需要承认冲突中的协调秩序,才能容纳这种冲突中的法治秩序。正如战争中的司令与战士的关系,应当允许战士对司令的战争计划作修正和发展,然后去推行它。

如果我在中央党校讲课,一定会被误认为我是马克思主义者。

孙:20 世纪 20 年代,梁先生认为中国不能搞民主的主要原因是中国人不愿意讲斗争,而要和谐。比如,竞选中的政治家,扯不下面子来与你唱对台戏。这很典型地反映了中国社会的一个侧面。

在冲突中修正,是一种开放式。

昂:毛泽东就是在冲突中定期进行运动式的修正。中国社会变革常常通过危机来调整。

孙:中国今天的问题仍然在此。这样的代价很大,偶然性也很大。

成功或失败都占一半的可能性。

昂:中国有很大危险,因为它在简单模仿西方制度来取代社会主义制度。而不是自我的制度变革。

孙:但是在客观上,中国不可能彻底模仿西方法律制度,因为中国的文化传统的原因,所以可以说它不会简单模仿西方。这是不必担心的。

我也关心这种冲突,它需要制度来引导。但是,如果这种社会本身没有这种制度需要,那么这制度怎么产生?有没有可能通过理性建构?

昂:最危险的是低水平模仿,是低等级的解决方案,如模仿与传统结合,像杜维明所谓的新传统。

应当在两个层面上都有批判,一是在制度层面上,二是反省意义上,即辩证地批判。然后把这样的批判变成现实。

改革应当有整体的大的规划,而不应当局部地调整,小修小补。否则,最终的坏结果会是,政治当局与小资阶级形成配合与默契:你要想当选,你就要让我们富起来。你想富起来,就得选我。

孙:你刚才提到要宏观规划与设计,这是一种能动的理性,这种设计的可能有多大?

昂:与理性建构主义不同的是,我说的这种设计强调其过程性,不是像建筑而是像音乐,它是不断推进的。因此,法学思想应当不断扩大制度的建构。当今社会的制度的狭隘性是重大失败,制度"菜单"选择应当提供更多的可能性。

孙:制度的多样性,你这个观点很重要。可是任何制度在任何国家都会带有地方特色。甚至是原来理想制度的一种变异,你是否也把它看成是多元的一种呢?

法治的模式是否存在多元模式?但无论何种法治都只是万变不离其宗,都离不开法治的几项基本原则。尽管有中式的、日式的、韩式的、美式的、英式的……

昂:你指什么样的法治模式?

孙:如富勒概括的法治八项原则,基本表述了法治的基本模式。各国都只是基于这样的法治原则而建立起符合自己民族特点的制度。

昂:应当超越小资产阶级,放开,让更多的民众富起来才是更有效的制度意义上的变革。这才是高层次的变革。

我担心的是,有人发出疑问说小的问题都实现不了更不用谈大的问题了。但我认为必须先有大的架构的变革,一个社会变革必须有大的架构,然后才能让小的部分从细部合理起来。中国是又大又穷的国家,需要渐进变革变成富强的国家。但也需要强调制度创新。这里有个悖论,现代西方国家都有意识地避免制度的狭隘性,而第三世界却难免步其后尘。

今天时间不够了,几分钟后我有一个约会,但我们可以再约一次时间来继续我们的谈话。

孙:我还有许多问题,正担心时间不够,那太好了,下次再约。非常感谢你。

第二次(2004年2月20日)

孙:读过您的《激情》之后,很有启发。不仅感受到你的激情,也激发起我的激情。你对儒家思想的深刻分析与概括是根据什么样的基础来把握它的?是根据儒家经典还是根据中国现实?

昂:这两方面都有。一方面注意到经典文本,另一方面是经典思想在现实中的反映。这个传统有一个明显的缺失,即对个性的提升。这种缺失是理解和分析当今社会关系的一个重要的概念。柏拉图和儒家有差别,但都事先规定好个性应当是怎样一种秩序,然而,它们都无法全面反映个性。所以必须有一个社会自身结构只能通过自我解构的方式才能实现个性。

说到统治有两种。一种是通过个人的参与体现社会秩序。一旦个人无法体现秩序,法律就介入,成为对秩序的一种支撑。另一种是更高层次的,以法律来重组国政,使得激烈的冲突与对立能够协调起来。法律起到协调、组织的作用。

回到现代的政治社会,多元化既是问题,又可能是解决问题的方案。利益的多元化本身不是独立的,因此,可能从问题转化为解决问题的方案。

孙:那么,是儒家所提出的治国理念与制度安排在先,还是中国的现实在先?如果现实在先,那意味着我们没有办法,没有选择。相反,如果是思想在先,我们可以通过改变思想来改变现实。

昂:不应当在两者之间取舍。还有第三种观点。这不仅仅是中国的特色,在任何的前民主国家都存在此特性,即权力、交易与情感(忠诚)三者连为一体的。只不过在不同的国家通过不同的意识形态、不同的观念来表达出来。

孙:昂格尔教授概括了中国的四个特点,即社会制度的单一模式,没有其他选择;柔化了的赤裸裸的统治关系;交换与忠诚的关系,你给我福利,我就忠诚于你,我就放弃自由;给了我福利国家的承诺,我就给你进贡。儒家酝酿了中国的温床,其他国家、文化是否也有此特点?对于今天的中国人来讲,克服儒家的弊端,其阻碍是什么,困难有多大?

昂:在理论上,有很大的难度。但是,将其放在欧洲法的历史传统中,从理论上来讲,即使没有民主也有可能实现法治,如当时的德国,没有民主,但有法治。然而,在当今庞大的中国社会,在进行深刻的政治经济变革的中国社会,这是不可能的,没有民主是很难实现法治的。如果进行至上而下的改革,不可能通过法治的方式来进行统治。另一种情况,如果设置一些制度让老百姓可以谈判(Negotiate),变成一种至下而上的法治。如果中国不实行民主,就可能有两种情况:一种是萎缩(Diminish)的法治,另一种是形式上的法治,但是显示出将来变革的可能性。

孙:昂格尔教授在其另一部著作中,即《现代社会中的法律》,谈到如果说西方的法治社会是正极,那么中国就是负极的代表。这样的结论,我非常赞成。这种负极的代表如何走向法治,即 rule of law?

昂:我相信中国肯定会进入法治,关键在于有两种方向。一种方向是较常见的,如新加坡,这种法治有三种表现:模仿西方的经济治理,强调老百姓的社会习惯即服从于团体与权力、至上而下的控制。另一种方向是更进一步的、试验性的改革,将社会试验性的改革推进到制度建设,这种法治不再是限制个人、企业,而是调节他们,这样所形成的就不是至上而下的秩序。

你的提问中有个假设,即中国或者转化成为西方社会的法治形式,或者没有。西方的法治其实是国家通过公法限制合同的自由,虽然合同的内容由当事人决定,但是国家可以通过公法进行限制。可以作个对照,前面一种文化是说,你们可以致富,但如果超过法律的限度,就会被杀头。另一种则是由他们自己组织起来,而法律仅仅是协调他们的工具。

前一种文化有两种面孔,一种是像儒家一样,强调和谐,另外又有法治的形式。后一种文化中,法治只是提供一种场所,这个场所孕育着各种各样的变革方式。所以,在前一种法治中,秩序是最要紧的,变革(Novelty,原意是新生、新奇的东西,我翻译成“变革”)是危险的。而在后一种文化中,秩序只是进行变革(Novelty)的方法、手段而已。

所以,中国实行法治是没有问题的。

孙:无论是新加坡似的法治,或者另一种形式的法治,中国要实现法治,是否必须经过一个形式主义法治的阶段,即职业自治、机构独立、方法合乎逻辑、注重程序的法治。而中国是缺少形式主义的，因为儒家强调实质正义，我们应当如何补课？中国是否必须经历这样的阶段，还是直接跨越到实质法治的阶段？

昂：不存在这样的问题。中国的学者一方面已经超越了马克思主义；另一方面又被马克思主义所困扰。历史不是法律，不是事先规定好的。这样的讨论有点过于理想化、概念化。中国社会是否有这样的可能性，即掌握权力者与掌握财富者（资本家）结合成为一个集团，那么中国就只有官僚法的一种形式了，虽然这样的形式也会照顾到老百姓。另一种可能是，攻击掌握权力者与掌握财富者的联盟，只有这样才可能实现法治。

这个选择不是纸面上的，而是由社会力量所决定的。

孙：儒家重视实体正义，这样的影响至今仍然存在。例如，儒家对武士劫强扶弱是赞同的，而法家则反对。再如，政治家赞同通过刑讯逼供来打击犯罪。这与形式主义的法治是相悖的。

昂：形式也好，实质也好，要看影响社会的力量是什么。在当时的欧洲，国王的权力被新近兴起的资本家阶层所制约，这些阶层通过程序来保障他们的财产免受侵犯。回到中国，没有这种可能性，因为新富阶层并不愿意反对政府，而是依赖政府。那么只有第三条道路，即民众的力量，由民众组织起来，形成法律规则，成为对抗政府的力量。现在，在无法实现民主的情况下，学者想走中间的道路，即没有民主的法治。这是不可能的。实际上，在中国目前的情况下，或者没有民主也没有法治，或者二者同时拥有，并没有中间道路。中国正处于经济改革的最佳时机。然而，将经济与公共领域结合有许多种方式。要做的是使普通民众享有受教育的机会，给予关于经济与宗教信仰的更多的权力，包括制定法律的权力。这就是为什么法治的重点不是私法或者公法而是社会法的原因，也就是说法律为经济政治改革设定相应的制度。这是改革的总体框架。如此一来,民众可以控制当权者的权力,而不是忠诚于当权者。民众享有信仰、代理(Factors)的基本权利。这不仅仅是逻辑的问题,而是任何当权者面临的问题。因此,我不赞同教授法律的理想类型,因为它妨碍了对现实的理解。法治的实现有赖于民主的实现。

第三次(2004年5月15日)

昂:您在哈佛呆多长时间?

孙:还有两个月我就回国了。

昂:回到哪里?

孙:浙江大学,在浙江省。浙江省在中国的东南部,就在上海旁边。这是中国画(兰花图),它体现着君子的精神。希望您能喜欢。

我准备把我们谈话的内容翻译成中文,并将之发表,以便让中国的学界了解您的思想。

昂:谢谢!您回到中国后,如果有什么问题,可以用Email和我联系。其实,我对务实型的讨论是非常感兴趣的。如果能够组织中国的学者进行这样的讨论,将是一件幸事。

孙:太好了。我们每年都举行一次有关司法改革的国际研讨。

昂:我对大的制度变革更感兴趣,这种制度不仅仅包括法治,还包括政治、经济领域等。法律只是制度变革的一个方面,是一种制度架设的反映。我们讨论的是更大范围的变革。

孙:昂格尔教授有此意向,真是太好了。希望不久的将来能够邀请昂格尔教授到中国来参加研讨会。

昂:可以在北京举行吗?这样更多的人都能参加。

孙:当然可以。我可以与北京有关大学或学术机构联系,建议他们将研讨主题确定为政治改革、法治改革、社会变革。

昂:中央党校能否请外国的学者参加研讨?

孙:现在是比较多的。我们可以邀请中央党校的教授参加研讨。

昂:如果要参加这样的会议,我不是以美国学术界代表的身份参加,而更愿意以一名巴西人的身份参加。因为我更多的关注发展中国家进行改革的可能方案。其实,这样的研讨会有两个基本的问题可以讨论:一个是中国未来制度变革的可能方案;另一个是在制度变革方面,其他大陆国家如巴西、印度、俄罗斯与中国的关系。

孙:好的。我将把这个很好的建议带回国。

昂:国家机构也会派人参加吗?

孙:他们对此也感兴趣。一些国家机构的一些法律研究人员,他们都可能参加的。

昂:我需要强调的是,人们常常将法律(law)仅仅看作是附属于其他更多制度的一种制度,仅仅是与法律规范、立法结构、法院有关的东西,而在我看来法律(law)不仅仅限于此,法律(law)涵盖了社会的所有制度,它们都可以称为法律(law)。法律(law)是广义的。在这样界定法律(law)的基础上,我们来探讨何种制度安排是比较好的。(笔者注:原文是“law is not legal”。我将 law 翻译成法律,将 legal 翻译成法制的、与法律规范有关的。)

孙:在前两次的访谈中,昂格尔教授您论及中国儒家的特点时,谈到两个问题。一个是情感秩序与安排秩序;另一个是统治者给予人民福利,同时又对人民进行政治禁锢。我们必定打破政治禁锢,因为其阻碍法治,但是情感秩序是否也会限制法治的发展呢?

昂:为了理解法秩序的情感化,我们首先要在两个层面来理解权力是如何运作的。第一个层面是法秩序、权力情感化,其目的就是把不平等的权力关系通过情感化来维持权力秩序。如果这样的秩序失败了,法律(Legal Order)就进来,这是法律是对权力的一种支持与强化,强迫人接受统治者的命令。就像带着手套,外面一层是软的,如果外面一层不行,再用里面的一层。

这样的法律是一个反应型的,也就是说当情感化失败了,法律才进来。而我提倡的是一种渐进式的法律,这样的法律是永远变化的。有一个形象的比喻,按照马克思的观点,经济领域进行的是大规模的标准化生产,因此有严格的分工,并由中央机构来控制分工。但是,这样的集团化的生产方式已经由更灵活的经营方式所取代。在后者当中,有更多的创造性。其有如下特点:弱化了管理者与被管理者的对立关系;分工的严格界限也被弱化;有了更多的合作;能够长久存续。在政治领域也有对应的例子,也有相似的渗透,我们需要考虑如何设置制度,以使制度可以从事永久的创造,可以接受不断的变革。

孙:昂格尔教授是否认为中国必须同时保留上述两者,即将权力关系情感化与法律的接轨、法律制度的安排?

昂:情感化并非为儒家所独有,任何前民主社会都存在此情况,只是儒家更好地将其阐释。如果我们说这仅仅是儒家的特征,这是与形式主义法治相对应的,中央党校的同志就会不高兴,说这不是中国特色的东西。

孙:中国要实行法治是否必须突破儒家的情感化?

昂:这是绝对的。任何法治的变革都不允许与情感化的东西接连在一起的。问题是为了打破这种情感化,当下的民主法治国家所实行的是一种僵硬的法治秩序。而我所提倡的是一种灵活的更具变革的法治秩序,一种更高意义上的法治形式,当然这种法治形式必然是突破情感化的。中国所追求的是一种最低限度的法治,还是一种最大程度的法治?

孙:选择最大化的法治,这是很容易被官方所接受的。官方正需要有一种理论能够将儒家思想、中国国情、马克思理论以及共产党的执政纲领等都包容进来,然而这种理论中可能有一些东西是无法为民主社会所接受的,如此一来这样的"法治"是否可能离西方的法治越来越远?法治是否有一些基本的要素是不容违背的?

昂:最大化的法治要求对政治、经济、社会制度重新进行安排。这与极权必然是不相容的。中国可以在以下三个立场中进行选择。第一个立场是所谓的伪马克思主义,这是在相当绝望的状态下产生的;第二个是最低限度的法治;第三个就是我所说的最大化的法治,民主法治。我建议展开一场斗争来决定选择何种立场。

孙:第三种法治有哪些基本原则?

昂:关于此,我的著作 *False Necessity* 中的第五章有较多的论述。

孙:这些基本原则与最低限度的法治有哪些共同点?

昂:这本书里有较详细的论述。

孙:昂格尔教授在《现代社会中的法律》一书中谈到官僚法。在今天的中国有这样的悖论:法治的实现只有通过官方来推动,这样的法治却是官僚法的,而不是自治性的法治。但是,如果没有官方的推动,而由民间自生自发的形成一种法治,则需要较长的时间。如此是否构成一种悖论?

昂:当下中国最主要的弱点是没有民主化。任何标准化的变革是两者结合,官方与下层相结合。没有民主化的推进,不可能产生变革。而中国今天仍然没有民主化,没有至下而上的推动力。法治的实现有待于实现民主化。

孙:目前在中国,地方立法可以让老百姓都参与讨论。中央立法则主要由执政党的中央提出建议稿,而不是由所有的党员、所有的老百姓来讨论。大的方面并未完全放开。我的问题是有民主是否有可能比没有民主更糟糕?您是如何看的?

昂:这个问题回到了我们谈话的最基本的问题:中国是否要坚持这种集权的统治方式,还是要一种更微妙的机制来组织社会?这对于当下的中国是一个很重要的问题。这就是我关注制度变革的原因,希望把问题放到制度中来解决,以此预防社会危机。正如,在狂风大作或者地震的时候,一栋楼难以保持牢固的根基。反之则可以。后一种机制才是长治久安的制度。

抽象的讨论意义不大,我们需要在制度层面来讨论。我将自己的观点归纳为以下几点:第一点是代表制民主与直接民主的结合,在地方可以实行直接民主,在中央则实行代表制。第二点是公民应当有一些基本的权利,这些权利是普适性的,公民应当享有这些权利来保障他们的安全、保证他们可以参与到社会中。第三点是设置一些制度,使人民可以使用金钱来影响政治,来主张其权利,如通过捐款来支持某个党派。第四点是应当有一些制度的安排使人民可以迅速地打破政治僵局。当某种政治体制无法解决问题时,人民可以采取一些措施来打破这个僵局。第五点是制度的架构应当允许一些试验,允许进行一些尝试如中国的一国两制,允许一些新事物的产生。

孙:谢谢您抽出那么多时间接受我的访谈,非常感谢！也希望你在不远的将来能够光临中国浙江大学法学院。

昂:很高兴与你讨论这些问题,希望再见到你。

(这三次访谈均得到当时在哈佛大学法学院博士王钢桥先生的无私帮助,在此特别致谢!)

四、

法治与公法秩序

宪制的共识与可能*

宪法作为最高位阶的法，其部分规范和制度在经济高增长期容易被闲置。经济高增长期之后的社会转型出现新的问题，官民之间、贫富之间的社会矛盾和冲突随之加剧，引起稳定的巨大压力。于是，民主与法治成为这个时代民众的高度共识的同时，却遇到了宪法未全面实施的"瓶颈"，因而依宪治国就被提出来了。不全面实施宪法，会使改革陷入困境和僵局。在新的社会转型形势下，目前的关键问题是，宪法能否成为上下左右的"最大公约数"和寻找共识的依据？这需要从现行宪法的制宪精神与规范内容上来解读。

法律人的专业责任首先在于对现行法规范的守护和解释，在现行规范体系中解释宪法和法律。宪法实施或实行宪政，都需要从宪法文本出发。从我国1999年《宪法修正案》第13条来看，条文使用了"依法治国，建设社会主义法治国家"。此处的"法治国家"概念可作字面和广义两种理解。字面的"法治国家"是指政治国家范畴内的治国理政通过法治方式来

---

* 本文原载《法学研究》2013年第2期。

实现,各机关、各级领导干部都以法治思维和法治方式来治国理政。在这个意义上,法治国家就等于宪政国家,就是依宪治国。它是指国家权力受宪法和法律的控制,也就是我们热议的"把权力关在制度的笼子里"。广义的"法治国家"是把国家与社会合二为一,既包括法治国家也包括法治社会。因此,现行宪法规定的"法治国家"实质上就是指宪政国家和法治社会。问题在于,当没有宪政的时候,法治也就失去根本和基础。

实行宪政包含三个层面的问题:一是有没有宪政共识?二是有没有宪政制度?三是如何建构宪政秩序?

一、中国宪政共识已基本确立

"依宪治国",由执政党两任总书记郑重、连续提出这个命题,[1]不是偶然的,是国家和社会发展的必然选择,是中国宪政共识从酝酿到确立的标志。十八大报告在宪政共识上又有三个突破:

第一,不仅肯定法治是社会管理的主要方式,更是治国理政的基本方式。报告第五部分提出"法治是治国理政的基本方式"。它回答了一个问题——法治只是国家管理社会这个单一层面的功能吗?其实国家与社会都需要法治,这次是对法治国家与法治社会划分上首次肯定了"法治二元论"。如果说法治是治国理政的基本方式,那么就意味着治国理政首先以宪法为基本依据,规范、完善、限制国家其权力的界限。治国理政关键是实施宪法,依宪治国,实行宪政。

第二,把法治和自由、平等、公平并列为核心价值观。这也回答了

---

〔1〕"依法治国首先要依宪治国,依法执政首先要依宪执政",由时任中共中央总书记的胡锦涛于2004年9月15日在首都各界纪念全国人民代表大会成立50周年大会上提出,中共中央总书记习近平于2012年12月4日在首都各界纪念中华人民共和国宪法公布施行30周年大会上的讲话中再次强调了这个论断。

一个老问题——法治仅仅是一种工具和方式吗？为什么十八大报告不仅在工具和方式意义上使用法治概念，还明确提出法治是我们的社会目标和核心价值？[1] 因为法治包含了宪法至上、人权保障、公权控制、正当程序、独立司法等一系列的价值内涵和精神理念，报告明确把法治作为社会主义核心价值观，实际上是确立了社会主义宪政的共识。

第三，明确提出领导干部要提高运用法治思维和法治方式来深化改革、推动发展、化解矛盾、维护稳定的能力。它回答了另一个问题——法治作为一种工作思维和工作方式，仅仅是职业法律人专有的吗？这个问题以前有过误解，认为只有律师、法官、检察官是拥有法律思维和方式的人，甚至曾经一度还有人贬损法治思维和方式是不懂“大道”的“雕虫小技”。这次把法治思维和法治方式从专业的法律人扩展到了领导干部，拓宽了法治的主体，也将法治全面拓展到了宪政。因而在考核领导干部素质和政绩的时候，法治工作能力、水平和效果，应当成为名正言顺的指标。从法治规律以及近10年实践来看，各级领导干部既可能成为法治的阻力，也可以成为法治的动力。领导干部如果有法治思维和法治方式，许多纠纷和矛盾就在行政阶段得以解决，司法机关的办案压力会得到缓解，司法机关就可以独立办案。

二、以现行宪法为共识，哪些属于宪政制度？

现行宪法是改革开放之初修改完成的，字里行间具有非常大的包容性和拓展空间，既包容了民主精神、改革精神和法治精神，又包容了适应社会转型与国家发展的过渡性、折中性和阶段性。现行宪法文本

〔1〕 十八大报告在第三部分把法治、法治政府、司法公信力、人权等纳入2020年小康社会建设的目标。十八大报告第六部分谈文化建设时，把自由、平等、公平与法治一起作为社会主义核心价值。

与当下宪政的共识,是否已经相吻合?通过对宪法文本的考察,我们可以得出基本判断:现行宪法文本字里行间已包含宪政的共识——努力实现自由与权力“两方面微妙平衡”[1]的共识,能够成为“上下左右”的“最大公约数”。

因而,它适应政治改革的伸缩空间也是足够的。这种伸缩空间只依赖我们重视并实施宪法。在这个时期若不全面地实施和应用宪法,若不适时地解释和生长宪法,那么我们就无法厘清权力和自由的关系,无法制约权力,无法为财富分配的困境提供制度安排,法治就走不出困境,政治改革就无法启动,我们30多年的经济发展成果就可能被抵消,甚至起反作用。

宪政制度是指宪政的制度硬件设施,我们可以把这些基本的制度设施罗列出来如共和体制、议会政治、司法权独立、合宪性审查制、议会预算制、人权与正当程序、言论与新闻自由、信仰自由、大学自治、行业自治,它们都属于立宪主义、宪政或宪法政治的范畴。这是宪政所涉及的大致范围,但民众也并非希望在一夜之间落实。

就中国现行宪法而言,已经具备了上述的部分内容,换言之,也有部分内容还不具备。有的只是具备了框架性的制度,有的只具备了过渡性的制度,这是客观事实。无论是框架性的宪政制度还是过渡性的宪政制度,它们都可以通过宪法实施、宪法解释、局部修订等方式来逐渐发展的,通过这样的发展方式,不断生长出中国宪政制度。

从我国现行宪法文本来看,至少已具备以下9个方面宪政制度的框架:

1. 人民代表大会制度(《宪法》第2条以及第三章)是中国特色社

---

〔1〕［美］劳伦斯·H. 却伯、迈克尔·C. 多尔夫:《解读宪法》,陈林林、储智勇译,三联书店2007年版,第9~10页。

会主义议会政体，是国家政权的组织形式，它近似于议会至上的制度。

2. 人民代表大会实行选举制度(《宪法》第 34 条、第 59 条、第 97 条)。

3. 财政预算权归人大(《宪法》第 62 条第 9 项、第 10 项)。

4. 宪法实施与监督审查制度即合宪性审查制度。(《宪法》第 67 条)宪法规定全国人民代表大会常务委员会行使“解释宪法，监督宪法的实施”的职权。

5. 法院和检察院依法独立行使审判权和检察权(《宪法》第 126 条和第 131 条)。

6. 法律保留原则和制度(《宪法》第 62 条、第 67 条以及《立法法》第 8 条)是对各级政府和司法机关制定规范性文件权限的限定。

7. 表达自由(《宪法》第 35 条)。

8. 人权与正当程序(《宪法》第 33 条、第 37 条)。

9. 执政党与宪法的关系，执政党对政法工作的领导方式(《宪法》序言最后一条[1]以及第 126 条和第 131 条)。

我国现行宪法规定的宪政制度基本设施，相对于观念层面的共识，是制度层面的共识，因而更是宪政的共识，更是当前上下左右不同立场和主张的“最大公约数”。如果落实这些规则和制度，也就能够统一思想，凝聚民心，实现宪政。问题在于，这 9 个方面的宪政制度中哪些是近期可以先行推进的？显然不能从重要性上来考量，而应当从稳妥的可操作性上考虑。从时间上可以把 2020 年实现小康社会之前的 7 年划分为两个阶段即 2013 ~ 2017 年作为第一个阶段，2017 ~ 2020 年作为第

〔1〕 我国现行宪法序言的最后一条规定“本宪法以法律的形式确认了中国各族人民奋斗的成果，规定了国家的根本制度和根本任务，是国家的根本法，具有最高的法律效力。全国各族人民、一切国家机关和武装力量、各政党和各社会团体、各企业事业组织，都必须以宪法为根本的活动准则，并且负有维护宪法尊严、保证宪法实施的职责”。

二个阶段。

第一阶段推进宪政的任务(2013～2017年)包括(1)全国人大常委会履行合宪性审查职责,可先划定范围,逐步扩大。(2)法院和检察院脱离同级政府的人事权和财权的束缚,首先保证“法院独立审判,只服从法律”。[1] (3)落实宪法“尊重和保障人权”和“法律保留原则”以及第37条的“正当程序原则”,废除有关违反这些宪法原则的行政性制度。(4)政府财政公开,真正接受人大监督。(5)中央政法委统一对各级政法工作进行领导,地方党委不直接管司法个案。

第二阶段推进宪政的任务(2017～2020年)包括(1)改革各级人大选举。(2)人大的议事程序应当正当化,建立辩论程序。(3)逐步推进表达自由的落实,消除新闻审查与新闻自由的紧张关系。(4)进一步改善党对政法工作的领导。

三、依宪治国,让宪政制度变成宪政秩序

宪法学上所谓“立宪意义的宪法”,是指其“自由的基础”,它是自由的法秩序的产儿。[2] 从1954年宪法演变而来的1982年现行宪法,其立宪者当初确实已赋予其社会主义自由的内涵和特质,从宪法文本看,其中基本的宪政制度是具备了推进宪政的基本架构。目前来看只是现行宪法在实施过程中,被作了避重就轻地选择性处理——有些宪法条款是被落实了,有些宪法条款却被束之高阁。可以说我们的宪法只是被部分实施的宪法。宪政秩序是实施宪法的结果。

要让宪政制度变成宪政秩序,其可能性依赖于我们要做的3个

---

〔1〕 现行宪法应恢复1954年《宪法》第78条的规定,“人民法院独立进行审判,只服从法律”。

〔2〕 宪法学上把宪法划分为“固有的宪法”和“立宪意义的宪法”,参见[日]芦部信喜:《宪法》,林来梵、凌维慈、龙绚丽译,北京大学出版社2006年版,第7页。

工作:

第一,目前首要的工作是贯彻落实现行宪法中已明确可执行的规定。习近平总书记说,“宪法的生命在于实施,宪法的权威也在于实施”。[1] 我们对现行宪法的一些基本制度设计没有加以实施,如2003年孙志刚事件引发国务院《城市流浪乞讨人员收容遣送办法》被控违宪。宪法规定人权与正当程序(《宪法》第33条、第37条),宪法规定全国人民代表大会常务委员会行使“解释宪法,监督宪法的实施”的职权(第67条)。宪法和立法法都规定的“法律保留”原则和制度(《宪法》第62条、第67条以及《立法法》第8条),然而当出现违反宪法的行为时,没有及时启动违宪审查职权。目前涉及合宪性审查的还不只是劳动教养制度,还有城管制度、信访制度、强制拆迁、双规惯例等。

第二,需要通过宪法解释方法来增进宪法的生长。宪法不仅可以通过实施来增强活力,宪法还可以通过实施和解释得以不断生长。宪法能使一个政治统一体处于不断生长、形成和创造的过程,“宪法=政治统一体的动态生成原则”。[2] 所谓“宪法的生命”也在于此。比如《宪法》第126条和第131条规定法院和检察院依法独立行使审判权和检察权,“不受行政机关、社会团体和个人的干涉”。就这一条规定来看,通过宪法解释,至少可以得出结论:审判和检察机关不应该在人事权和财权上受制于同级人民政府。

第三,有的宪政制度还需要通过宪法和制度改革加以逐步完善。比如各级人民代表大会的选举制度,为满足人民群众日益增长的民主

〔1〕 2012年12月4日,中共中央总书记习近平在首都各界纪念中华人民共和国宪法公布施行30周年大会上的讲话。

〔2〕 [德]卡尔·斯密特:《宪法学说》,刘小枫译,联经出版事业公司2004年版,第8页。斯密特认为,“有一种根本的或在根基处涌动的力量或能量使政治统一体处于不断形成、不断被创造的过程中。宪法就是这个过程的原则”。

需求与法治意识，在选区的划分、代表候选人的提名、差额选举办法等方面，都有很大的改革空间。比如人大财政权的实现，需要通过宪政制度的具体化，需要健全政府财政公开透明的制度。又如宪法上表达自由的落实，有的要完善和落实已有的法律，有的要通过制定相关的法律，来保证落实宪法有关表达自由的规定。再如党对政法工作的领导权，可以保留中央政法委员会，依照宪法和法律来对政法工作进行路线、方针、政策上的宏观指导，来协调涉及重大司法政策和国家重大利益的政法事务，省、市、县不设政法委员会管辖个案司法。这样既保证党对政法工作的领导，符合法治和宪政的要求，又符合人民司法工作的规律。

如何让宪法具有生命力地“活”成宪政秩序，关键在于启动两个并不十分困难的操作性环节：第一，启动合宪性审查制度。全国人大常委会应当履行宪法明确规定的合宪性审查监督职责，对各级政府有关行为的合宪性进行审查监督，成为宪法的守护者。第二，应当允许司法机关在个案审判与检察中引用宪法。全国人大常委会不必忌讳和限制人民法院和人民检察院在司法文书引用宪法的司法职权，让司法者也加入宪法守护者的行列。通过这两个方面，就能够让中国宪法具备了不断自动生长的活力机制，全面建立宪政秩序就有了动力系统的操作台。

宪法意识增长中的行宪任务

2012年是中国“82宪法”颁布实施30周年，在这30年中，我们能够看到宪法与宪政的不断发展。时至今日，我们可以发现，随着社会主义法治社会建设的不断推进，人民群众所具有的宪法意识和权利意识已经有了长足的进步，对于宪法所坚守的价值的向往和对于自身权利的维护已经越来越被更广大的人民群众所接受。而人民宪法意识的不断增长则对党和政府贯彻实施宪法提出了更高的要求。在当前环境下公权力机关的行宪任务已经成为我国法治建设道路上的一个重要课题。

宪政文明不是做成的，而是长成的。今天我们所享有的权利、安定的社会秩序和社会主义法治，不仅仅是宪法的条文或是国家机关的单向落实所能提供的，而是在宪法法律的影响下，全社会的积极互动所促成的。宪法不会自动实施，如今我们国家宪政文明所能取得的一切成就，不仅是由于国家权力机关的贯彻落实，同时也是广大人民群众不断强化对宪法的理解，对宪法所赋予人们的权利及其价值的向往及宪法意识的整体增长所反作用的。人民群众宪法意识的增长，反过来对于国家机关的行宪任务提出了更高的要求，这也是不断推进我们国家宪政文明发展的动力所在。在当前环境下，我国人们群众的宪法意识有了明显的提高，主要表现在如下方面：

1. 权利意识：权利意识系指公民对于个人权利的重视及对国家落实对个人权利的保障的诉求。“82 宪法”在第二章中明确规定了公民所能享有的基本权利，这也成为公民权利意识的最初来源。宪法实施30 年以来，随着社会主义法治的不断发展，我们能够非常明确地发现，公民的权利意识从最初的淡漠状态发展到如今对自身权利的高度重视，从最初局限于对政治权利的关注发展到如今对于个人自由权、财产权等基本权利的全方位广泛关注，从最初关注于宪法宣示的纸面权利到现在公民积极寻求对自身权利的维护与保障。可以说，这 30 年来公民宪法意识增长中最为迅速的即是权利意识的增长。

2. 民主法治意识：民主法治意识表现于公众对于分享政治权力的诉求及对于法治社会、依法治国、依法解决社会纠纷的期待。新宪法实行以来，人民群众最先觉醒的是政治权利意识，表现为对于贯彻落实人民当家作主的要求，对于公共事务发言和施加影响的诉求，扩大政治权利、彻底实现基层民主的诉求。而随着社会主义法治建设的推进，人民群众对于实现法律之治也怀有越来越多的期待。公众对于诉讼的看法逐渐摆脱了过去价值消极的看法，而越来越倾向于通过司法途径寻求社会纠纷的法律解决。同时，人民群众也期待法律能够成为制约政府行政权力、规范政府行政行为的力量。切实落实人民主权原则，扩大民主的实施范围，实现依法治国，以法律维护社会秩序，并通过法治实现公众对社会的合理期待，是民主法治意识发展的必然结果。

3. 公平正义意识：公平正义意识乃是对于实现社会财富分配公平，取消法外特权，实现法律面前人人平等和机会均等意识。“82 宪法”中规定了对于公民平等权的保护，而人民群众也越来越关注于社会公平及正义的价值。宪法实施以来的30年同时也是中国经济高速发展的30年，在实现国家GDP总量达到世界第二位的同时，社会经济发展的不平衡，贫富分化与人民经济地位的不平等也成为不可忽视的现实问题。在一个非均质化的社会中，社会公平的信念是维系整个社会稳定存续的重要纽带。近年来“富二代”“官二代”等特权阶层与人民群众之间存在的紧张关系也使人民群众要求社会公平正义的呼声一浪高过一浪。公平正义意识的萌发与增长使实现社会公平与发展社会正义成为维护社会稳定的重要基石。

4. 宪法监督意识：在宪法框架下，人民群众不仅仅是国家权力机关的治理相对方，同时也是国家机关社会管理的监督主体，“82宪法”明文规定：“一切国家机关和国家工作人员必须依靠人民的支持，经常保持同人民的密切联系，倾听人民的意见和建议，接受人民的监督，努力为人民服务。”在根本法的层面确认了人民监督国家机关及其工作人员的权利。人民的宪法监督意识即在宪法的框架下积极主动关注国家机关公权力行使的合法性与合理性，并对违法行使公权力的行为提出批评、申诉的意识。来源于人民的监督不仅仅是公权力行使的外部制约，同时也是维护宪法生命，促进宪政发展的重要保障。近年来，人民群众主动监督国家公权力行使的意识有了显著的增强，随着信息技术的发展和社会交流渠道的拓宽，人民群众不再仅仅关注于涉及自身的公权力行使行为，对于并不关涉自身，但存在明显违法或不合理的公权力行使行为也同样予以高度关注和批判。在诸如“李刚案”、陕西“杨达才案”等一系列案例中，人民群众的舆论力量在其中占到了举足轻重的作用，且监督的范围不仅仅限于具体行政行为，也扩展到对于国家机关工作人员违法违纪现象的监督。人民群众的宪法监督意识，不仅仅是其宪法权利的行使，也是保障公民权利，确保公权力正当行使，维护国家政府形象的重要支持力量。

总体来说,自宪法实施30周年以来,我国人民群众宪法意识有了明显的增长和提高,并且逐步成为推动社会发展,支持社会主义现代化建设事业的重要力量。然而,我们需要清醒地认识到,人民群众宪法意识的增长和目前部分公权力机关或国家工作人员依旧处于宪法意识水平较低的现状之间存在一定的紧张关系。近年来,从大连PX项目事件、四川什邡县钼铜矿事件到启东事件,一系列群众性事件的高发、频发和这对宪法意识上的紧张关系存在莫大的联系。人民群众宪法意识的觉醒促使其要求在社会管理关系中获得更多的参与,并且更积极主动地表达其权利诉求。从几年前的"彭水诗案""稷山文案"到近年的"任建宇劳教案",以及前不久发生的对重庆北碚区区委书记雷政富个人生活作风的举报,从中可以看出人民群众对公权力机关行使权力及国家公职人员个人操守予以了更多的关注监督。而与之相对,部分国家机关工作人员的宪法意识低下使其对社会管理关系的认识依旧处于政府权威单向度投射的认识状态中,对于人民群众宪法意识觉醒所产生的诉求并不能够予以妥善的回应,反而冀图以公权力去压制这样一种宪法意识的觉醒。这是导致对立的产生和矛盾的激化的重要因素。人民群众宪法意识日益觉醒的现状要求我国公权力机关更深入地贯彻落实宪法的各项规定及精神,我国国家机关面临着更高要求的行宪任务。

行宪,乃是赋予宪法以生命的必要活动。停留在纸面上的宪法仅仅是价值的表达,而以行宪活动贯彻落实宪法则是将宪法所表达的理念、价值具体化的措施,也是使宪法能够真正在一个社会中存在并发挥作用的方式。只有通过行宪活动予以贯彻落实,宪法才能真正成为"活"的宪法,成为凝聚社会力量的纽带和推动社会稳定前进的力量。我党也已经充分认识到行宪任务的重要性和紧迫性。胡锦涛总书记在十八大报告中明确提出:"党领导人民制定宪法和法律,党必须在宪法和法律范围内活动。任何组织或者个人都不得有超越宪法和法律的特权,绝不允许以言代法、以权压法、徇私枉法。"在全面推进依法治国的过程中,宪法的各项规定及原则、精神的重要性不言而喻,而贯彻落实宪法,切实负担起行宪任务乃是党和政府在接下来将要着力解决的重要问题。从目前来看,我国面临的行宪任务主要有如下:

1. 切实落实保障公民各项基本权利。

对公民权利的保护是宪法的核心内容,同时也是宪法凝聚社会各界力量以及获取民众认同的重要载体。要使宪法所规定保障的权利不是一纸空文而是人民群众能够切实享有的权利,就必须从制度上贯彻完善公民权利的保障机制,从而在实践中能切实维护公民的宪法权利。"82 宪法"对公民权利的规定是较为广泛的,包括公民的平等权、自由权、住宅权、财产权等一系列基本权利,并且在总则中明确公民私有财产不可侵犯。然而,在现实实践中,对公民权利的保护却并没有达到完善的程度,各地频发的征地拆迁纠纷,一系列因公民言论表达而产生的公权力侵犯公民人身自由的案件,以及刑事案件侦查起诉过程中的刑讯逼供的案件,从中都可以看出对于公民宪法权利的保护并没有达到一个令人满意的程度。造成这种公民宪法权利保护缺失的原因,部分是由于一些地方的领导干部和国家机关工作人员宪法意识淡薄,部分地方片面追求行政效率或地方利益而漠视公民的基本权利,但最根本的原因乃是因为权利救济和保障制度的缺失。"无救济则无权利",缺乏现实保护的权利并不能称为权利,而随着公民宪法意识的觉醒,这样一种权利与其实现保护机制不相平衡的状态将最终导致宪法的民众基础的动摇。因此,如何保障公民的每一项基本权利都能在法治框架下得到实现并在制度层面得到切实保护,是党和政府在面对公民权利意识提高所需要解决的首要行宪任务。

2. 贯彻实施民主法治,实现社会公平正义。

宪法实施30年来,中国社会所经历的一个最大的变化即是从“人治”走向“法治”。时至今日,中国特色社会主义法律体系已经建成,但社会主义法治国家的建设事业仍将继续贯彻下去。胡锦涛在十八大报告中关于全面建成小康社会和全面深化改革开放目标的目标中提道:“人民民主不断扩大。民主制度更加完善,民主形式更加丰富,人民积极性、主动性、创造性进一步发挥。依法治国基本方略全面落实,法治政府基本建成,司法公信力不断提高,人权得到切实尊重和保障。”着力强调贯彻实施民主法治的重要性。“民主”即是实现人民当家做主,而“法治”则是以法律之治的确定性取代“人治”的恣意性和专断性。两者是相辅相成的。只有以法治秩序在制度层面予以保障的民主才能实现稳定的、有序的民主,而以人民为基础的法治才能获得对抗专断权力的力量。贯彻实施民主法治,乃是以法律的确定性消弭、制约、引导公权力,以制度形式保障人民参与社会治理及表达利益诉求的形式,以制度规范社会财富的第二次分配并以此实现公平正义的理念及宪法所宣示的各项价值。因此,贯彻实施民主法治,对法治的坚守与维护是重中之重。我国目前贯彻实施民主法治的主要困难在于部分地方和领域存在有法不依、执法不严、违法不究的现象,法治的秩序价值和制约功能没有得到很好的维护,公众对于法治的信赖存有疑虑。法治的关键并非是一整套完备的制度的存在,而在于其能够确实参与到社会的规范与治理之中。在中国特色社会主义法律体系已经建立的条件下,如何能够使其落到实处而非悬于纸面,乃是贯彻实施民主法治这一行宪任务中的关键和难点。

3. 深化扩展宪法监督。

人民群众宪法意识提高的一个重要表现在于监督公权力行使活动的积极性与主动性有了明显提升,而这也是宪法所明文规定确认的人民群众享有的宪法权利之一,对于宪法监督范围的深化扩展是行宪任务的重要命题之一。来源于人民群众的宪法监督是确保公权力实施行为合宪以及政府官员清廉的重要方式。胡锦涛在十八大报告中也强调:“建立健全权力运行制约和监督体系。坚持用制度管权管事管人,保障人民知情权、参与权、表达权、监督权,是权力正确运行的重要保证。要确保决策权、执行权、监督权既相互制约又相互协调,确保国家机关按照法定权限和程序行使权力。坚持科学决策、民主决策、依法决策,健全决策机制和程序,发挥思想库作用,建立决策问责和纠错制度。凡是涉及群众切身利益的决策都要充分听取群众意见,凡是损害群众利益的做法都要坚决防止和纠正。推进权力运行公开化、规范化,完善党务公开、政务公开、司法公开和各领域办事公开制度,健全质询、问责、经济责任审计、引咎辞职、罢免等制度,加强党内监督、民主监督、法律监督、舆论监督,让人民监督权力,让权力在阳光下运行。”赋予人民以宪法监督的权利,鼓励人民参与对国家机关及其工作人员的监督不仅仅是维护国家公权力良性运行的方式,同时也是人民参与国家治理,增强社会认同的重要形式。对于人民监督这一点,目前我国存在的主要问题是监督平台的缺乏以及公权力易于被执掌者利用成为打压人民监督的武器。人民群众的合理批评和怀疑由于缺乏专门的公开表达平台而通常在公共媒体上表达,因此,往往被定性为“诽谤”,受到政府官员的恐吓、威胁乃至行政或司法手段的报复。深化扩展人民宪法监督的范围,或许有赖于合理的制度设计对其进行规范,从而保障人民的监督权和批评权能够得到安全、有效得行使。

在宪法实施30周年之际,我们可以洞见宪法的生命在于宪法支配下的整个社会的良性互动,人民群众的宪法意识的增长与国家和政府对行宪行为的贯彻执行相互促进,共同推动了我国宪政文明与法治社会的不断前进。这样一种社会互动体系并非是时时刻刻都尽善尽美的,在不同的阶段它将面临不同的冲突、矛盾或是危机,因此,维持这一体系的平衡和前进就需要其中的各方都以合作的态度和最大的努力去回应彼此之间的行为和诉求。现阶段我国人民群众宪法意识的增长向党和政府提出了这样的行宪任务,而党和政府将要面临的任务则是加强行宪能力,深化行宪活动以回应人民宪法意识增长所提出的诉求。通过这种方式,我们能够期待我国的宪法能够得到继续的贯彻落实,我国的宪政文明能够继续保持良性而稳定的发展。

法治与宪治的新格局

——纪念宪法实施30周年

2012年是中国“82宪法”颁布实施30周年，在这30年中，我们能够看到宪法的不断回应经济社会发展，不断修正和发展。十八大报告第五部分3次提到宪法即“党领导人民制定宪法和法律，党必须在宪法和法律范围内活动。任何组织或者个人都不得有超越宪法和法律的特权，绝不允许以言代法、以权压法、徇私枉法。”虽然全文只在一段话中3次提到宪法，但从全文整体来看，报告把法治提高到一个新的高度，实际上就是对行宪的强调和重申。从报告可以看到，中国将走向法治与宪政的新格局。

十八大报告全文12个部分，几乎全部涉及法治或者法律。第一部分总结了10年的民主法制建设；第二部分谈到中国特色社会主义法律体系，提出公平正义是中国特色社会主义的内在要求，提高党的依法执政水平；第三部分提出法治和人权也是2020年实现小康的目标之一；第四部分至第八部分“五位一体”的每部分建设都有法治方式的运用，其中第四部分谈到各种所有制经济依法平等使用生产要素、同等受法律保护，完善金融监管、加强知识产权保护、依法维护农民权益等；第五部分重点讲政治改革与法治建设；第六部分谈到法治是社会主义核心价值观；第七部分是关于社会建设，提出“党委领导、政府负责、社会协同、公众参与、法治保障的社会管理体系”“必须加强社会管理法律”建设，加强和改进党对政法工作的领导，加强政法队伍建设，强化司法基本保障；第八部分，提出要加强生态文明制度建设，保护生态环境必须依靠制度。有一些部分初看起来和法治建设没有关联，但也都涉及法律的应用，这包括第九部分涉及军事法、第十部分涉及一国两制四法域、第十一部分涉及国际法、第十二部分涉及反腐败法和依法执政能力的提高等。

党和国家的每个工作环节都结合法治或法律来谈，这说明执政党决心抓法治，也说明决心要行宪。从这个意义上讲，十八大报告还是一份“法治报告”，也是“行宪报告”。

法治在这些年确实面临社会转型与矛盾突发带来的困境，人们在法治上心存疑虑，这次从更高的高度给法治定了调子，下了定论，给包括法律人在内的中国民众一颗定心丸。今天的中国，尽管利益和观念已经多元化，主张各种各样的道路，但是上、下、左、右都认可一样共同的东西，那就是法治。法治已经成为中国人的共识和心愿，法治可以凝聚人心，谁反对法治，谁就是反对自己，和自己过不去。十八大报告非常及时地回应并总结了这种共识，把法治提高到一个新的重要高度来认识，主要表现为以下三大突破：

第一个突破是不仅肯定法治是社会管理的主要方式，更是治国理政的基本方式。报告第五部分提出“法治是治国理政的基本方式”。它回答了一个问题——法治只是管理社会这个单一层面的功能吗？其实国家与社会都需要法治，这次是对“法治二元论”的首次肯定。

法治国家与法治社会，是一个问题的两个方面，法治秩序的建构应当从这2个方面着手。国家层面的法治表现为以宪法和行政法为主的公法,社会层面的法治表现为以私法和社会法为主。国家层面的法治,治国理政都以法治为基本方式,就会以宪法法律为其权力的界限。而这两方面的法治需要有政治国家与民间社会双重推动力。治国理政关键是宪法,既然执政党把法治作为治国理政的基本方式,就说明必须行宪,也就是要建设社会主义宪政。

第二个突破是明确提出要领导干部提高运用法治思维和法治方式来深化改革、推动发展、化解矛盾、维护稳定的能力。它回答了一个问题——法治作为一种工作思维和工作方式,仅仅是职业法律人专有的吗？这个问题以前也有争论。以前认为律师、法官、检察官是拥有专业的法律思维和法律的工作方式的人,但是,这次的提法把法治思维和法治方式从专业的法律人扩展到了领导干部,拓宽了它的主体。

理论上来看,法治不只是职业法律人的业务,还是国家机关工作人员特别是领导干部的业务和任务。在考核领导干部素质和政绩的时候,法治工作能力、水平和效果,就成为名正言顺的指标。从前面十多年的实践来看,各级领导干部既可以成为法治的阻力,也可以成为法治的动力。领导干部如果有法治思维和法治方式,许多纠纷和矛盾就在行政阶段得以解决,司法机关的办案压力会得到缓解;领导干部如果有法治思维和法治方式,那么司法机关就可以依法独立办案;领导干部如果有法治思维和法治方式,那么法治国家与法治社会这两个格局就能够得以建立。

领导干部是依宪执政的行宪主体,对领导干部从法治思维和法治方式上提出要求,实际上这与报告提出的“党必须在宪法和法律范围内活动。任何组织或者个人都不得有超越宪法和法律的特权”是相关联相一致的。

第三个突破是把法治和自由、平等、公平并列为核心价值观。这也回答了一个老问题——法治仅仅是一种工具和方式吗？十八大报告不仅在工具和方式意义上使用法治概念，还明确提出法治是我们的核心价值和社会目标。报告第二部分在论述中国国特色社会主义的基本要求时，明确提出“必须坚持社会公平正义”，它是中国特色社会主义的内在要求。第六部分谈文化建设时，把倡导自由、平等、公平与法治一起作为社会主义核心价值。报告第三部分把法治、法治政府、司法公信力、人权等纳入2020年小康社会建设的目标。

法治为什么可以成为核心价值观？这是法治与法制的根本区别，法制只是一种工具，而法治包含了权利本位、公权控制、正当程序、独立司法、公平正义等一系列的价值内涵和精神理念，法治还兼顾了自由与秩序、效率与公平、人权与发展等多对范畴的关系。所以，法治不仅是工具和方式，还是价值观和目标。报告明确把法治作为社会主义核心价值观，是具有划时代意义的。1997年十五大以前的相当长时期内，我们把法治当作资产阶级的东西加以排斥。1997年提出“依法治国，建设社会主义法治国家”以后，仍然是把法治简单地当作工具，所以出现依法治省、依法治市、依法治县、依法治乡等纵向的虚幻格局，还有横向的依法治林、依法治水、依法治农、依法治矿……法家秦始皇也搞法制，可是他只把法制当工具，不会从价值意义上考虑法律的意义。在没有价值观的指引，法律手段只能是一种治民、治人的工具，法制与民主割裂了，法治中的权利本位、宪法至上、公权控制、正当程序、独立司法、公平正义等应有的价值内涵和精神也被有意识地排除了。

接下来的法治建设任务，应当是深化细化和贯彻落实十八大报告关于法治和行宪的论述，按照报告所定的调子和格局去建设法治国家，实现法治社会。

论法律对行政的综合化控制

——从传统法治理论到当代行政法的理论基础

一、行政法的理论源头

在讨论行政法的理论基础时[1]，我们不能回避这样一个问题——行政法的理论源头在哪里？[2]

由于民法与刑法等部门法并不产生于人类自觉的制度创造，而是人类自发的习惯发现[3]，所以我们一般都不会说“某某思想”是民法、刑法的理论源头。而对于行政，理论恰恰是十分重要的，因为，行政法的产生和发展依赖于某种理论或理念的引导，这种理论或理念几乎成为行政法的生命。中国行政法理论体系固然与中国当代社会主义法制实践及其社会变革

---

〔1〕 这是中国行政法学界近10年来最引人注目的争鸣。1993年以北京大学罗豪才教授为代表的“平衡论”提出以后，将此争论明确界定为“行政法理论基础”的讨论。从目前的学术氛围和研究趋势来看，这场讨论将继续受到更广泛的重视。

〔2〕 行政法存在许多源头，有些是我们早已存在共识的。我们在此不想究问行政法的社会客观方面的源头，诸如经济的，社会革命的，历史文化的等。任何理论固然缘起并受制于客观的社会存在，但是建立这种理论的理论根基或思想渊源也是十分重要的。

〔3〕 凯尔森说：“事实上，行政法在民法和刑法之后发展，在性质上制定法多于习惯法。”参见［奥］凯尔森：《法与国家的一般理论》，沈宗灵译，中国大百科全书出版社1996年版，第304页。

背景分不开,但是,如果没有现存的一整套经验或理论(不管这一经验或理论来自哪个空间和时间),恐怕难以在短期内建立中国行政法理论体系。今天的事实已经告诉我们,我们的行政法理论与古今中外法律实践经验及其理论有着源流的联系。就世界范围而言,行政法理论也存在一种共同的理论源头,这就是法治思想。当代行政法理论不可能是背离其理论源头的任何标新立异,相反,它只能在这一理论源头下奔涌出新的思想活水。

法治思想在各国行政法中都是一个共同的理论源头。让我们以各国行政法的事实来说明这个曾被疏忽或曲解了的问题。

在德国,行政法理论与法治具有十分密切的关系。现代意义上的"法治国家",亦称"自由主义"法治国(德文 Rlechtsstaat),它是德国资产阶级宪政运动的产物。它的基本概念源于康德的国家学说。他认为"文明社会组织是唯一的法治社会",而这种社会组织的"文明"在于它的成员即公民具有宪法规定的自由、平等和人格三种不可分离的法律属性,生活在依据"普遍的、外在的和公共立法"所形成的法律权威和权力之下。不论是普通公民或行政官员,必须受立法者最高的控制。在德国18世纪末期开始的宪政运动中,这一理论发展成为"法治国",其意思是国家权力,特别是行政权力必须依法行使。也就是说,国家依法实行统治,所以也称"法治行政"或"法治政府"(government by law)[1]。

在日本,"行政法治"被表述"法治主义"。明治宪法下的法治主义与德国相同,也是形式主义的。日本现代法治主义发展成为"实质性的法治主义"。"它以行政统治为目的,以便实现国民的人权保障,彻底实

〔1〕 按照中文翻译最妥贴的应为"依法行政"。

行民主主义"[1]。其基本内容包括否定宪法以前的行政府的存在，只依宪法才能承认行政权的存在；行政活动的目标是实现由国会的法律形式所表示的国民意志，不允许法律对行政府以一般性的空白委任；法律或基于法律的行政活动为实现"公共福利"都直接接受宪法的约束；通过强化司法权来有效保障行政救济。

作为行政法诞生地的法国，"行政法治"虽然没有被明确表述出来，但也隐含在法国行政法思想之中。在法国行政法理论看来，行政法是调整行政活动的法律，这是指行政活动必须遵守法律，在其违反法律时应受到一定的制裁。法国是资产阶级革命的最彻底的国家，其反专制的民主思想也是最彻底的，主张法治的许多思想家是法国人，"天赋人权"思想就产生在法国，这种思想后来成为法国宪法的一项重要原则，1789 年人权宣言规定"……凡未经法律禁止的行为不得受到妨碍，任何人不得被迫从事法律所未规定的行为"，1958 年法国宪法序言仍然确认人权宣言。在法国，包括行政法在内的所有公法均没有背离法治原则。以权力制约权力是法治的基本政治构造，法国理论界所谓"公共权力"或者"公务"行为，均受行政法院管辖，用行政法院来控制行政权力，也是一种以法治为特征的控权，只不过法国对"三权分立"采取独特的理解罢了[2]。这显然是行政法治在法国的一种具体表现。

英国最早制定近代宪法，19 世纪确定了"法的支配"（rule of law，一译"法治"）原理。英国类型的行政法治是英国 17 世纪宪法斗争的结果，决定了英国近代法治的基本形式。但在后来也有了较大发展和变

[1] 参见［日］室井力：《日本现代行政法》，吴微译，中国政法大学出版社 1995 年版，第 21 ~ 22 页。

[2] 对此笔者曾在另一场合论述过法国以行政法院控制行政权力的原因。包括（1）大革命前的行政法院与普通法院存在对立情绪；（2）大革命时期国内与国际环境影响；（3）旧制度下已存在一些专门行政法庭。参见胡建淼：《行政诉讼法学》，杭州大学出版社 1992 年版，第 136 页。

化。在英国,“行政法治”用戴雪的话讲就是“绝对的或超越的法治,反对政府有专断的、自由裁量的无限制的特权,英国人可以因破坏法律而受处罚,但不会因为其他任何事情而受处罚”[1]。行政法治一般表述为政府的一切活动必须遵守法律。政府采取行动侵犯公民自由和权利时,必须指出这个行为所遵循的法律依据即通常所谓行政行为合法性原则;法治原则要求政府行为既要合法又要合理;对待政府和对待公民应当是适用同等的法律,法律无所偏袒;政府不能享有不必要的特权,行使权力的同时应当承担相应的义务和责任。行政法治在英国行政法制度上的体现就是“越权无效”。

美国模式的行政法治也同样受英国法治原则的影响,具有实质性的含义。美国行政法治的具体表述是“法律至上”原则(法治与“法律至上”是同义语)。美国式“行政法治”的内容包括这样一些构成因素:第一,基本权利即立法的一项标准,没有权利这一内容,法律会与法治背道而驰;同时权利也成为政府权力行使的限制。第二,正当法律程序,不按照正当法律程序不得剥夺任何人的生命、自由和财产。第三,保障法律权威的机构,其中最重要的是法院独立审判,对政府和国会进行司法审查。[2]

当然对法治的理解在各国有所差异。德国传统的行政法只是从形式上要求行政的合法性,基本上不问法律的内容如何,因此,被称为“形式意义上的法治”。日本明治宪法(大日本帝国宪法)下的法治原则与德国相同,也是形式意义上的[3]。英国人和美国人所理解的法治原则是“实质意义上的法治”。其特点表现在对政府行为的要求不局限于合

〔1〕 戴雪:《英宪精义》(英文),英文版第10版,第202~203页。转引自何华辉:《比较宪法学》,武汉大学出版社1988年版,第76页。

〔2〕 王名扬:《美国行政法》,中国法制出版社1995年版,第110~116页。

〔3〕 [日]室井力:《日本现代行政法》,吴微译,中国政法大学出版社1995年版,第21页。

法性原则，还要求法律本身符合一定标准，具备一定内容，否则专制主义是典型的法治国家。因为专制政府也可以任意制定法律，但公民的人格和价值却被忽视。尽管各国对法治存在不甚相同的理解，但这并不影响法治在各国行政法中所产生的作用和意义，也不影响法治作为行政法的理论源头的地位。

随着社会的发展，德国类型的“行政法治”与英国类型的“行政法治”其实质性差别在缩小。德、法、英、美等国的法治虽然因历史原因各有特点，形成各自的法治模式，但是从总体上看，他们的根本特征是相同的，这就是法治原理始终支配着行政法。各国行政法的理论都渗透着“法治”“行政法治”或“法治主义”的精神，并都是围绕“行政法治”来建立其行政法理论体系的。我们也可以观察到，除此之外，已没有其他理论更能说明行政法在各国的产生和发展。

二、法治与行政法的关系

如果从行政法的来源来看，我们说没有法治思想就没有行政法；如果从行政法的实践来看，我们可以说：没有行政法也就没有法治。

第一，法治为行政法的存在提供了条件，也表达了行政法的真谛。行政法不是在无条件情况下就轻而易举地产生、存在并施行的。在具备了民主政体形式的情况下，真正的行政法还需要两个基本的政治性条件，其一是权力分工与制约，其二是法律成为控制行政权的主要手段。而这两点正是法治的要义，它们既提供了行政法存在的条件，又表达了行政法内容的真谛。

第二，行政法是法治的关键性制度。行政法是法治各方面基本制度中的最为关键的组成部分。行政法治思想是法治思想的组成部分，它是根据法治的“普遍服从良法”的精神而形成的原则和原理，也就是指政府行为受到正义之法的约束。在国家制度中根据行政法治的原则和原理而形成的制度就是行政法制度。

法治，简单地说实际上是对权力与权利关系的合理配置，是对国家权力的控制。而权力控制中最重要的是对行政权力的控制。我们没有听说过“立法法治”或“司法法治”，而更多的是谈“行政法治”。行政权比其他任何权力更需要控制，这是由行政权的特点所决定。立法是法治的前提，立法权从理论上讲由人民掌握，再说，它不具有直接与公民接触的特点。因此，不会把对立法权的控制作为法治的核心。而只是把立法权作为实行法治的前提，要求立法机关制定良法、正义之法。在一国权力结构中，行政权与司法权虽然同属于执行权，但是行政权与司法权大有区别。行政权相对于司法权而言具有以下特点：

1. 行政权在职责内容上具有管理性，而司法权则具有判断性。

行政权力虽然与司法权力均属于执行权，但是，它的执行性是发生在社会管理中的，其职责内容上具有管理性质，而司法权的职责内容主要是针对纠纷与归属、是非与曲直等问题，根据事实与法律进行判断。因而行政权具有相当大的扩张性，它比司法权更需要控制。

2. 行政权在发展与变化的社会情势中具有应变性，而司法权则具有稳定性。

行政权必须及时适应各个时期的社会变迁情势，一国政府或某区域的行政主体总是不断调整自己的政策，以达到行政目标，提高行政效率。但是，司法权的本质决定它必须保持相对稳定的司法政策、司法态度、司法标准、司法体制、司法人员。

3. 行政权在它面临的各种社会矛盾面前具有鲜明的倾向性，而司法权则具有中立性。

“司法判决是依法作出的，行政决定是依行政政策作出的。法院尽力从法律规则和原则中找出正确的答案。行政官尽力根据公共利益找出最有利、最理想的答案。”[1]有人说，法院有时也根据公共利益去寻找答案，法律根据与政策根据之间的确存在交叉，但是，韦德解释说：“法官与行政官的思想方式是完全不同的，法官的方法是客观的，遵守着他的法律观念；行政官的方法是经验式的，是权宜之计。”[2]行政权鲜明的倾向性往往来源于这样的事实：政府总是更关心自己的行政目标和效率。

4. 行政权在运行时具有主动性，而司法权则具有被动性。

行政权的运行总是积极主动地干预人们的社会活动和私人生活。而司法权“非因诉方、控方请求不得主动行使”。[3]

此外，行政权在行使主体方面，具有可授权性和非终极性。行政权力可以授权给非行政主体，但司法权不允许把权力授予给非司法主体。行政权具有非终级性，而司法权具有终极性。[4] 任何法治国家都把对行政权力的控制作为核心的制度内容。所以行政法治成为法治的关键，行政法成为法治的关键性制度。

三、传统行政法的控权方式

人类近代社会基于对经济自由的渴求、对封建暴政的反思和对人性善恶的解释，普遍认识到“管得最少的政府是最好的政府”这一自由主义的政治经济规律，进而得出的结论认为，需要把政府权力控制在合

---

〔1〕［英］韦德：《行政法》，中国大百科全书出版社 1997 年版，第 50 页。

〔2〕同上书，第 51 页。

〔3〕徐显明：《论“法治”的构成要件》，载《法学研究》1996 年第 3 期。

〔4〕同上。

法的范围内。问题在于法律控制行政权力的方式是什么。[1] 在对权力行为的控制方面,传统的法律力所能及的作用不外两种,一种是着眼于权力行为的结果,确定实体规则标准来控制权力;另一种是着眼于权力行为的过程,确定程序标准来控制权力。这成为近代以来各国设计行政法功能模式的两个逻辑起点。近代以来各国行政法可归纳为两种古典的"控权"功能模式即严格规则模式和正当程序模式。然而,后者却迟迟没能被理解和接受。这个问题产生于一些否认英国存在行政法的怀疑论者。[2] 英美国家一些传统行政法学学者认为英国没有行政法,这与英国不成文宪法有关。[3] 因此,大陆法系的行政法也就成了传统行政法的代表,以严格规则控制行政权力,成为传统行政法的典型控权方式。

传统行政法的控权方式也就是以严格规则控制行政权力。其特点是从行政行为结果着眼而不是从行为的过程着眼,注重行政法实体规则的制定而不是注重行政法程序的设定,行政主体的法律适用技术侧重于对实体法规则的分析并严格遵循行政法实体,法律规则被等同于

---

〔1〕 彼得·斯坦和约翰·香德认为法律控制行政权力的第一种方法是将有关公民与政府之间的关系问题与公民之间的关系问题截然分开如法国行政法;第二种方法是将两种问题看成同一事物的两个分支如英国行政法。参见[英]彼得·斯坦、约翰·香德:《西方社会的法律价值》,王献平译,中国人民公安大学出版社 1985 年版,第 43 页。这是西方法学颇具代表性的观点,认为对权力的控制存在两种方法:一是行政不适用私法,而是用公法来控制权力;二是行政适用私法,即以私法来控制权力,这两种方式的代表分别是法国式行政法和英国式行政法。其实这种观点尚不足以透彻地解释两国或两大法系之间在控权方式上的差异。

〔2〕 比如戴西在 1885 年的《宪法研究导论》中认为,行政法是法国的东西,是保护官吏特权的法律。这种观念一直蔓延很长时间,直到 1935 年,英国高等法院首席法官 G. 休厄特(Hewart)还说行政法是大陆法的"行话",为英国人所不能理解。参见王名扬:《英国行政法》,中国政法大学出版社 1987 年版,第 6 页。在美国,宪法问题总处于突出地位,所以一些学者至今仍认为"行政法还不是一个明确规定的法律领域。"参见[美]彼得·哈伊:《美国法律概论》(第 2 版),沈宗灵译,北京大学出版社 1997 年版,第 207 页。

〔3〕 我国有学者认为,英国没有一部成文宪法,宪法的效力也不比其他法律高,所以,宪法和行政法的界限不容易划分。参见王名扬:《英国行政法》,中国政法大学出版社 1987 年版,第 9 页。

行政管理权力的理由,通过详细的实体规则来实现法律对行政权力的控制功能。与一般实体法所涉及的目标与内容——权利与义务相吻合,行政法实体内容主要包括行政权力与相对人权利两个方面。近代严格规则模式所重视的行政法实体内容一般是关于行政权力的规则和关于相对人权利救济的规则即行政权力设定与行政诉讼两个问题。因此,近代大陆法系的行政法主要包括这两项核心内容。

严格规则主义的行政法之所以产生并能够适应近代社会的需要,究其原因大致有以下几个方面:

第一,外部环境即民主政制、自由经济等现实与观念的决定作用。19 世纪随着近代国家统一和行政机构出现,这种社会环境有利于行政法的发展。由于政府权力一般只限制在国防、警察、税收等方面,所以行政法基本上是把这些内容用详尽的规则规定下来,用以限制政府权力,保障私人经济活动自由。更为重要的是当时人们对法律与行政关系的理解。在狄骥思想产生前,对法国行政法产生重大影响的应该说是法国近代启蒙思想家的基于自然法理念提出的行政法治原则。在近代民主政制和自由经济的这种简单化("三权"严格分开、权力不积极干预相对于现代社会结构而言显然是简单的社会)的社会外部环境下,用法律控制行政自然会成为必要,也成为可能。[1] 可见大陆法系行政法的出现和发展完全依赖于民主政体、自由经济等外部环境机制的简单性。严格规则模式适应近代社会自由倾向的另一支点是它的局部功能。它不是让法律制度整体去承担控权的功能,而是局限于行政法制

〔1〕 关于这一点,法国当代比较法学家达维德在解释大陆法系行政法的形成条件时,说行政诉讼的拖拉与使人执行各行政法院作出的裁决的困难经常削弱了行政法的效能,这种"不体面的事件在法国相对来讲是稀少的",其原因在于"政府部门的责任感与道德心","政府部门总的讲是卓越的;仅仅靠行政法与它所规定的监督与制裁不足以防止这些事件",同时他也强调了高水平的公民精神、法治的舆论等外部环境。参见[法]勒内·达维德:《当代主要法律体系》,上海译文出版社 1984 年版,第 75 ~ 77 页。

度本身的完备。私法不适用于行政活动,普通法院不能管辖行政案件,于是出现行政实体立法与行政法院建制。近代政府的消极不干预态度和集权行政结合也就推动了大陆法系行政法的严格规则模式化。

第二,大陆法系划分公法与私法的传统。大陆法系区分私法与公法的传统与严格规则模式的行政法具有密切的联系。“划分法律的常规方法,是法律自身内容的一部分,并影响着法律的制定和适用的方式”[1],在法国人心目中,行政法属于公法是毫无疑问的。行政法院通常不适用私法,只有在私法规则更适宜于案件的解决时,可以作为法的一般原理或原则来适用,但行政法官没有必须适用私法规定的限制,私法规定的效力不能当然适用于公共行政活动。行政法院不适用私法,那么行政法的形式渊源、行政法院适用的依据是什么呢?在行政不适用私法规则的大前提之下,法国人把从罗马法继承而来的严格规则主义传统[2]运用到行政法上来,行政法力求实体规则的完备。法国人对行政方面立法的专注正像它热衷于其他方面的立法活动一样[3]。不仅如此,法国在公法特别是行政法方面要比私法方面的规则更注重具体化[4]。在

---

〔1〕［美］梅利曼:《大陆法系》,顾培东等译,知识出版社1984年版,第106页。

〔2〕有学者认为大陆法系法典编纂的传统总是同绝对的严格规则主义相联系的。参见徐国栋:《民法基本原则解释》,中国政法大学出版社1992年版,第193页。

〔3〕法国历来重视行政方面的立法。1799年《宪法》第52条就规定了国家参事院(后来的最高行政法院)负责草拟法律草案和公共行政条例。法国重视行政方面的立法是十分著名的,以至于在1959年的一个判例中最高行政法院宣称,行政机关在情况需要时如果不制定有效的条例来维持秩序,就是违反法律。1969年的一个判例中重申了这一观点。参见王名扬:《法国行政法》,中国政法大学出版社1989年版,第198页。

〔4〕达维德认为私法规范需要有足够的概括性,但在刑法或税收法等方面,较大程度的具体化可能是适当的,因为人们希望最大限度地减少政府机关的专断。参见［法］勒内·达维德:《当代主要法律体系》,漆竹生译,上海译文出版社1984年版,第88页。法国人之所以没有象制定民法典那样去制定行政法典,不是因为法国人不想这样做,而是囿于行政法范围的广泛性,才没有打破“行政法非法典化”这一规律性通例。

法国学者看来行政法就是行政实体法,[1]法国行政法学家们的研究视线也总是关注着行政实体法。[2] 近代大陆法系其他国家也大体上是实体型的,特别是德国行政法更是倾向于实体法。德国行政法学始祖梅伊尔(Otto Mayer)仿效法国做法,以普通法院审判来类比行政处分;但只就实体方面而言,至于程序方面却认为行政处分不受任何形式的拘束,行政机关进行行政处分;但只就实体方面而言,至于程序方面却认为行政处分不受任何形式的拘束,行政机关进行行政处分时,可以在没有任何个人介入的情况下作出决定。这种理论对于以后的德国行政法产生了很大影响。[3] 这都表明大陆法系行政法重视实体法规则,尽量使行政权力受实体法规则的约束。

四、控权的准确含义

"行政法是控权法",这在中国理论界尚未被普遍接受。无论是肯定"控权"还是否定"控权",学者们均没有给予准确的定义。我所理解的"控权",是指行政法作为一项控制行政权力,保障相对人权利的制度的应有功能。

第一,"控权"不等于"限权"。有人怀疑"控权论",是考虑到现代社会行政权力扩张的客观必要性,认为到了现代社会继续限制行政权力会阻碍社会发展。我们认为"控权"与"限权"有明显区别。实际上,

---

〔1〕 比如法国行政法学家古德诺将行政法定义为"公法中建立组织,确定行政当局的权限,并向个人指明如何补偿对他的权利的侵犯的那一部分",参见古德诺,Comparative Administrive lLaw,New York,1903,p. 8。

〔2〕 行政权力无疑是行政实体法的核心问题,行政法学者所致力探讨的行政法实体观念都是围绕行政权力这一核心展开的,如近代公共权力学说和19世纪末至20世纪初狄骥的"公务学说",乃至现代"公共利益说""新公共权力说"都是对"行政权力"这一实体行政法核心问题的解释。

〔3〕 林纪东等:《各国行政程序法比较研究》,"行政院研究发展考核委员会"编印1979年版,第147页。

相对于现代行政法而言,近代行政法不是“控权法”,而是“限权法”。“控制”不等于“限制”。“限制”的“限”具有“阻隔”“指定范围、限度”“限定”的意思。而“控制”的“控”,具有“驾驭、支配”的意思[1]。所谓“控权”是指法律对行政权力的驾驭、支配,它并不仅仅限制行政权力。限制是消极的,而控制是积极的。“限权”是指对行政权力进行消极限制,尽可能少地授予行政权力,即限制行政权力的范围,这是近代以来自由主义时期行政法的特点。

第二,“控权”是基于法律的立场,而不是基于行政的立场[2]。法律代表立法机关,也就是代表人民意志和公民权利。法治要求我们从理论与实践上将立法与行政区别开来,如果将两者混为一种职能,那么法治就不复存在。“控权”既体现立法、司法和行政的分工关系,又体现立法与司法对行政权力的制约关系。有分工就会有不同的工作目标、工作方式和工作思路,因而,也就存在不同的工作立场。如果看不到这一点,那就没有必要提倡“相互制约”了。认为行政能够自己克服自己的问题,显然是没有科学性的。如果认为社会客观上需要行政权力扩张(因而不必对行政进行控制),也就等于混淆了立法(主观)与现实(客观)的关系,在看到社会客观需要的同时疏忽了公民权利(立法方面)的主观要求。

第三,控权与管理的关系。“控权论”所主张的“控权”虽然否定

---

〔1〕 参见《辞海》,上海辞书出版社 1980 年版,第 703 页。

〔2〕 国家的纯行政活动是否适于归入法律范畴?对此德国曾有两位公法学者有过探讨,认为行政不适于归入法律范畴。美国法学家博登海默在谈到这个问题时倾向于区分行政与法律,他说:“如果不对公共行政为追求其目的而采取那些被政府官员认为是便利的各种手段的权力加以限制,那么这种做法便是同法律背道而驰的。这是纯粹的权力统治。”参见[美]博登海默:《法理学——法哲学及其方法》,邓正来等译,华夏出版社 1987 年版,第 348 ~ 352 页。

“管理论”[1]，但并不否定管理论所提到的“管理”或“保权”（保障行政权力效能）作用。真正的“控权论”既承认行政法的控权功能，又承认行政法的管理功能。但是又说明在“控权”与“管理”（“保权”）之间存在价值定位上的主次关系，“控权”是矛盾的主要方面，“管理”是矛盾的次要方面。

第四，控权与对政府的信任是什么关系？有人比较现实地指出：行政法的确是控制行政权力的法，但是，在中国提“控制行政权力”，在情感上似乎难以被接受，实际效果不一定好。我们认为，这涉及许多观念问题，其中最重要的是对政府的“信任问题”。事实上法律的存在都表明任何人和组织都不可能是完全受信赖的，从政治与道德上讲，人民应当信任自己的政府，但是，从法律上讲却是另一回事，列宁提出监督理论的时候遇到一些人的非议和疑虑，这些人认为监督制度是对政府和公仆的不信任。如果考虑这样一种非本质的因素而歪曲行政法的本质和功能是没有必要的。当然理论上分析所得到的本质性归纳，在现实中可以用相对“平和”或委婉的词语来表述。基于这样的原因把行政法的“控权”表述为“平衡”是可以接受的。因为，控制权力最终是为了“平衡”，政府权力与公民权利的平衡需要通过“控权”来实现。

第五，控权与保权（保障公民权利或相对人权利）是什么关系？是手段与目的的关系。“人民的利益高于一切”，所以，保护人民利益，保障公民权利当然是包括行政法在内的一切法律的目的。公民权利与利益通常受两种力量侵害，一是社会成员的力量，二是国家权力的力量。对它们都需要通过法律防范或制裁，才能保护公民（准确地说是行政相

---

〔1〕 管理论主张行政法乃保障行政机关进行行政管理的法律。这种观点认为行政法的产生是因为国家行政管理的存在；行政法的功能是保障行政管理的有效性。参见张尚鷟等：《走出低谷的中国行政法学》，中国政法大学出版社1991年版，第43～47页。

对人,以下同)权益。对后者的防范与制裁就是进行权力控制。所以,控制权力就是为了保障公民权利。

第六,控权与反腐败。事实上行政法的控权功能在中国当前的主要任务是反腐败。因此,可以说中国目前的行政法是"反腐败法"。中国行政法观念是反腐败观念,中国行政法的理论基础是反腐败理论。有学者担心"控权"的提法不符合中国人的用语习惯与情感承受力,难以被官方接受,也难以被实践所理解,不利于行政法的实施。这一点笔者不以为然。过去我们对于"腐败"一词也有忌讳,使用多了大家也都接受了。"控权"在语义的情绪上并不比"反腐败"更激烈,怎么不会被逐步接受呢?

五、行政权力始终需要控制的缘由

近代行政法对行政权力进行限制,如果把这种限制也看成是"控制",那么今天我们仍然可以说行政法始终坚持控制行政权力。行政法始终保持控权功能,存在两个基本的缘由:第一,权力的运行规律告诉我们需要对它进行控制。近代所总结的已知的经验——可以用孟德斯鸠的话浓缩为"一切有权力的人都容易滥用权力,这是万古不易的一条经验。"正是因为这个经验,近代社会为我们提供了法治(rule of law)这种模式。现代行政虽然发生了许多变化,但是作为权力运行的规律是不会改变的,否则就不是权力了。

第二,权利的实现规律告诉我们需要对行政权力进行控制。我们生活中的多数权利的实现都与权力有关。权力是实现权利不可缺少的。但是,它非常容易直接影响甚至侵害公民权利,况且行政权力不仅与公民权利之间的强度差异悬殊。"赋予治理国家的人以巨大的权力是必要的,但是也是危险的。它是如此危险,致使我们不愿只靠投票箱来防止官吏变成暴君。”[1]所以需要对权力进行控制。

我们知道,考察行政法应当从权利与权力的关系入手。行政法的核心是关于行政权力与公民权利的关系问题,行政法从近代一开始就是一种权利本位的法,而不是权力本位的法。到今天,它仍然是权利本位的法,只是这种作为“本位”的权利内容发生了变化即“自由权本位”发展为“福利权本位”——政府职能从尽量不干预公民权利,发展到为权利提供积极的服务。我们显然不能从政府这一职能变化中得出结论说行政法的本位已发展为行政权力本位。

从现代行政来看,法律坚持对行政进行控制的理由又有新的变化,这就是行政权力在不断扩张。行政权力范围在当代日益扩张,更需要加强控制。现代行政权力的扩张是由法律以外的因素引起的,这就是社会发展要求积极行政。

在现代行政过程中行政自由裁量是不可避免的。英国学者韦德曾经针对戴西的“反对自由裁量”观点提出批评,认为政府不可避免地运用自由裁量权。[2] 我们不否认,历史上的确出现过“行政中的自由裁量范围被缩小到无可奈何的最小限度”,以至于庞德曾描述19世纪的美国法律说“法律使行政陷于瘫痪的情况”。如果当代法律如此恶劣地阻碍行政,那么谁都会反对,但事实上当代法律并没有普遍出现19世纪的美国那样的法律。20世纪30年代的美国,人们的倾向开始倒向另一边——大量行政机构涌现,而法律又取消对它们的司法审查。所导致的结果是十分危险的。正如博登海默所言,“我们必须清醒地认识到并

---

〔1〕 [美]詹姆斯·M.伯恩斯等:《美国式民主》,谭君久等译,中国社会科学出版社1993年版,第189页。

〔2〕 戴西的《英宪精义》中认为绝对的或超越的法治,反对政府有专断的、自由裁量的、无限制的特权。参见韦德、菲力普:《宪法和行政法》(英文),第87~88页。

去正视行政控制中所固有的某些危险”。[1] 也正是因为这样，世界各国法律几乎都还是规定了“立法优先”和“法律保留”这样的原则。只有这样才能保证法律有效地对行政权力实行控制。

从现象上看，现代法律通过“无固定内容的标准和一般性条款”[2]“授权立法”让行政规章细则化，也使行政机关拥有较大的自由裁量权，但这种现象从根本上讲，并不是立法机关主动放宽或放弃对行政权力的控制。而是因为社会条件的发展使行政权力得以扩张。行政权力扩张的结果并不会导致法律放宽控制或放弃控制，相反是导致法律控制的继续存在和发展。所以，控制行政权力仍然是社会需要、权力扩张规律的需要。

六、“平衡”与控权的关系

“平衡论”本身的优点是从行政权力与公民权利的关系上来分析行政法理论基础。平衡论没有具备“行政法理论基础”的各项条件和标准[3]，其中最关键的也就是平衡论的两个致命弱点：一是它否定控制行政权力的必要性，它是以否定控权论为前提；二是它在提出实现“平衡”的各种手段时，没有揭示这些手段的控权本质；把行政法的“平衡”目标作为行政法的理论基础，缺乏对行政法功能的说明即该理论重目标轻手段。

如果不联系到行政法的理论基础问题，我相信会有不少人同意行政权力与公民权利相平衡的观点。因为，从行政法应有的作用或作用

---

〔1〕［美］博登海默：《法理学——法哲学及其方法》，邓正来等译，华夏出版社1987年版，第354~356页。

〔2〕参见［美］昂格尔：《现代社会中的法律》，吴玉章等译，中国政法大学出版社1994年版，第181页。

〔3〕行政法的理论基础就是关于行政法功能的观念，笔者在另一文章（《“部门法理论基础”析要》，载《法学》1997年第10期）中专门阐述部门法理论基础的条件和标准。

之结果来理解,[1]“平衡论”是可以成立的——“在行政机关与相对一方的权利义务的关系中,权利义务在总体上应当是平衡的”。[2] 笔者非常赞同把行政法的目标表述为“行政权力与公民权利的平衡”。但是,并不同意把“平衡”作为现代行政法的功能来理解,并由此建立现代行政法的理论基础。这不仅仅是因为它与法治理论源头没有任何联系。

其实,当代任何部门法都以权利义务平衡为己任(就连那些被命名为“反垄断”的法和“保护消费者”的法,也都是为了平衡市场竞争的强者与弱者之间的权利义务),当代行政法固然也不例外。权利的平衡抑或权利与权力的平衡,实质上就是法律的公平或正义价值所在。公平、正义历来是法律所追求的价值目标,行政法的平衡功能究其实质还是从属于法的公平、正义价值范畴。因此,这种平衡可以被我们理解为是行政法所追求的理想或者目标。进言之,我们是否可以说行政法是“公平法”“正义法”呢?显然离开行政法的功能,用行政法的目标无法阐明行政法的理论基础,也难以像“行政法是控权法”那样传达出一种法治的理念。

平衡论者也有人主张平衡论是从行政法的“功能”角度来阐述“理论基础”的。我们不否认“平衡”一词可以作动词理解,可以作为一种手段来理解。但是综观平衡论,其“平衡”更多地侧重在目标和结果上。如果把“平衡”理解为“通过……而平衡权力与权利”(这里“平衡”作动词用),那么我们要问的是——通过什么来“平衡”呢?不控制权力能够平衡权力与权利的关系吗?

---

〔1〕 事实上英国著名行政法学家韦德所谓“行政法对于保持国家与公民权利之间的平衡起很大的作用”这句话也只是从行政法的作用角度来阐述的。参见[英]H. 韦德:《行政法》,徐炳等译,中国大百科全书出版社 1997 年版,第 7 页。

〔2〕 参见罗豪才等:《现代行政法的理论基础》,载《中国法学》1993 年第 1 期;《行政法性质的反思与概念的重构》(罗豪才教授访谈录),载《中外法学》1995 年第 3 期。

近代社会基于对政治专制的痛恨、对经济自由的渴望以及对人性弱点的反思，产生了一种被称为“行政法”的公法——“行政诉讼法”（按照现代立法的习惯——直接用“反……法”“保护……法”，那么它可以被称为“控制行政权力法”）。整体的行政法所要解决的问题一般有3个：法律如何配置权力与权利（权力分配及相对人权利问题）、行政法如何保证权力正当（行政行为及其程序控制问题）、行政法如何保障权利实现（行政责任及其权利救济问题）。如果把3个问题加以归结，那么就是一个问题——行政权力与公民权利的关系问题。换言之，行政法想要处理的基本问题是行政权力与公民权利的关系问题，它要实现的目标是“平衡”问题。这个问题困扰着几代法学家的思想，说它是近代以来直至未来的一个恒久的行政法命题，我想一点都不会过分。“平衡论”本身的优点也就是从行政权力与公民权利的关系上来分析行政法理论基础。平衡论提出的“权力与权利关系的平衡”不仅是一个难题，而且是一个与它的理论前提相互矛盾的命题。它一方面否定控权，另一方面又希望“平衡”。欲求平衡，不通过控权谈何容易？

行政权力的性质决定了行政法上的权力与权利的关系是一种十分特殊的关系，它们不同于一般权力与权利的关系，更不同于平等主体间的权利与义务关系。它们不仅不是平等的关系，而且是相互排斥的关系。权力的设定直接关系到公民权利的存废。我们知道我们所面对的是两种原本就十分不平等的权利，同时，我们今天面临的是日益扩张的行政权力。由此可见行政权力与公民权利的所谓“平衡”，从根本上说是要通过权力控制方能实现相对的平衡。如果说行政法要实现行政权力与公民权利之间的“平衡”，必然要通过对行政权力的控制。这也就是说现代行政法如果不继续控制行政权力，那么所谓的“平衡”是无法实现的。欲求“平衡”,尚须控权[1]。

显然,平衡论如果要自圆其说,其唯一通道是继续肯定控权论。

七、现代行政法是综合控权法

现在此表明我对这个问题的观点:近代以来直至今天,行政法无论在哪个阶段都是一种“控权法”;“控权法”这种理论基础实质上就是“行政法治”理论的别称。因此,“控权论”并不是对行政法的某个发展阶段所作出的划分和定性,而是紧随着法治既不断发展又稳定持久的理念。

事实上近代行政法与现代行政法都是“控权法”,只是在现代出现了多种控制方法并存而已。现代行政法已发展成为综合控权法即多元控权法。控权方式的新发展是为了顺应现代社会对行政管理提出的客观要求,也是法律为兼顾行政权力与公民权利、兼顾效率与民主而考虑的一种新思维。

控权方式的多元化不是某国法律决策者或行政法学者的发明,更不是笔者个人的创造,而是现代社会的变迁引起行政法发展的产物。“综合控权”的发明权属于整个人类社会。如果说学者是否在其中有所作用或贡献的话,那就是看我们能否从社会的客观现实中对行政法现象进行客观而准确的理论分析,进而抽象或提炼出符合客观事实的科学的观念或理论。

对行政权力的控制方法有道德、政纪、舆论、法律等多种渠道。从一般的法理意义上讲,权力控制方式包括规则对权力的控制、权利对权力的控制、权力对权力的控制、程序对权力的控制等。这些方式在各国

---

〔1〕 笔者曾在《欲求“平衡”,尚需控权》一文中论述过这一观点。参见《法制现代化研究》,南京师范大学出版社1996年版。为使本文完整起见,将原文部分内容重述于此。

行政权力的控制制度中都被普遍运用。《美国式民主》一书的作者对行政权力的控制方式作了一些阐述，认为对行政权力进行限制的方式包括：

1. 国会的基本立法权力迫使政府机构承认国会的意志，并且照国会的意愿解释和运用法律。

2. 国会详细制定了管理机构所要遵守的程序。

3. 在一定条件下，可将政府的最后决定起诉到法院。

4. 另一些联邦机构也对行政官员的活动加以限制，如行政管理监督局和总审计局。

5. 行政官员还为非正式的政治制约所包围。他们必须牢记职业道德的要求、专家们的建议和批评。[1]

上述这些控制方式实际上也都运用了规则、权利、权力、程序等各种因素来控制行政权力，它对于我们分析现代行政法的控权功能具有启发和佐证意义。我们可以逻辑地得出结论认为：现代行政法控权方式出现多元化趋势。

从行政法上按照不同的行政法律制度来看，多种控制方式体现在以下6个方面：

1. 法律制定阶段规则控制——目标性控制。包括限制行政权力（缩小行政权力的运用范围），还包括规定行政权力行使范围（以授予权力的积极形式来控制权力），这是一种最传统的法律作用，反映了立法权对行政权的控制。规则控制是一种以实体规则为主的控制，所以，也是最基本的控权方式。其特点在于注重目标与结果控制，而不关注行政的过程。传统的规则控制方式具有基础与前提的地位，没有实体法

---

〔1〕［美］詹姆斯·M. 伯恩斯等：《美国式民主》，谭君久等译，中国社会科学出版社1993年版，第640～641页。

律规则,行政机关的权力无以确定,因而行政的目标也无法确定。在没有确定权力的界限与范围之前,其他一切控制方式都是不可能存在与得以成立的。但是,由于规则控制只注意到行政权力的目标,而权力行为的过程及方式却难以得到实体规则的控制。

2. 行政行为阶段的程序控制——过程性控制。程序具有限制恣意、理性选择、"作茧自缚"效应、"反思性整合"等显著优点。[1] 程序控制方式注重对行政行为过程的控制,它能够弥补规则控制的不足,同时程序控制把注意力放在权力行为的时间与空间方式上以及相对人的参与上,所以能够解决权力过程的失控问题。当剥夺相对人的自由、财产时,应当听取相对人意见,让他们享有自我"防卫"或"申辩"的机会和权利,并且在一般情况下不能由行政处理主体直接主持听证(回避原则)。程序抗辩的实质在于:把诉讼程序中的抗辩机制移植到行政程序中来,以寻求行政的正当理由。行政自由裁量权的存在和扩张使程序抗辩成为现代行政法的基本功能,程序抗辩之于控制权力而言,之所以说是有效的,是因为通过相对人对行政权力的抗辩,以保持行政权力与相对人权利的平衡、增进行政效率与公民自由的关系的协调、促使形式合理性与实质合理性的结合。这也正是过程性控制的优点所在。过程性控制本身又是个综合性控权机制,它包括权利对权力的控制(相对人程序权利)、权力对权力的控制(如复议程序中上级对下级权力的控制)、规则对权力的控制、程序对权力的控制。

3. 权利救济阶段的诉讼控制——补救性控制。这种控制方式是近代的创造物,[2] 也是伴随着近代行政法制度的建立同时来到的一种控

---

〔1〕 参见季卫东:《程序比较论》,载《比较法研究》1993 年第 7 卷(总第 25 期),中国政法大学比较法研究所主编,中国政法大学出版社出版。

〔2〕 [美]格伦顿等:《比较法律传统》,米健等译,中国政法大学出版社 1993 年版,第 40 页。

制权力的方式。没有行政诉讼制度,也就没有近代意义上的行政法。[1]由法院通过审判权对行政权力进行控制,是权力分工与制约的政治体制的反映,也是法治精神的体现。法院对于行政行为进行审查,最后可依法院的观点(当然以法律为准)作出撤销或维持的判决,作出变更或重做的判决,或者要求行政机关履行法定职责的判决。事后的补救是它的特点。它具有中立性而不是倾向性的特点,具有权利救济的良好效果。由此可知,"控权"的内涵要比"限权"广泛。

4. 行政行为方式的沟通控制——自治性控制。自治性控权方式的特点是比较平等,体现相对人的意思自治,诸如行政合同方式[2]和行政指导方式。沟通控制方式重视行政主体与相对人相互的意思沟通上,减少权力的强制因素,相对人有较自由的选择性与自决性。行政合同是行政行为中最典型体现民事意思自治的一种方式,让相对人与行政主体平等进行要约和承诺,或者招标和投标,或者邀请发价和直接磋商(法国行政合同的缔结方式)。这都是让双方取得"合意",就此而言,行政合同与民事合同没有区别。行政指导通常是指导、建议、劝告、警告等的总称,用中国人的话来说就是通过行政机关向对方"做工作",以达

---

〔1〕 这一点可以通过对西方行政法历史源头的考察得以证明。考察西方近代行政法起源历史,我们会发现行政法的产生有一个重要标志,这就是对行政或曰对政府的审判。古代传统的政治生活中只存在政府对臣民的诉讼以及臣民与臣民之间的诉讼,不存在对政府进行审判,臣民不得对政府提起诉讼。行政审判制度确立是近代行政法产生的直接标志。因而,公民是否有权对政府提出控告或诉讼,是区分所谓"古代行政法"(实为"关于行政的法")与近代行政法的主要标准。

〔2〕 笔者曾撰文论述过行政合同对政府权力的作用,包括:第一,要求政府平等对待相对人。第二,要求政府尊重相对人意志。这是行政合同最突出的优点和功能。一般行政行为缺乏沟通功能。第三,要求政府重视相对人的权利。互利、等价是契约的权利观念,在行政合同中同样有相对人的权利。相对人对于无偿劳动绝对是排斥的。通过行政合同使政府更加尊重权利,同时通过权利的自我实现来制约政府的权力。第四,要求政府有信用和责任感。参见孙笑侠:《契约下的行政——从行政合同本质到现代行政法功能的再解释》,载《比较法研究》1997 年第 11 卷(总第 43 期),中国政法大学比较法研究所主办,中国政法大学出版社出版。

到对方实施行政主体意图的行为的行政方式。行政指导的一个特点就是保障相对人主张自己意见的机会。所以,我们可以认为,它们实际上是民事意思自治在行政法中的延伸。

5. 行政系统内的控制——内部性控制。包括两种,一是层级性控制,即上级行政机关对下级行政机关控制;二是专门性控制,即行政系统内部设立专门的机构,它可以经常地审查和监督行政机关的管理和组织行为,具有一定的有效性。专门控制方式的优点是从行政机关内部进行专门的监督,有专门性和技术性,行政内部机构对行政机关业务运行情况有深入了解,所以执行得好会是一种强有力的控制方式。

6. 其他控制方式。其中不被人们重视的一种就是非正式控制,包括职业道德的要求,社会舆论影响、专家批评与建议意见,国家政策与近期任务对于行政所表明的态度,等等。由于制度设计者们也深知法律或制度的局限性,因此在立法时都较为明智地在法律上对这些非正式的控制方式有所涉及或提示。比如要求行政主体行使权力时遵循一定的道德规范,遵循或执行一定的公共政策,尊重专家意见。

概言之,现代行政法控权方式具有多元化、意思沟通、注重过程、减少强制、综合运用等特点,下面将进一步作分析。

八、综合控权观念作为"理论基础"符合现代社会的客观要求

确立综合控权观念作为行政法的理论基础或基本观念,是因为它符合现代社会的客观要求,没有其他观念能够取代其重要地位。它存在四个方面的理论支撑点:

(一)注重意思沟通——现代社会对法律的客观要求之一

现代社会虽然国家权力对经济生活干预增强,但与此同时又广泛扩大民主权利,在实行民主的方式上与以往在观念上有所区别,关心民

意、增加民主参与机会、注重与民意的沟通。上述多种控权方式中，除传统的规则控权方式之外，它们的共同特点是民事意思自治在行政管理领域延伸，从而增进双向的意思沟通。特别是行政合同与行政指导两种行政行为，给相对人相当大的自主选择权、意思自治权。与行政主体之间在意思与行为上相互沟通、相互配合。在程序控权方式中，法律特别关注通过程序让行政主体与相对人之间建立一种沟通渠道，通过听证式[1]的事前告知、对话、抗辩来完成行政行为，虽然并不是让相对人的意思直接加入到决定内容之中（这是程序控权方式与行政合同的区别之一），但却使相对人的意思参与到决定的过程之中。同时也使得相对人建立起对行政机关的依赖感[2]。在日本还存在一种“公听会”，可归类为广义的听证，但不同的是“公听会”是使居民意见在行政机关进行决定过程中得到反映的程序。这种程序控权方式被称作对相对人事前的权利救济办法[3]。

（二）注重过程——现代社会对法律的客观要求之二

自由裁量权运用的必要性被现代社会所认可，同时对自由裁量权作必要的、有效的限制也已成为共识。对行政行为进行过程性的程序控制，其实质就是对权力的运行特别是自由裁量权的运行进行控制。近代行政法的实体规则控权模式——注重目标与结果的控权，在现代受到严重冲击，它无法有效控制行政自由裁量权的运用。程序控制的

---

〔1〕 无论国外行政程序法的原理，还是行政程序法的制度，听证程序总是被作为行政程序的中心。关于这一点的论证，参见孙笑侠：《论新一代行政法治》，载《外国法译评》1996 年第 2 期。

〔2〕 程序具有这样的功能，是因为人们总是具有对形式公正的信赖倾向。相反不公正的程序，即便公正的结果已经出现，却仍然留给人们一种欺骗性的印象。

〔3〕 [日]室井力主编：《日本现代行政法》，吴微译，中国政法大学出版社 1995 年版，第 176～178 页。

注重过程主要就是针对自由裁量行为的普遍性而产生的。

(三)减少单向的强制指令——现代社会对法律的客观要求之三

强制力作为国家权力的要素之一是不可或缺的,但是在现代国家权力体系中,这种情况有所变化,那就是强制力观念的减弱或消解。"本世纪50年代末60年代初,法律'强制力'的观念遭到了法学家的全方位的严厉发难"[1],不少西方学者主张摒弃"强制力"作为法律基本特征这一观念。其中作为这一观念支持者的有三种理论即"内在观点"的理论、"社会合意"理论以及"权威"理论的深化与阐扬[2]。其中与行政法的强制力问题最为密切的是"社会合意"理论。该理论认为,社会所有的成员都受到相同文化结构和历史渊源的影响,都会为实现最终价值观念如平等、自由而形成较为一致的意见,从而为社会承担共同的义务。正因如此,一个社会的稳定在于该社会成员必须对基本价值观念具有普遍的赞同。人们服从法律的原因并非由于他们被迫如此,而是由于他们同意至少是默许法律或权力的运行。在行政法领域,行政权力中的强制力同样也存在弱化的趋势,主要就表现在行政合同和行政指导的广泛运用,政府在推行行政政策和实现目的的方式上减少单向的强制指令。使行政相对人更多地从"同意"或"自愿"而非"被迫"或"制裁"的角度去看待行政、看待法律。

(四)综合性地灵活运用——现代社会对法律的客观要求之四

现代社会条件下行政的社会背景日益复杂,以单一控权方式为特征的法律制度不能胜任行政法的时代使命。同时,任何制度都不可能

---

〔1〕 刘星:《法律"强制力"观念的弱化》,载《外国法译评》1995年第3期。
〔2〕 同上。

是尽善尽美的,“它像人类创建的大多数制度一样也存在某些弊端”[1]。为了切实保障公民的合法权益,法律的使命就是要想方设法地克服其自身制度的弊端,使各种制度结合成为无空隙的封闭式的权利保障体系。因此,法律作用方式出现多元化,行政法也不例外。多元的控权方式通常不是孤立地被运用,而是相互交叉、相互结合、相互渗透地被灵活运用。每一种控权方式都有其特点和优势。各种方式综合运用就体现了事前与事后结合、静态与动态结合、强制与自治结合、权利与权力结合、内部与外部结合的优越性,是一种全方位、封闭式的权力控制格局。

总之,通过这些平等沟通式的行为,可以对行政权力在质和量上加以减少和限制。所以,现代行政法是一种“综合控权法”。现代行政法还会根据社会与行政的发展变化增加其他种类的控权方式,在未来的行政法中将会出现更多的控权方式。

综合控权观念是否能够作为现代行政法的基本观念,关键是看它的理论价值。而这一理论价值关键是看它是否符合部门法理论基础的必要条件:第一,行政法的理论基础应当能够全面反映行政法的起源与发展;第二,行政法理论基础,它应当成为行政法律制度得以建立的基点;第三,行政法的理论基础应当反映各国行政法的共性;第四,行政法的理论基础应当能够反映行政法的精神及其与其他法律、社会环境的联系;等等。如前所述,综合控权不是个人的发明,但它已成为行政法的客观事实。我们的任务并不是论证综合控权观念究竟能否成为现代行政法的理论基础,而是要观察、分析和解释现代行政法的综合控权现象。行政法学者可以共同思考这样一个问题:“综合控权论”是不是既

[1] [美]博登海默:《法理学——法哲学及其方法》,邓正来等译,华夏出版社 1987 年版,第 388 页。

符合行政法理论基础的若干必要条件,又能够反映现代行政法理论的真实现状?根据笔者的分析,综合控权观念能够成为行政法律思想的思想源,由它流淌出解决不断出现的实际问题的各种新思维。由综合控权观念出发,行政法已出现的一切现象、制度与观念均由此得以阐释终结,行政法即将出现的一切现象、制度与观念也都能够由此派生滋长。

监督，能否与法治兼容*

——从法治立场来反思监督制度

在西方制度体系中不存在称为“监督”这样的公法意义上的制度。除了在个别国家称市镇长官为Supervisor，Supervision或Supervisor都是在非国家性的场合使用[1]。《牛津法律大辞典》中几乎找不到一个与汉语“监督”对应的英文词汇。然而在中国，“监督”是从古到今我们政治生活中十分重要的一个词汇，监督也是我们政治法律体系与社会结构体系中极其重要的制度现象和社会现象。

为什么中国历代的监督制度如此发达，而又难以产生廉洁高效的政府呢？为什么在没有监督制度的欧美法治国家却不必像我们这样担心政府权力的膨胀或腐败呢？监督究竟是不是适合在法治国家存在并发挥实效？人们倡议制定《监督法》的可行性的法理依据是否可能存在？在中国建构法治的今天，法治

---

* 原载《中国法学》2005年第4期。合作作者冯建鹏，华南理工大学法学院副教授。

〔1〕 Black's Law Dictionary, Fifth Edition, West Publishing Co, 1979, p. 1290.

是否能够对传统的监督模式予以兼容呢？如果可能，那么监督制度具备什么条件才能被法治兼容呢？十多年前某些有识之士曾针对监督制度的弊端，提出过"谁来监督监督者"这一被称为"监督悖论"的问题，这固然需要引起重视，但本文对我国传统的监督模式的反思不仅限于此。

在中国反腐倡廉的今天，无论法律意义上的还是政治意义上的或社会生活意义上的监督或监督制度，都因功能上的必要性而被举国上下普遍地予以关注和支持。随着一批批腐败分子的被监督、被查办，坊间百姓无不拍手称快。我们更愿意倡导"反"腐败的口号，而不屑于建立"防"腐败的制度。监督制度尽管能够揭露与惩处腐败方面体现了"反"腐败，但是它难以防止和堵绝腐败。这样日复一日、年复一年，我们的"防止腐败"制度却因"反对腐败"的监督力度的不断加强而日益疏忽，制度建构的迫切性因反腐败的政治成就的不断增长而日渐消遁。2005年年初国务院第三次廉政工作会议上，中央领导强调要用改革的办法解决产生腐败现象的深层次问题，加快政府职能转变，加强制度建设，加大对权力运行的监督与制约[1]。真正的法治国家并不只停留在"反对腐败"的监督上，而是需要建立"防止腐败"的正规制度。

一、监督制度在中国的顽强生命力

监督[2]在中国源远流长。尽管它不是现代意义上的"制度"，但我们不得不承认监督在中国是作为一种制度而长期存在和发展沿革的。只不过这种制度不是今天我们所谓的法治意义上的制度（制度还存在

〔1〕《人民日报》2005年2月17日新华社报道。

〔2〕最广义的"监督"包括对君主、官僚和百姓的监督；但对百姓的监督通常属于普通的国家权力如连坐、保甲；而对君主和官僚的监督则属于对国家权力的约束即狭义的、对权力的"监督"——从社会控制的角度来看，两者的性质是不同的。本文所探讨的"监督"便是后者这种狭义的概念。另外，由于这一狭义概念与"监察"类似，因此本文对"监督"和"监察"不作严格的区分。

于人治社会,所以还存在人治意义上的制度)。

唐宋以前的言官与察官分立,谏官司言,监督君主,御史司察,监督官僚。从功能上看,是对君主权力和官僚权力的约束。在传统政治思想中,前者则源于民本思想,其极致便是孟子主张的"暴君放伐论",后者是"忠君"和"吏治"的体现如韩非认为国君对臣下要"因任而授官,循名而责实,操杀生之柄,课群臣之能者也[1]"——这些政治思想体现在正式制度上,前者的代表则为谏议制度,后者的代表为御史纠察制度。尽管历代制度屡有变迁,但监督官僚和监督君主一直是监督制度的主要内容,其中尤以前者的御史纠察制度为重,而这可以说是世界上其他国家所未曾有过的独特制度。

秦汉是中国官制的定型时期,也是正式监督制度的形成期:秦代的御史从"掌赞书而授法令"转变为专司纠察之任的最高监察官吏(中央长官为御史中丞,地方设监御史),是为中国正式监督制度的发端;相应的还有《置吏律》《除吏律》《为吏之道》等相关的法令和道德规范;以及皇帝的最终裁决和任免权。汉代基本继承了秦代的监督制度;除御史,汉武帝时在全国划分了13个监察区,每区设刺史代表中央总管地方监察;至东汉时,御史和刺史已经组成独立的、极具权威的监察体系;而在法令方面则有《尚方律》《上计律》等更加细致的规范。

魏晋南北朝时期,御史作为皇帝直接掌握下的独立系统得到进一步扩充,御史的权力扩大到可以无须真凭实据地"风闻言事";与此同时,监察系统形成了"位卑(御史的品级都比较低)、权重(具有广泛权力,可监察高品级的官员)、赏厚(升迁迅速)"的特点,这些特点在中国传统的监察制度中一直有所体现。

唐宋是监督制度的完善时期。唐朝时被称为皇帝"耳目之司"的监

---

[1] 《韩非子·定法》。

察机构被扩充为台院、察院和殿院,分别掌管对中央官员的监察、对地方官员的监察以及维护皇帝威仪和尊严;唐代的言谏制度相对完善,谏官对君权的监督比较有效;在法令方面,《唐六典》是最重要的监督依据,另外还有关于官员考课和监察的"四善二十七最"之法等;唐代还向地方派驻负责监察的观察使(其中在边远省份的观察使又称节度使)。宋代加强了对地方的监督,中央委派的转运使、观察使、按察使、外任御史等都有监督权;中央的御史台职权进一步扩大,兼有监察和司法职能,而谏院的职能则由规谏皇帝转为揭发臣下,渐有"台谏合一"之势。

明清时,随着专制的加强,监督的制度更加严密、机构更加复杂,而独立性则逐渐削弱:明代将御史台扩展为都察院,在一般都察御史之上增设总督和巡抚总揽地方监督;而在都察院之外新设监督六部活动的六科给事中;在监察系统外又设立厂卫特务机构进行全方位的监督。清代监督权迅速集中:台、谏彻底合一成为都察院所属六科给事中与十五道监察御史,合称科道;科道官员实行密折言事的制度,所有的权力直接集中于君权[1]。

监督制度在中国非常发达并有顽强的生命力,究其原因,它与中国社会以权力为核心的精妙绝伦的金字塔型的社会结构与官僚体制相关。这个金字塔型的社会结构是个简单的一元化的社会结构,所以社会控制的手段也相对单一。这个金字塔型的社会结构需要金字塔型的权力体系即官僚体制来维系,需要中央集权化的控制,需要依赖个人权威的集权化控制;而中央集权又依赖于中国式的"官僚政治的原则"即"使一个官员制约另一官员",[2]类似于今天我们在球场上"人盯人"的防守方式。监督作为一种社会控制方式在复杂社会中是不能适应的。

---

〔1〕 以上官制沿革参见吕思勉:《中国制度史》,教育出版社 2002 年版,第 518 ~ 563 页。

〔2〕 [美]费正清:《美国与中国》,张理京译,世界知识出版社 1999 年版,第 104 页。

从古代监督制度来看，它便是典型的人治底下的制度，是人治在制度建设上的最典型体现。以清代官僚体制为例，一个机构实行共同负责制，官员分工不明确而又公务繁多、权限不清，每项任务都有他人牵涉在内，在这些由许多人共负无限责任而产生的互相制约之外，上面还有“都察院”。都察院选用了56名以忠直著称的御史，分驻在各省的15个道，皇上可以听到秘报，即秘密的监督信息。在许多场合，设立多方面的官署来执行同一个职责，监督职责更是不例外，所以，权力关系的“叠床架屋”成为必要。〔1〕 传统监督制度的内在结构就是这样一种权力关系“叠床架屋”式的堆砌。

在一元化的传统社会中，所谓“监督权”只是国家权力一部分，和一般官僚权力并无本质区别：监督权力来源于君主，机关层层设置、权力层层下达、监督者层层向上级负责——完全是以行政的方式运作；在人员的来源上，监督人员和普通官僚也是几乎一致的。〔2〕 但是，另一方面，出于监督的目的，需要对监督者和被监督者之间形成一定的隔离。传统监督制度在机构设置上也意识到了这一点，正式的监察制度尽量做到与普通官僚系统分离；〔3〕但是机构设置上的隔离并不能真正做到监督独立，因为“监督权”在性质上与普通官僚权力一致（这也是传统监督制度往往官僚化的根本原因）、在来源上则受君权控制。

宏观的监督制度就是由无数“监督者—被监督者”关系所组成的。而某一特定关系中的“监督者”通常在另一关系中处于“被监督者”的地位，依次层层向上，最终的监督权掌握在君主（最高权力者）手中——这

〔1〕［美］费正清：《美国与中国》，张理京译，世界知识出版社1999年版，第105页。

〔2〕 实行科举之后，监官主要来自科举出身的进士，这个比例在宋代达到90%；在清代则明文规定只有进士出身者才能成为监管。参见林雅：《中国封建监察制度及其得失评析》，载《法学评论》2004年第4期。

〔3〕 林雅：《中国封建监察制度及其得失评析》，载《法学评论》2004年第4期。

样串连起来的“监督权力链”实际属于传统政治权力体系的一部分，因而与后者有同样的缺陷：权力关系中的下级对直接上级负责，上级对直接下级有绝对的权威；但是假如有多个权力关系叠加，那么对于上级的上级或者下级的下级，权力的影响均会急剧削弱。所谓“上之使下，犹心腹之运手足，根本之制支叶；下之事上，犹手足之卫心腹，支叶之庇本根”[1]只能是一种政治理想，从未完全实现。权力体系的实际情况是“县官不如现管”，越是层层设置权力机构，“上有政策、下有对策”的痼疾就越明显；信息和资源的扭曲随着权力关系的层层叠加而放大。随着社会复杂性因社会发展而逐渐增加，这种缺陷也逐渐显著，君主对臣下的不信任也因而加强：一方面，由于不信任的加强，君主就更加依赖于监督系统；另一方面，君主对层层堆砌的监督机构本身也充满了不信任——在这种矛盾的情形下，传统的方法就只有加强“垂直领导”、将各种监督权收在最高权力者手中，乃至采取特务手段。而这显然令最高监督者处于无人监督的情境，客观上加强了专制。

传统监督制度模式是典型的人治方式，是人治在制度建设上的最典型体现。然而，不能否认的是，它与当时以人治为制度特征的专制社会具有某种内在的兼容性。从古代监督制度，到孙中山先生倡导的民国“五权宪法”中的监察权，一直到新中国的监督制度，经过历史的沿革，在中国政治文化或法律文化内部形成了独特的监督模式，我们可称为“中国传统的监督模式”。尽管西方不普遍存在监督制度，监督不是西方法治体系中的一个必然构成部分。但是我们不敢妄自否认监督在中国所具有的本土民族的必然性和文化传统上的必要性。

---

〔1〕《资治通鉴·周纪一》。

二、与西方的比较:以弹劾制度为例

中国古代监督制度固然有其独特性,但“对权力进行约束”的功能却是任何社会都需要的。在西方也有若干起着类似作用的制度。例如,弹劾(Impeachment)、审计、北欧的监察专员(Ombudsman)、美国的独立检察官。其中,弹劾是中国传统监督制度中最重要的职能之一,在西方也较为常见;因此,本文以此为了展开比较——对于本文来说,以中国传统制度与西方现代制度相比,并非为了苛求古人;而是鉴于传统制度留存下的许多细节和观念仍然深刻地影响着当下,为了将监督制度纳入法治系统,有必要寻找一些参照,以了解分权制衡与正当程序是如何用于实现“对权力进行约束”的社会功能。

(一)各自产生的基础:有无权力分配与制约

弹劾制度起源于14世纪的英国,当时是根据“群众呼声或舆论”而提起刑事诉讼的一种方式。1376年强而有力的议会树立了第一批公认的弹劾案例,其中最重要的当推针对与爱德华三世有密切联系的第四代拉蒂默男爵威廉(William,4th Baron Latimer)提起的弹劾案。此后,弹劾的对象多为王室大臣之类的政治人物。在17世纪,议会将弹劾制度作为解除不得人心的大臣职务的一种手段。这些被解除职务的大臣往往是受到国王保护的宫廷宠臣[1]——在历史上,弹劾是议会用来反对国王的手段;弹劾制度的种种设置也是议会权力和国王权力斗争的结果,如“丹比伯爵奥斯本案(Thomas Osborne,Earl of Danby;1678)”形成的“国王的赦免权不能阻止对其大臣的弹劾”便为著例。

与此相反,中国传统的监督制度是一元化的权力体制下,作为君主

---

[1] “Impeachment”,Encyclopedia Britannica,15th ed.,2002,Vol. XII,p. 247.

的耳目而存在的。它产生于主张专制政治的法家思想盛行的秦代,以御史为人君耳目之司,纠弹官邪,助固君权。大凡专制政治的根本原理,就在于政权出自一人的专制制度中设置以上制下,以内制外的制度。中国传统监督制度严重依赖于君权,其目的也是巩固君权。因此,尽管有着相似的外观,但西方弹劾制度基于权力的分立与制衡,中国传统监督制度则基于一元化的权力,两者的基础恰恰相反。

值得注意的是,英国议会自1848年试图弹劾当时的外交大臣帕默斯顿之后,一百五十多年来再也没有启动过弹劾程序;尽管弹劾制度也没有被正式废除。这种状况和英国议会内阁制的确立有关:在议会内阁制中,议会处于政治权力的中心,再加上内阁大臣往往共同进退。因此,议会对行政权力的制衡从针对某个官员的弹劾逐渐转变为针对整个内阁的"信任投票"。而弹劾制度在总统制或半总统制国家相对重要,适用范围也较广泛如美国、法国、韩国,弹劾对象包括总统在内的所有行政官员、法官和其他公务人员;在某些议会制国家也有弹劾制度,但适用范围较窄,如德国、爱尔兰议会的弹劾对象仅限于总统、日本国会的弹劾对象仅限于法官和人事官等[1]——总体而言,越是在行政权较强的政治体制(总统制或半总统制)中,弹劾制度就越是作为议会制衡行政权的有效手段而受到重视。而这种权力的分立与制衡在中国传统的监督制度中是看不到的。

(二)各自运行方式:有无正当程序

各国弹劾制度不尽相同,但在运行过程中无不严格地遵循法律程序。以美国总统的弹劾程序为例:

美国宪法第1条第3项第6款规定:"参议院有审讯一切弹劾案的

---

〔1〕 参见黄越钦:《各国监察制度之比较研究》,翰芦图书公司1998年版。

全权……合众国总统受审时,最高法院首席法官应为主席。”而起诉则由众议院负责。

众议院的起诉程序是众议院司法委员会表决通过弹劾总统条款,全体会议进行辩论并表决,如有超过1/2的议员赞成弹劾,该议案即呈参议院。

参议院的审理程序是:(1)参议院司法委员会负责收集双方证据,为审理做准备;(2)由联邦最高法院首席法官主持审理,参议员(共100人)为弹劾法庭的法官;(3)众议院以其司法委员会主席为代表作为控方,白宫则组成辩护团,审理开始后,双方先各自进行1小时的陈述,然后传唤有关证人作证;(4)在控辩双方盘问证人和辩论结束后,首席法官按姓氏字母顺序一一点名询问每个参议员是否认为总统有罪,参议员只能回答“有罪”或者“无罪”。如果有2/3以上的参议员就任何一项指控回答“有罪”,总统即被弹劾;如果被认定为“无罪”,总统可以继续完成其任期。[1]

而从这些程序的设置理由来看,既是为了实现公平正义的程序目的,又有顾及程序本身的良好结构,从而使弹劾制度能够围绕正当程序展开。例如,汉弥尔顿在论及参议院作为弹劾的审判法院时认为,如果由联邦法院行使弹劾权是不适当的,因为“弹劾是使被弹劾者失去全国的尊敬、信赖、荣誉和报酬,在被弹劾后,其还要作为平民接受审判,这一审判的结果又可能使其失去生命和财产,一个机构同时拥有这两项巨大的权力,对当事人而言是不公平的”;而另行成立一个能够代表人民的法庭,法官人数将“多到从经济上考虑达到不合理的程度”,从而使程序没有可操作性;更何况弹劾是“立法机构手中驾驭政府中行政公仆

---

〔1〕“Impeachment”, Senate Procedure: Precedents and Practices. (Washington, D. C. : GPO, 1981), pp. 687 – 697.

的缰绳”。因此“除了参议院，何处又能找到具有足够的尊严或可以充分便宜行事的法庭呢？”[1]

对比前文，可以发现，中国传统监督制度中的“程序”是与之截然不同的：首先，中国传统监督制度的目的在于巩固君权，所有的“程序”都是围绕着这一目的展开的；其“程序”也就表现出为保证察官独立行使、直接地秘密呈报皇帝的特点。自汉代起察官各自行事而又个别向君主“负责并报告工作”，虽然御史大夫是御史之率，但御史大夫对御史的监察权的行使无权干预。唐代虽有变化和例外——唐代建中元年以前，御史的监察权须受御史大夫的制约，但此制只在很短时期内存在。自建中元年以后，御史提出纠弹案不必经报御史大夫。此后历代的纠弹案的提出，均不由察官径送审判机关，而是先呈报皇帝，而后才送审判机关[2]。其次，监督的发动、进行和处理并没有严格意义上的法律程序，监督过程是权力等级体系下的一道道“手续”。因此随意性极大，如某些时期的“风闻言事”，以及明代的特务组织，都是有手续而无程序。最后，传统监督制度在职权界定和机构设置上以权力（尤其是君权）为中心，御史地位虽然有高低之分，但监察权却大体上是独立行使的。监督机构随着君主专制的加剧而呈现恶性膨胀之势，也是和缺乏正当程序的规制分不开的。

（三）各自权力来源与实际效果：与行政权是否成正比关系

弹劾制度自始便是议会的权力，“乃系议会代表人民，对于违法失

〔1〕 此外还有许多因素使得参议院成为弹劾法庭的最佳选择。参见［美］汉弥尔顿、杰伊、麦迪逊：《联邦党人文集》，程逢如、在汉、舒逊译，商务印书馆1997年版，第331～335页。

〔2〕 张荣林：《中国宪法上的监察权之研究》，载嘉新水泥公司文化基金会研究论文第一二九种，1968年版，第188页。

职之官员,实行‘民主的罢免’(democratic recall),以济司法制度之穷[1]”。从权力来源的角度,弹劾的权力源于议会;而最早的英国议会代表贵族和自由民,后来逐渐扩大为普选制下的全体选民,无论哪一时期,都代表了不同于王权的异质权力;弹劾制度也正是异种权力斗争的产物与手段。在现代宪政国家,议会代表民意和立法权,以弹劾为手段制衡强大的行政权力,借以实现“主权在民”“三权分立”等宪政原则。中国传统监督制度是一元化权力体系的一部分,“监督权”和其他政府权力都来源于君权,其目的都是巩固君权,只不过一为耳目、一为手足,分工不同而已。因此,从权力来源的角度,中国传统的这种完全“自我监督”的方式确实难以完成“约束权力”的社会功能:御史的监察权越盛,君权往往就越强;然而在西方恰恰相反,弹劾权越发达,表示君权最受削弱。而在君权高涨时弹劾权甚至被废弃。

另外,从制度的实际效果来看,各国的弹劾制度实际上并不常用。且不论英国已有150多年未动用弹劾;即使在弹劾制度发达的美国,立国200多年来也仅13起正式的弹劾案(截至2002年),而对总统的弹劾仅3件,并且只有2件成为正式弹劾案,而这两件均判为无罪[2]。但是议会的这一权力始终对行政权保持着制衡和威慑的作用。究其原因,除了分权制衡的基础稳固之外,良好的程序设计也使弹劾维持着确定性,不至于随着政局的变化而发生变动。

中国传统监督制度的实际效果则与之有相当的不同:首先,监官作为常设的监督者,监督行为发动得相当频繁,针对某官员的弹劾也很常见;其次,尽管弹劾很常见,但是被弹劾的大多是较低级的官僚,高级官

---

〔1〕 黄越钦:《各国监察制度之比较研究》,翰芦图书公司1998年版,第243~244页。

〔2〕 13起正式的弹劾案中,被判有罪的仅7起,且这7人均为法官;涉及弹劾的总统分别是约翰逊(1868)、尼克松(1974)和克林顿(1999),其中尼克松因提前辞职而停止了弹劾程序。参见黄越钦:《各国监察制度之比较研究》,翰芦图书公司1998年版。

僚很少见(而且往往涉及政治斗争),以致有“只拍苍蝇、不打老虎”之讥。相比之下,虽然许多国家如美国、韩国将弹劾范围定得相当宽泛,但在实践中则以总统、部长等高级政务官为多,兼及法官,而很少涉及一般公务员。

中国传统监督制度的这种状况很大程度上是由于制度缺乏明确的规则和程序约束,使本来“约束权力”的制度成了权力斗争的场所;因此无论是监督的发动还是对监督的规避都有相当多的方式,而监督的结果往往取决于双方权力的较量——在一元化的权力体系下,这种状况被最高权力的君主所利用,成为君主操纵的“术”与“势”,而离“法治”则非常遥远了。

通过西方法治先进国家的弹劾制度与中国古代监督制度的对比,可以发现:尽管传统监督制度中有类似于弹劾的职能,但是无论是制度起源,还是权力运作过程、权力来源与实际效果,两者均有根本性的差异。通过以上的比较,我们大致可将其中差异归结为两项内容即权力关系结构与权力运行程序。这在法律制度中就表现为权力制约原则和正当程序原则,这也是法治的重要原则。对传统监督制度的改造,也应围绕这两项原则展开。

三、从法治的立场反思传统监督模式

在建设法治国家的今天,我们的监督制度仍然存在传统监督制度的某些基本特征。比如,缺乏权力分配与制约的制度化规则,缺乏正当程序的设计。从文化传统意义上看,当代中国监督制度同属于中国传统监督模式。我们如果要使监督制度既能够在当下继续充分发挥反腐败斗争的作用,又能够被当代中国社会主义法治的制度体系所包容和涵盖,就应当从法治的立场上来冷静地分析传统监督模式的特征。

(一)以“人盯人”的方式实行监督,虽操作灵活,但效力缺乏稳定性

从法治的立场来看,传统监督制度的灵活性是建立在规范性的缺失之上,建立在对权力主体及其个人道德威信的依赖之上的,因而在彰显“实效”的同时也造成了监督效果的不稳定,甚至会造成制度本身的变异;这种不稳定的背后仍然是权力的博弈与斗争,而这种权争则是人治所不可避免的。

传统监督制度的另一个特点表现为操作中显得灵活、富于弹性。制度的灵活性使监督者可以不拘成法,因时、因地制宜,便于发挥监督的实效。况且这种制度实施成本很低,操作简便,其功能也就更加显著,在简单的农业社会它是与当时社会关系的繁简程度相适应的。正如前文所分析的,传统监督制度的这种“实效”也是其生命力之所在,但这种“实效”即使在人治的传统政治中也只能治标而不能治本,遑论法治社会的要求了。

从更深层的角度来看,传统监督制度的灵活性是以牺牲整体行政效率、造成监督效果不稳定为代价的:这是因为预设了“对监督者的极端信任和对被监督者的极端不信任”的制度设计前提——前者是出于人治的理想,认为掌权者必定是完美的;而后者则更多的是由于在现实中发现掌权者往往靠不住,而设置更高的掌权者进行监督。这种“人盯人”式的制度设置使监督者与被监督者之间若不能一团和气甚至勾搭成奸,便往往成为势不两立的勾心斗角的政敌而公务被置于消极被动状态,难免会造成行政效率低下的后果。以宋代为例:台谏合一的御史台纠核范围遍及百官,往往以行政首脑宰相为主要目标;朝议时台谏官多与宰相作对,往往造成议而不决,贻误政务。甚至有论者认为“宋朝

行政权之不能振作，监察制度不能不是一个重要原因[1]”。

这种灵活性所造成的不稳定，如果极端地发展，会造成监督制度在两方面的变异：一方面，如果放松对监督系统的控制，监督系统就会表现出与普通官僚系统高度的一致性，甚至自身也异化为官僚系统的一部分；另一方面，如果加强对监督系统的控制，监督系统则往往会异化为专制集权的工具，甚至成为特务机关。

监督系统自身官僚化及其危害以唐代的观察使制度最为显著。唐代的观察使即派往地方长驻的监督者，“不按察例按察，事事干预，渐渐变为州县地方官之长官，形成地方行政最高之一级，有如汉末之部吏一样，成为地方行政长官，于是地方监察制度亦即破坏了”。“观察使巡按边远省份者，即称节度使，即付以全权处理地方军事财政等重大问题，甚至用人权亦为其掌握，于是形成所谓‘藩镇’，后来节度使多委武人充任，所谓‘藩镇’即等于军阀的割据。安史之乱，即由此种制度产生。唐代之亡，亦即亡于此种制度[2]。”

而自宋代起，对于地方势力和各级官僚的控制逐渐加强；监督系统也就在一定程度上减弱了官僚化的趋势，但又滑向专制化的变异化形式。最显著的当数明代的厂卫制度，作为最重要的监督体系，已经成为君权完全控制下的特务机关。

（二）倡导清官能吏，监督者虽高风亮节大义凛然，但制度严重依赖于人的因素

从法治的立场上看，监督者因高风亮节、大义凛然而产生的权威只是制度外的因素，监督组织或者监督者个人通过道德行动建立的权威

---

〔1〕 王晓天：《论中国封建监察制度的利弊得失》，载《湘潭师范学院学报》1999年第4期。

〔2〕 李宗黄：《中国历代行政通论》，1961年5月中国地方自治学会出版，第97页。

并不重要，关键是制度的科学、健全、明确和稳定。显然，传统监督模式的效果依然有赖于传统的“明君—清官（能吏）”理想。然而，正如历史所昭示的，明君和清官（能吏）永远只是凤毛麟角，无法成为制度化的基础。

在法（制度）与人（道德）的关系上，在规则与权力的关系上，传统监督制度都偏重于后者。传统监督制度在结构上以一元的权力为中心，实质就是一种人治的方式。而人治方式最显著的缺陷就是“有治人、无治法”，监督的效果严重依赖于监督主体甚至个人；私人关系也显得极为重要，包括监督主体与上级的亲疏关系、对皇权的忠诚程度、其个人品德、工作勤勉程度等。皇帝的钦差大臣就是最受皇帝信任的，也是最忠诚的人，所以他的监督权是最大的，监督效果是最有权威和实效的。可是如果钦差大臣有失误的话，那么皇帝也跟着失误，整个制度乃至整个国家也跟着失误。在人治底下，监督的成败具有很大的偶然性。

也正因如此，历代都极端重视监督者的个人素质——当然在君权至上的人治体制下，最重要的“个人素质”便是对君主的忠心。在忠心之下，对监督者的素质要求主要有两方面：一方面，注重“清谨刚介”之类的“职业素养”，即清廉、谨慎、耿直敢言、不畏权贵。所谓“婞直不畏于权势，继乃执我公宪，助兹朝治，使豪戚敛手，奸邪屏迹，允所谓邦之司直者焉。为官择人，与斯为善[1]。”另一方面，对作为普通行政官员的素养如从政经验等也有要求，有时甚至高于对其他官员的要求：例如，明代规定到任6年以上的进士才有候补御史的资格，并且要求“政绩昭著”。[2]

此外，在错综复杂的政治环境中，负责纠弹的监官在行使职权时难

---

〔1〕《册府元龟》。

〔2〕《明臣奏议》。

免遇到各种阻力,此时监督的实现就往往还要依靠监官自身的威望、胆略乃至权谋等个人因素;而历代监督者也都不乏高风亮节大义凛然者。例如,明代严嵩父子当朝时期,“窃政二十年,溺信恶子,流毒天下,人咸指目为奸臣”。凡弹劾严嵩的,不是被杀就是杖责流放,但监官们前赴后继、交劾不停。《明史》的作者感慨道:“当世宗之代,何直臣多欤!重者显戮,次乃长系,最幸者得贬斥,未有苟全者。然主威愈震,而士气不衰,批鳞碎首者接踵而不可遏……斯百余年培养之效也[1]。”然而,这赞叹也从侧面表明:这样的监官和这样的监督效果,在历史上毕竟属于“百年一见”的少数。而就监督制度乃至政治体制整体而言,这种对权力者人格的依赖都是很难靠得住的。监督者的这种个人品质完全是出于非制度化的因素,而制度有时还需要监督者为此付出巨大的代价。因此,衡诸传统监督制度下的监督者整体,不乏高风亮节大义凛然者,也不乏以权谋私滥用职权者,严重依赖于个人的制度因此极不稳定。

(三)“风闻言事”式的监督,权力范围宽泛却缺乏规范化

监督的设置目标是正当的,所以过去总是赞成广泛的监督权,因为这符合正当性的目的。但是,从法治的立场来看,监督权范围广泛并不是什么优点。法治原则恰恰强调权力的规范化,倡导权力控制。因为权力中央或权力核心重视监督制度,所以赋予监督者最广泛的监督权;因为监督者拥有最广泛的监督权,所以监督权力的界限是不确定的;因为监督者的权力界限不明确,所以监督权被滥用的现象难以从制度上加以避免。而监督权限与监督程序明确化,正是法治框架内的权力分配与权力制约的方式。

由于监督职权的重要性,历代都赋予监官很大的权力。以清代为

---

[1] 《明史·列传第九十七》。

例，都察院六科十五道的职权包括建议政事权、监察行政权、考察官吏权、弹劾官吏权、会审重案权、辩明冤案权、检查会计权、封驳诏书权、注销案卷权、监察礼仪权，零零总总十大权力。[1] “权重”固然有利于监督的实现，但和人治下的其他权力一样，这种“监督权”也没有规范性的约束和限制，极易造成权力的滥用。例如，某些时期允许“风闻言事”即御史只要听说某官员有不法行为，即使没有确凿证据也可以进行弹劾。这固然加强了监督，但同时也由于权力滥用，造成了统治秩序的破坏。康熙就曾评价道：“有人请令言官风闻言事……借端生事，倾陷扰乱，深足害政。”[2]

权力的滥用更造成监督者本身的失职乃至腐败，而这又会加重吏治整体的腐败。明代嘉靖前期，监官在纠核百官、臧否人物时“多任已意”，对“奉承齐备、礼貌足恭”者极力保举，对那些耿直者则“搜求细事、罗织人过”，致使贤愚难辨，败坏风气。例如，地方官员为了讨好御史，常常放弃本职，整天簇拥御史尽情玩乐，使御史出巡“导从如云，饮食如流，全无清约之节，反生骚扰之害……本为安民，而反以劳民；欲振风纪，而反坏风纪”。[3]

权力滥用的另一方面就是权力行使的非规范化，法律不作明确的监督权规定。虽然历代都不乏繁冗复杂的监督制度，但这些人治下的制度由于缺乏规范性的约束，使其缺乏确定性；监督的运作完全是以（正式的或非正式的）权力为核心展开的，制度本身往往是模糊易变的。例如，权力标准总是造成“级别越高的监督者必定越可靠”的心理预期；在监督难以实现时，制度设计者往往增设监督级别，而苦主则求助于更

[1] 高一涵：《中国御史制度的沿革》，商务印书馆 1942 年版，第 66 ~ 70 页。

[2] 《清史稿·本纪六》。

[3] 王廷相：《凌川奏议集·遵宪纲考察御史疏》，载《王廷相集》，中华书局 1989 年版，第 162 页。

高级别的机构——前者使监督体系叠床架屋，后者则破坏了监督机制的均衡运行。

（四）监督效果虽能立竿见影，但治标难治本

传统监督制度能够持续千年而不衰，一个很重要的原因就是施行起来立竿见影。从表面上看，这是因为监督制度作为（相对）独立于普通官僚行政体系的政治力量，监督者能够比较容易地发现官僚行政体系在运作中的缺陷，在纠核时也较少顾虑；但追根究底，这还是由于监督者往往代表了最高权力，因而极具权威——推而广之，只要促成最高权力的关注，非正式的方式也能实现监督的效果，而且有时比正式制度更有效。例如，君主（以及某些高官）的"微服私访"往往就是非常有效的监督方式；而"告御状"也成了启动最高权力进行非正式监督的常见方式——这些非正式的方式更渗入传统文化和大众心理的深处，其影响力持续绵延，至今不绝。但这种"实效"是人治下的权力关系运作的结果，在某具体事项上确实很有实效；但置诸全局，仍然是杯水车薪。例如君主的"微服私访"，即使真的如"戏说"中那样频繁，也只能考察极为有限的一时一地，并且在这有限的范围内也很难保证做到"明察秋毫"。因此，这种非正式的监督方式更多的只是象征意义，以及贫苦大众的自我安慰。

就传统监督制度的整体而言，在人治的权力体系下，所谓的"实效"只是治标；在面对人治本身的深层问题时就往往束手无策，难以治本，这明显地体现在君权对监督的影响上：一方面，作为监督体系的顶端，君权直接控制监督；若被纠核者为君主佞幸则往往"释罪不问"，甚至反

将御史治罪;[1]另一方面,御史常因行使职权而遭打击报复,此时也需要依靠君主保护,所谓"御史绳奸佞……苟非人主保卫之,则亦为奸佞所噬矣"。[2] 而在人治的制度发生根本性转变时,传统监督制度就更加黔驴技穷了。

从法治的立场来看,传统监督制度的难以治本在机制设置上主要有三个原因:一是传统监督制度的意图;二是传统监督制度设计的重点;三是传统监督制度的过程是秘密化的,没有正当程序。其一,传统监督制度设计的意图放在出事后的察办,而不是从制度上杜绝官僚的被纠察事项的出现。其制度的机理类似于刑法的功能在于事后的惩罚和对未然的威慑。它们的区别只不过是:刑法是实体法,而监督是程序法。其二,传统监督制度设计的重点是主体及其级别,而不是职权与程序;"谁的监督最有力",在这样的问题上大做制度设计的文章,而不是在"怎样的权力关系对监督最有力"上做文章。由于种种原因,我们总是设计不出一套制度,能够在总体上根本性地将权力腐败控制在有限的范围内。其三,监督制度并没有正当程序,而只有层级密报关系。这种监督的方式和过程是没有定数的,历代监督均无程序可言。没有公开的程序,就不能广开言路,得不到社会监督,也就实现不了公正。

(五)小结

监督制度的原理是一种虚幻的假设。盛行于各朝历代的监督制度,无不隐含这样的几个潜在的互相有逻辑关联的判断:第一,监督者总是最值得依赖的(这一判断是基于监督者与监督指挥者或发动者的

〔1〕 如唐代侍御史王义方弹劾李义府,反遭贬黜,"岁终不复调"。参见《新唐书·王韩苏薛王柳冯蒋列传第三十七》。

〔2〕《资治通鉴·唐纪二十五》。

人情化的密切关系，而不是理性化的法律关系）；第二，纵向的上位者对下位者的单向的监督是可靠和有效果的（而不是在权力关系中的横向设置的对立面双方的交涉与制约关系）；第三，级别越高的监督者越可靠（这是基于官僚政治中的行政层级的原理假想的信条）；第四，当监督力度不足效果不佳时，增加新的监督主体（一个新的监督主体即一个新的监督渠道）总是必要的（这是与刑法乱世用重典同出一辙的中国式法律制度原理，所以就出现纵横交错的多重监督）。然而，这四个方面的潜在判断都只是虚幻的假设。

中国传统的政治思想对监督制度寄予厚望，但它是人治体系中的法宝，而不是法治体系中的制度。监督制度运行的内在机制是“人盯人”，所以，个人因素决定了监督制度的有效性：当监督者个人为政素质是可依赖的，那么监督是有效的；相反则是无效、累赘的，甚至是专制的帮凶。正因如此，传统监督制度无法避免权力滥用、缺乏规范性、效果不稳定等缺陷，难以真正实现对权力的约束。传统的监督模式根本上说不是法治的制度。

前文所分析的传统监督制度的缺陷和弊端也不可避免地影响到当代中国的监督制度如重视监督主体的组织建设而轻视监督权的规范化，重视制度运作的结果效能而轻视权力行使的过程的程序化，监督效果严重依赖于人的因素，寄希望于“微服私访”式的处理方式，仍然是今日所面临的问题。

当代中国监督制度从制度性质上看已经是社会主义政权下的监督制度，但是从文化传统意义上看，它仍然属于“传统监督制度模式”在当代的延续。当我们强调“加强监督”的时候，总是从主体上考虑如何加强，尽可能地增加监督主体。我们今天庞大的监督体系就是在重视监督主体的背景下建立起来的。1954 年《宪法》里有人大及其常委会监督、检察院监督，1982 年《宪法》里规定了人大及其常委会、审计机关和检察机关，后来发现效果还不够，又在1986年恢复监察机关[1]。在反腐败运动中又发现法定的监督制度不够有力，再充分发挥执政党的纪律检查机关的监督作用。当我们强调“加强监督”的时候，总是在监督主体与人员构成上大做文章，比如，设立若干巡视纠察组，专门设立巡视机构，增加了行政编制[2]，如纪委监察部机关的大规模的干部轮岗交流。这样的监督体系非常庞大，监督举措推陈出新，可是都不是采取治本的制度设计方案，而是基于应付时势和解决时弊的思路，还是依赖于传统的监督模式。从执政党的依法执政以及执政党的自身建设来说，党的纪律检查监督还应该与法治原则相协调。

四、以法治的方式改造传统监督模式

今天，全国上下都在呼唤制定一部《监督法》，人们天真地以为用法律来确立监督制度之后就会使监督制度发生奇迹般的效果，或者以为能够彻底解决腐败问题，然而事实并不如此简单。你可知道，这《监督法》中的监督如果仍然是传统意义上的监督模式，那么即使让它冠以“中华人民共和国”也是改变不了它的传统人治特征的。建议制定监督法的观点，只能成为热心肠的人们的政治话题，如果监督制度不改造成现代监督制度，监督永远会是被法治所排斥的作为另类而存在的制度。《监督法》曲折近20年的“难产”经历，除了立法技术上的不可行性之外，也侧面反映了监督制度如何进行现代转型的问题。[3] 要从根本上改变这种状况，需要对监督制度进行根本性的转变：以分权制约和正当

---

〔1〕 新中国成立初期，我国政务院曾设有人民监察委员会。1954年9月，人民监察委员会改为监督部，1959年4月撤销。1986年12月，第六届全国人民代表大会常委会第十八次会议决定设立中华人民共和国监察部。

〔2〕 http://www.rednet.com.cn 2003-8-28 1:19:07 红网，2005年5月12日访问。

〔3〕 国内有识之士曾认为这个“难产”的经历也凸显了传统监督的制度和思想与现代社会的矛盾。参见杨中旭、孙展：《〈监督法〉难产十八年》，载《新闻周刊》2004年第35期。

程序为原则,进行监督制度的变革和运行。

(一)权力分配与权力制约

首先,我们应当看到,权力分配与权力制约是实现对权力控制的基本条件,也是基本方式。控制权力的方式有多种,监督是控制权力(基本属于事后控制)的方式之一。但是,传统监督制度并不以权力分配原则为前提的,所以监督这种控制才有那么多的弊端。如果有了其他更好的控制权力的手段,我们就不必像过去那样过多依赖于监督制度了。中国古代之所以需要监督制度是因为没有分权,监督者与被监督者实际处于同一权力体系中,它是以权力为中心的人治金字塔体系。

权力分配是实现对权力控制的基本条件,权力分配本身就能够实现监督所要实现的功能。通过法律规则来划定权力的范围、厘定权力与权力的关系。而不是通过"人盯人"的监督关系来完成这种权力分配的。这样才能为监督制度的法治化提供了基本前提。有权力的分配就有了权力的界限,因而有了权力的制约关系,这才是关键的,它是权力控制的基本条件,没有这个条件,再多的监督机关和监督方式都会形同虚设,隔靴搔痒,也是资源浪费。也就是说,来自谁(哪个机关主哪个人)的监督并不重要,重要的是什么样的分权关系中的规范化监督。

就约束权力而言,权力分立和传统监督思想是一致的;但是,约束权力的目的却不尽相同:权力分立是为了保障民权、防止暴政;而传统监督思想是为了加强对权力体系和对整个社会的控制、巩固一元化的君权——两者可谓南辕北辙。对传统监督制度进行改造,关键就是在根本目的上,改变传统思想,以现代分权理论和宪政制度为依托:借由宪法,规范各种国家权力的性质,正确划分各种权力所归属的国家机构;从而防微杜渐,确保国家机构在握有权力的同时不会以此来侵犯公民的基本权利和自由。

其次,权力分配与权力制约也应当体现在监督制度内部。监督者的权力应当是有合理的分配的,也有合理的制约的,据此才能解决“谁来监督监督者”的问题。权力制约是建立在分权基础上的,同时由宪法规范和其他法律规范作为权力运作的规则,保证权力制约的稳定、和平与有效。

而就中国传统监督制度而言,既没有权力的分立,也没有规则的确立;在一元化的集权之下“监督权”等各种权力的运作缺乏稳定性和可预期性,因而也就不存在法治意义上的权力制约,而只有掣肘乃至党争。从分权制约的角度来看,对监督制度的改造需要监督机关和监督者一方具有真正独立的权力,并且这种权力的分配和互相关系具有法律上的明确和有效的规范依据,这样才可能避免传统监督制度的种种弊端;同时在法治的基础上,将监督制度由“君主耳目”转变为公民权利的保障者。

(二)用正当程序改造传统的监督制度

我国监督制度多种多样,但正当程序原则和观念都应当在各种监督制度中得到体现。各种监督程序中都应当体现正当程序的对立面设置、公开、交涉等特质。

对立面即存在异质的利益对立或竞争的主体。要使监督成为制度化的现代制度,成为与法治相兼容的制度,就有必要在程序中设置代表不同观点和利益的对立面。监督程序中的角色分化后,每一个角色都是以抽象的形式存在,这就体现了程序的特质——管理与决定的非人格化,由此使社会关系在程序中得以简化。尤其是在多元的监督对象和监督方式中,权力运作过程极为复杂,监督程序的这一特质降低了社会关系的复杂性，进而将各种与程序无关的因素排除在程序运作之外，以此防止监督过程成为实际存在的各方权力的角逐场；使约束权力的目标得以实现。程序是在向全社会公开的情况下进行的，这样，监督者与被监督者都在阳光下受到监督。西方古老的“正当程序”的原义就包含着“任何一方的诉词都要被听取”的原理，后来发展成为在广义上剥夺某种个人利益时必须保障他享有被告知(Notice)和陈述自己意见并得到倾听(Hearing)的权利。现代正当程序中的知情权、辩论权和听证权等，也都来源于这一原则并被归结为“意见交涉”。正是因为有对立面的存在，监督关系是以意见交涉、理性沟通的方式实现的。这样才能保证不会出现这样的局面：一方面强调法治与人权，另一方面又出现违背人权的监督与侦查程序。监督者与被监督者可以进行意见交涉，重视证据收集程序以及举证和证明的规则，在质证过程中证明事实。

对立面的设置能够彻底改变了传统监督制度的结构，也摆脱传统监督模式的各种流弊。如前文所述，传统监督制度是对一元化(同质)的权力进行纵向的分割，上级监督下级；而为了解决“谁来监督监督者”的难题，或层层增设上级监督，使监督制度叠床架屋、繁冗复杂；或“加强垂直领导”，但这加剧了最高监督者的不受监督。对立面的设置实际上是权力的横向分割：处于对立状态的权力掌握者既可以对恣意行使权力的对方进行约束，又需防止自身因恣意而受制于对方——在这种均衡状态下实现权力的互相监督。在当代中国，应当加强人民代表大会的监督功能的制度建设。要发挥人大作为议会的监督作用，就必须完善人大的议事与监督程序。在议会程序中有了对立面的设置，也就有了有效的监督机制。我们在此可以预测，中国必将会在一届到两届(5年至10年)的时间内意识到人民代表大会程序的重要性，并开始抓紧议会程序的改革、完善或重建。

（三）区分监督种类，使各种监督法治化

在分权制约和正当程序的前提下，就可区分监督种类，进而使各种监督法治化。需要说明的是，监督制度的功能在于约束权力；而在现代法治国家，对权力的约束有两种方式即“以权力约束权力”和“以权利约束权力”。前者通过分权制约来实现，后者则通过对公民权利的保障来实现。但在中国传统社会，“权利”不彰，传统监督制度完全是“以权力约束权力”的方式。因此，本文所探讨的“监督制度”仍然限于“以权力约束权力”的范围内，而“以权利约束权力”的方式如听证、申诉等均不属于本文所探讨的“监督”范畴。

区分监督种类，首先需要明确，监督主体是法治规范中的制度而非监督者个人。在传统监督制度中，无论是制度严重依赖于个人，还是制度运行的非规范化，都与制度本身的个人化有关即实现制度功能的关键不在于制度本身，而在于个人化的因素如监督者的高风亮节、君主的从谏如流。这是人治所不可避免的；而在法治的框架内，需要以制度化取代个人化，以规范和程序来实现监督功能。比如，现代议会的弹劾权，现代各国尽管各不相同，但就总体而言，弹劾权是议会的权力而非议员个人的权力、议员有关弹劾的权力是整个弹劾制度的一部分（例如，议员有权提出弹劾动议，但整个弹劾过程不是议员个人所能控制的）、弹劾失败也无须议员承担个人责任。弹劾权由议会（以及其他相关机构）行使，在程序和规范的框架内运作，而议员个人也是整个制度的一部分。就整个监督制度而言，监督权是制度化的权力而非监督者的个人特权，代表监督主体行使监督权的个人并没有“尚方宝剑”、更没有“免死金牌”，只有规范和程序所赋予的权限。

根据不同的监督主体，监督种类大致可以分为立法机构的监督、司

法机构的监督、行政机构的监督、政党的监督等[1]。将这些监督制度纳入法治的体系中,关键正是在于监督的权限和监督的程序:

权力分配和权力制约的原则要求明确配置各监督主体的监督权限,并且合理安排监督权和其他权力、各监督权之间的关系;监督权限的分配又是以整个宪政体制中的权力分配为基础的。例如,议会对司法权的监督决不同于议会对行政权的监督,这是由司法权的特殊性决定的[2],甚至有的国家明确规定议会不能对法院进行所谓的监督,否则就被视为司法不独立。我们将来应该明确:人大对法院的监督是不能采用对政府的监督方式。所谓"个案监督"等则打乱了权力分配的秩序,殊不可取[3]。

在分权制约的基础上,各种监督的展开还需要遵循正当程序;在正当程序的原则之下,各种监督制度由于权力性质的不同而有着不同的运行程序:如立法权的性质决定了立法机构在程序上多采取事前监督的方式,而司法权的性质则使得司法监督主要为事后监督;又如,同为司法机构,法院的法律监督程序遵循消极、中立的原则,而检察院则以积极主动的方式展开监督程序——不同的监督程序背后蕴含着同样的正当程序原则;而正当程序原则可以保障各种不同的监督之间分工明确、并行不悖。

在日益复杂的现代社会中,各种监督制度极为复杂,且自成体系,因而不可能对其具体内容一一尽述;但只要以分权制约和正当程序为

---

〔1〕 通常所说的舆论监督、人民监督等,均属于"以权利制约权力",如舆论监督是以言论自由权制约权力、人民监督是以公民权利监督权力,因此不属于本文探讨的范围。而政党本属社会团体,但我国宪法规定了政党的政治权力和地位,因而政党监督也属于"以权力制约权力"的范围。

〔2〕 孙笑侠:《司法权的性质是判断权》,载《法学》1998 年第 8 期。

〔3〕 从权力分配的角度对人大个案监督进行的分析,可参见彭明:《权力配置:个案监督的反思》,载《江西社会科学》2001 年第 1 期。

原则，就可逐步将这些制度纳入现代法治系统中来，实现对传统监督制度的改造。

五、结语

中国传统的监督制度模式有其无法避免的缺陷，其根源在于传统监督模式是人治的方式；而“监督制度的改造”则是以分权制约和正当程序为原则，以法治的方式进行监督制度模式的变革。其中，分权制约是改造的基础，而正当程序则是改造的核心。

作为监督制度改造的基础，分权制约通过权力的分立和分配，打破传统监督制度所处的权力体系；然后建立权力间制衡的关系，形成新的合乎法治的各种监督。而这整个过程是一个“将价值问题转化为技术问题”的过程，需要一定的技术手段来解决各种具体问题。程序就是这个技术手段。而程序并非完全技术性的，其内部同样有着“程序利益”，具有独立性。也正因如此，正当程序才得以游走于形式与实质之间、往返于事实与规范之际，成为“法制体系中最生动活泼的领域”。[1] 许多社会变革因而得以通过正当程序得以实现，对监督制度的改造也可以遵循这一道路。

应当看到的是，对监督制度进行改造，是由人治向法治转型过程的一部分。宏大的社会转型过程中难免以破坏规则、程序作为变革的代价；然而在多多少少带有权力色彩的“第一推动”之后，接下来应该走上“以法治推动法治、以程序推动程序”的良性循环，从而跳出“一治一乱”的历史周期。监督制度的改造便是此过程中具体而微的一例，分权制衡和正当程序的形成与其说是“毕其功于一役”式的静态过程，不如说是在运行中不断反思、不断改善、不断循环的动态过程。

---

〔1〕 季卫东：《法治秩序的建构》，中国政法大学出版社1999年版，第20页。

五、

法治的细节

法院不宜用司法独立来拒绝民意

云南高院对李昌奎案件的二审判决向我们显示了什么？它显示了司法大众主义与司法职业主义两种理念的双重弊端在一个案件中不断出现。

第一，云南高院李昌奎案二审判决缺乏理由论证，反映的是司法大众主义极端化的简单和粗暴。由于司法长期以来的大众化，法官的判决书不说理或者说理了不加论证。对于李昌奎案如此事关人命、公德底线的、又引起社会普遍公议的案件，其判决书只用了一小段文字来说判决理由，该判词只是蜻蜓点水点到自首、悔罪和赔偿三点，这叫判决说理吗？判决说理是要有论证的。个案中以慎杀政策为由更需要论证，否则就有利用政策改变刑法规则之嫌。法院的“冷静”不等于判决不说理。法官作出判决而没有充分说明理由是可耻的，必然会引起公愤的。

第二，云南高院领导的事后的公开解释反映了司法职业主义极端化的傲慢与冷峻。而且云南高院的领导在事后公开向媒体作出的解释，并不令公众信服。这位领导涉及四个主要观点，其一是“杀人偿命观念陈旧了,也要改改了”。法院通过一个判决就想改掉这存在数千年的观念?真是天方夜谭。何况本案的杀人情节不属常见的那回事。其二是“邻里纠纷引发杀人适用死刑要慎重”,其实最高人民法院的司法解释中只说“要慎重”,没说不得判死刑。其三是“这个案子10年后是个标杆”,那就更不靠谱了,你云南高院居然用10年后的标准(他在预言10年后死刑可能被废除了)来判这个案子?!其四也是最关键的一点,是这位领导说“不能用民众狂欢的方式判一个人死刑”,这句话笔者也曾经说过,孤立地看是对的。笔者是司法职业主义的坚决支持者,但笔者反对这种简单、粗暴、傲慢的职业主义言行。在本案中显然有强词夺理之嫌,显示了某些司法人员的职业主义司法观的极端化。也正是这一点,决定了前三句话,是前三句话最有力的潜台词:我法院是司法独立的,你们无权干涉,你们别起哄!别狂欢!

事实上,以司法权的独立性为理由来拒绝舆论民意是错误的。为什么这样说呢?这涉及法院用什么理由来对舆论民意和言论自由说“不”。简单地讲,独立司法与表达自由,都是宪法的权力或权利,孤立地来看孰高孰低,不好轻易下结论。所以司法理论中还存在另一项起重要“砝码”作用的权利——被告的公平受审权。而这一点,看来没有被云南高院当一回事,因为从他们的判决书不论证理由就可以知道这一点。似乎也没有迹象表明云南高院在平时的审判工作中一以贯之地尊重被告公平受审的权利。可是令人诧异的是,云南高院在今天这个李昌奎案件中,怎么突然那么重视李昌奎的生命了呢?

在司法与舆论民意的关系上,存在三种模式:其一为英国式——媒体舆论谦让司法;其二为美国式——司法谦让媒体舆论;其三为欧洲大陆式(法、德等国为典型)——因审判的职权主义,司法与媒体舆论各干各的,司法可以说我不担心你干扰我。但是无论何种模式和情形,都有两点共性:

第一，司法会谨慎对待民意和舆论，而不是简单地、粗暴地对待舆论民意。一是要从被告公平受审权角度来考虑问题，而不是单一强调司法独立性；二是要以司法特殊的程序机制来谨慎对待民意舆论。从美国司法惯例来看，法院面对民意与司法的冲突关系、面对新闻自由与公平受审的冲突关系，除了有目标地控制陪审团（如不让陪审员读报纸看电视）、发布言论限制令（要求媒体在一定时间内不得发布有关本案的言论、要求媒体推迟报道时间），可选择的措施还有：隔离陪审团、移送管辖（依辩方动议移送案件）、延期诉讼、不公开审理，甚至对已作的判决予以撤销。[1] 这都是用法律角力来代替政治角力的具体措施。

第二，法院吸收正确的民意并非没有途径，法院通过自己的方式来尊重和吸收民意。法院通常在有法律依据或者是有法律方法的情况下，尽可能尊重民意，更不会为强调司法的独立地位而刻意去违背正确的民意。司法尊重民意舆论的方式是以一种特殊的方式进行的，主要包括：

1. 运用司法方法（法律方法论），如法律解释与法律推理和法律论证，来处理法律冲突、法律漏洞或过于抽象的法律概念给个案带来的社会效果的弊端。

2. 在判决中要进行理由论证，从而客观上回答了民意舆论中的疑问。

3. 公开审判的程序是缓解民意舆论的最好方式。有美国程序心理学学者实验结论说明：正当的程序能够缓解矛盾，让败诉方或者舆论一方无强制地接受不利的判决。

第三，如果从制度建设上考虑，还可以借鉴设立一些沟通和平衡司

---

〔1〕［美］Marjorie Cohen & David Dow：《法庭上的照相机》，曾文亮、高忠义译，商周出版社 2002 年版，第 230～232 页。

法与舆论民意关系的制度机制。比如：

1. 陪审制度，通过陪审团或陪审员作为司法与民意的沟通桥梁；美国还有“法庭之友”制度可以吸收民意。

2. 吸收非法律专业人士参与审判如法国参审制度、德国混合法庭制度[1]，都是吸收民意的好办法；这些陪审或参审的成员不是职业性代表，而是大众民意的代表，它反映立法所不能及时反应和不可能反映的社区道德观念。一些国家还有民选法官制[2]，英国有非法律内行的治安法官制度。

3. 公益诉讼也是代表民意舆论的程序机制。公益诉讼是指有人根据民意和舆论，依法律授权，对侵犯国家利益、社会公共利益或不特定的他人利益的行为，由法院追究相对人法律责任的诉讼活动。公益诉讼是公民有序参与国家和社会管理活动的一条有效途径，为民意开辟了一条进入司法场域的通道。

4. 建立法院与社区合作机制。美国在半个世纪前就建立了法院与社区合作机制，旨在解决公众通常认为的“法院不会回应社区”和法官认为“社区不能正确解决他们面对的问题”。

---

〔1〕 职业法官和非职业法官共同组成合议法庭，一起履行审判职责即混合法庭制度，其中包括“大刑事法庭”和“小刑事法庭”。前者负责审理重大刑事案件，由三个职业法官和二个非职业法官组成（三二制）；后者审理轻微刑事案件，由一个职业法官和二个非职业法官组成（二一制）。在商事法院、劳动法院、行政法院、财税法院和社会事务法院中，也有三二制和二一制的混合法庭存在。非职业法官任期4年，每一位非职业法官每年参加几天审判——法律建议的标准是每月一次。每4年一次选拔非职业法官的程序分为提名和遴选两个阶段。各地方当局的提名做法有极大差异。一些地方当局通过编制一个基本上是随机选出的居民名单进行提名。

〔2〕 1986年2月26日，Passarella法官由于宣告用铁棒打芝加哥警察的行为无罪而招徕广泛的批评，以至于在1986年11月的选举中未能够获得连任。Joseph Grodin是1986年落选的三个法官之一，他认为选民是依据结果来决定的。许多法官落选是因为他们依法作出的裁决不符合民意。

新刑诉法的两把剑

被新刑诉法草案列入并可能即将获得确认的条文中藏着两把刀刃锋利的“剑”，一是技术侦查措施即秘密监听、监控等；二是逮捕不通知即“秘密拘捕”。与其说它们是“双刃剑”不如说是“毒剑”。

凡是成年人都知道，为了达到打击犯罪的目的（显然我们承认，侦查的理由总是十分充分、目的总是万分正当的），侦查人员都会穷尽并用足一切法律赋予的权力空间。这对于打击犯罪固然是有利的，也是强有力的。可是正是在这种正当的目的和使命感的驱使下，在这种现场感的刺激下，权力往往会突破边界。因此这两把“利剑”在实践中很可能会变成两把“毒剑”，危害的不仅仅是特定的犯罪嫌疑人，而是不特定的所有公民，包括刑侦人员自己。

第一把利剑是先进的科学技术带来的，是我们法律落后于科技才引出许多弊端的。我们的科技手段被高度应用于社会管理，可是用什么来规范这种技术应用来保障公民权利呢？目前几乎没有相应的规范。笔者曾参观过一个市政府新大楼，发现连会客室这样的场所都装有摄像头,陪同领导说这是"办公信息化、智能化",我几乎气得想当场砸烂这些设备。某所大学新建校区所有教室都有监控摄像头直接对着讲台,校方说这是"教学信息化、智能化",我"敬告"他说如果在我的教室里运用CCTV监视我的课堂教学,我会带领学生罢课。这都是没有权利和自由观念的表现,他们头脑里只有权力、秩序、维稳的观念。我们的社会,科技进步了,可是我们的科技工具引进的同时,没有引进科技使用的伦理规范和法律规则。例如,开车应当尊重行人,行人优先是起码的要求;比如,引进了手机,却不懂得何时不可以接听电话;例如,引进了电梯,却没有乘坐电梯的规则:乘电梯要先出后进、电梯里说话应该轻声细气,自动扶梯要靠右边站立、左边让开通道……现在管人、限制人、侵害人的工具多了,却没有让规则同时跟进。

技术侦查措施也一样。从事侦查的人员说,这几个条文对我们反腐侦查太重要了。是的,有了技术手段你们可以如虎添翼,如持利剑,可是法律的正义价值要求对执法者的能量进行必要的的限制。法治最忌讳在授予权力的同时不给予限制。《刑事诉讼法》确认了使用多年的技术侦查措施,只用所谓"经过严格的批准手续"来限制,是无力的、危险的。理由不言自明,根据我们的刑事侦查实践,在破案心切的侦查人员面前,批准权归谁就显得十分重要。我们绝不能让同一机关掌握批准权,这必须规定到《刑事诉讼法》里面去。

第二把利剑与其说是法律制度设计的产物,不如说是办案经验的产物,要么是穷追猛打的追诉狂的经验,要么是抑郁型恐惧症的经验,无休止地担忧和内心恐惧。修正案规定"逮捕后,应当立即将被逮捕人送看守所羁押。除无法通知或者涉嫌危害国家安全犯罪、恐怖活动犯罪等严重犯罪,通知可能有碍侦查的情形以外,应当把逮捕的原因和羁押的处所,在逮捕后24小时以内,通知被逮捕人的家属。"

其实,把不通知家属的情况扩大成了"×××等严重犯罪"和"无法通知”两种情形有可能在侦查实践中被无限扩大。“等”是个大口袋,什么都可以往里面装。什么叫“无法通知”?侦查人员不想通知也可以被推定解释为“无法通知”。建议原条文修正为“逮捕后,应当立即将被逮捕人送看守所羁押。除涉嫌危害国家安全犯罪、恐怖活动犯罪等严重犯罪,通知可能有碍侦查的情形以外,应当把逮捕的原因和羁押的处所,在逮捕后24小时内,通知被逮捕人的家属。客观原因无法通知的,应当通知其住所地的基层政府部门”。此外,如果真要保障公民权利的,那么,你至少可以增加两款:第一,“24小时内无法通知家属的,必须在48小时内通知其单位、其他亲友或所在社区”。第二,“对于涉嫌危害国家安全犯罪、恐怖活动犯罪等严重犯罪,通知家属可能有碍侦查的情形的,必须得到当地人民检察院批准”。这就变成一条侦查人员的义务。

15年磨一剑,希望不是这样的两把“剑”。好在本次修改草案值得肯定的亮点也不少。原以为在这社会转型的维稳时代,人大常委会不可能淡定超然,我们担心人权完全让位于维稳。但从公布的草案来看,这次人大常委会有些方面还是出乎笔者的预料,人权并没有完全屈从于维稳。当然保障人权是国际条约中承诺的义务,特别是《公民基本权利与政治权利公约》中的几项重要权利都还没有落实,我国政府1998年签字加入了以后,全国人大一直没有批准。想到本届常委会快届满了,高层有某种开明的迹象,借以承前启后,也是中国式权力更替的特有现象,民众舆论理当予以肯定。

查验身份证的警察权限度

此次修正案草案在《居民身份证法》第15条第1款中增加一种人民警察依法执行职务可以查验居民身份证的情形,即"在火车站、长途汽车站、港口、码头、机场或者在重大活动期间设区的市级人民政府规定的场所,需要查明有关人员身份的"。仔细分析这项草案新条款,我们会发现其中存在这个新范围是否正当合理的疑问。

查验居民身份证,是警察权的一种。这个争议和讨论首先涉及我国对警察权法律地位的认识问题。相比于我国,存在另一种以法治方式严格限制警察权的制度模式,这种制度模式在法理上有两点共识:第一,警察权是维护公共安全、保护公民权利的国家行政权力,警察为制止或排除现行危害公共安全、公共秩序或个人人身财产安全的,可以行使法律规定的职权或采取相应的措施;所谓"现行危害",就是指现在存在的危害。第二,警察权的行使需以其他机关就此危害无法制止或排除者为限即其他机关无能为力的情况下方可启动。警察权的行使,有补充其他机关职权行使不足之处的功能。

然而,我们的社会管理实践,动辄启动警察权,这在过去固然可以理解,而在倡导法治十余年的今天还这样做,就不可理解了。法治越进步,警察权就应越受限制。

查验居民身份证作为一种警察权,其目的有二:一为犯行追辑,二为危害防止。我国现行的居民身份证法对人民警察依法执行职务查验居民身份证的4种情形作出了规定,即"对有违法犯罪嫌疑的人员,需要查明身份的""依法实施现场管制时,需要查明有关人员身份的""发生严重危害社会治安突发事件时,需要查明现场有关人员身份的""法律规定需要查明身份的其他情形"。这4种情况中前3种,主要是针对非常规情况的,属于"犯行追辑"。第4种是法律明确规定的情形,主要是针对潜在的危害进行防止的,属于"危害防止"。它确实是兜底条款,但好在确定在"法律规定"的范围,而不是"其他法规规章规定",因此,意味着只有全国人大及其常委会才有权作相应规定,因此是相当严格的。这体现了本法立法者的"法律保留"意识,符合法治理念和人权精神。在社会转型的矛盾冲突多发时期,我们要稳定和治安的同时,难道就可以不重视法理、不遵循法治、不尊重人权了?

就本次修改《身份证法》中的查验身份证范围扩大问题,我以为这个条款有所不妥,应该纠正。

第一,这一条款不仅扩大了身份证查验的范围,查验权扩张使公民自由和权利范围缩小,另外,还会给公民带来罚则上的义务增加或权利限制,即任何公民在不配合身份证查验时,都会受到强制或处罚。

有人和笔者辩论说,"不就是出示一下身份证吗,举手之劳,有那么麻烦和复杂吗?"这又是一个法律认识的误区。权力与权利的关系理论告诉我们,公权主体一旦扩大某项权力,就意味着其行为向私领域作了扩张,那也就意味着公民权利和自由空间的相对缩小,也就意味着公民增加了新的义务。查验身份证这一行政行为的完成,必然有一系列动作,包括怀疑、拦停、盘问、命令、验证与核查等动作,甚至还会出现同行(跟踪)的动作……查验身份证是由这一系列动作构成的,这势必是对公民自由的一种限制。从权力的相对人来讲,公民就有配合查验的法定义务。进而,公民不履行此配合查验义务的,就构成违法。

如果这条款被人大通过了,某天我们任何公民在火车站不出示证件,那就是违法,就会有被警方带走的可能。对公民个人而言,其违法概率提高了,出行的风险也增加了。所以这样的条文不光是出示证件时的那几分钟的浪费问题,而是涉及警察权范围的扩大和公民义务的增加,引起的是全国公民的其他人身权利的受限制的可能。

如果此次增加这个身份证查验范围的条款,那么,公安部门对如不出示的或不配合的公民会采取何种强制措施或科以何种处罚呢?《身份证法》第15条第2款只规定“拒绝人民警察查验居民身份证的,依照有关法律规定,分别不同情形,采取措施予以处理。”这个有关法律规定目前还不那么统一和清晰,这就容易助长公安人员滥用查验权,侵害公民人身自由。已经死去的孙志刚就是因为民警查验其身份证才出的事。今后总是要有配套规定的,若法律不规定而是由行政法规或公安部规章来补充,则显然违反立法法的有关规定。所以在扩大范围的同时,就要求罚则具有确定性。

第二,这项修改在比例原则上,手段和目的之间是否匹配呢?问题在于,这个大范围的身份证查验措施与行政目的之间的比例关系是否均衡呢?这就是大陆法系所谓的“比例原则”,德国人讲“不能用大炮打小鸟”,也就是咱中国人所讲的“不能杀鸡用牛刀”。罪犯或犯罪嫌疑人或者对社会有危害的人总是少数人吧?为了限制这些少数人,却给十几亿人增加了新的义务、限制了自由。政府部门用当前“公共安全的复杂形势”来说明扩大身份证查验范围,是不是符合比例原则呢?这是比例不匹配的问题,这种现象在当下政府管理中随处可见。

如果要说治安手段和目的的关系,目前我们已经是在相关法律不健全的情况下,最大限度地使用了视频监控摄像头,或者说它也已经极大限度地配合了公共安全的防范。当然,如果从法治的要求来讲,这种技术监控手段也需要法治化。

如何克服"部门本位主义",坚持立法的正当性?这次应当引起全国人大的高度重视。毋庸置疑,查验身份证是出于安全、治安等考虑的,目的不可谓不正当,因此才会提交人大审议讨论。但我们的行政机关在提议案的时候,往往都有管理者自身角度的正当理由,即所谓"部门职权本位主义"。据公安部副部长杨焕宁介绍,从基层执法实践来看,居民身份证法规定的4种查验情形范围过窄,难以适应当前公共安全的复杂形势。杨部长只是作了客观社会情势和政府管理本位的论证,缺乏法理上的考虑和论证。如果不限制公民权利或增加新义务,那么公民对政府增加新行政措施,大家都不会有异议。如果不扩大警察权,那么法律界人士也不会反对这项修改条款。从比例原则来讲,讲究的是行政手段和行政目的相匹配。我们都承认"公共安全形势复杂",但这样的客观情势难道已经穷尽除警察权以外的其他行政职权了吗?是否其他机构的职权都不能制止和排除危害了?如果已经穷尽的话,是否就可以采取这种增加义务或限制权利的方式呢?这是我们的传统观念在作怪,多数人都以为,为了治安和稳定,动用警力有何不可?何况我们的目的是为老百姓好。问题在于,我们在法理上没有确立这样的共识——警察权的启动需要以其他机关就此危害无法制止或排除者为限。

第三,原来的4个范围是以"人"为标准的,新增条款用"场所"为标准,因此,最大限度地扩大了查验身份证的范围,把对象扩大到全体公民,显然是过于严酷了,何况还用"设区的市级人民政府规定的场所"这样的授权性条款,范围更容易失控。

让我们先来分析现行法规定的查验身份证的4种情形(范围)的规定。我国现行的居民身份证法对人民警察依法执行职务查验身份证的4种情形作出了明确规定,根据这4种情形,我们可以明确地知道哪些人员会被查验身份证,他们包括:一是“有违法或犯罪嫌疑的人员”。二是“实施管制现场的有关人员”如违法犯罪人或现场证人。三是“严重治安突发事件现场的有关人员”如违法犯罪人、事件知情人或证人。所以前3种显然只是对特定的公民的,范围比较有限,相对是确定的。第四种是法律(而不是法规规章)明确规定的,且根据《立法法》的“法律保留原则”,由全国人大及其常委会制定,所以,也不用像担心政府法规那样担心其对人权的威胁。而新增修改条款看起来是扩大了场所,实际上则是把查验范围扩大到全体公民。用地点作范围来规定对人的限制,比起对一类人进行限制,其法律手段要更加严酷。因为这些地点是每个公民都会必须经过的。更严重的是,“设区的市级人民政府”还有权对所谓“重大活动期间”进行自由裁量,这为地方政府扩大和滥用警察权敞开法律之门。

关于查验范围要修改的话,是要在现有4种范围内,修改得更具针对性和可操作性,例如,对“对有违法犯罪嫌疑的人员,需要查明身份的”要“有合理怀疑”为前提,在“依法实施现场管制时,需要查明有关人员身份的”和“发生严重危害社会治安突发事件时,需要查明现场有关人员身份的”,人民警察对被查验人要“有事实足以认定其对犯罪或即将发生的犯罪是知情者”,对“法律规定需要查明身份的其他情形”,如果需要修改加以明确的话,可以规定具体情形,而不宜采取笼统的地点上的放宽。另外,除现行法律已经规定必须“身穿制服、出示证件”的义务之外,还需要规定人民警察行使查验时有告知义务,应当告知查验的事由。

在民警查验身份证这个问题上,像这样扩大范围好?还是具体化有针对性更好?从技术上讲,这就是笨办法和聪明办法的较量;从政治上讲,是怀疑和限制全体公民好,还是限制少数有危害性的人员和敌对势力者好的选择。明智的立法者当然选择后者。

我们当然十分理解公安机关面对当下公共安全危机的苦衷,他们在社会转型期、社会矛盾爆发期,维护社会公共安全的职责大、任务重、情况复杂,工作很辛苦。然而,凡是涉及全体公民权利的任何规范性文件,我还是主张谨慎为宜,冷静地想一想比例原则的道理,想一想依法治国、建设法治政府的道理,更要想一想宪法上“国家尊重和保障人权”的规定。所以,我希望全国人大常委会能够听取公民和舆论的意见,请求全国人大谨慎对待草案中的这个条款。

“小司考”有大问题

今年是国家司法统一考试10周年，本来一直想写点文字纪念这10年司法考试的成就和改革进程。可是最近不断听到关于内部存在“小司考”的风声，不免存疑、探究、求证、震惊……

昨天看到一篇博文上附了这样一份某省检察院下发的文件，内容如下：

关于《2011年单独组织在职法律职业人员统一司法考试》有关事项的通知

各市、州院政治部：

司法部决定2011年继续单独组织在职法律职业人员统一司法考试试点，并扩大在职考试试点地区的实施范围。现就统计我省参加《2011年单独组织在职法律职业人员统一司法考试》人数有关事项通知如下：

一、省院要求，纳入扩大试点范围的检察院党组，要积极支持鼓励符合司法考试条件的干警，参加国家统一司法考试，并取得A证；确因检察官短缺，急需通过试点考试取得 C 证（特殊管理，仅限本地使用的），可以参加扩大试点考试。

二、报名条件：2007 年年底以前从事检察业务工作，未取得法律职业资格，法律大专以上学历的在职人员（行政编制）。

三、本次扩大地区，已参加 2011 年全国统一组织的国家司法考试但未达到合格分数线的人员也可以报名参加试点考试。

四、报名方式与时间、报名人员报名应提交的材料等，请各市、州院与本市、州司法局联系，并通知到干警本人。

五、请各市、州院政治部按照扩大了的试点地区名单（名单附后）和报名条件，迅速做好统计工作，于 2011 年 11 月 3 日下午 16:00 前将参考人员名单报省院政治部教育培训处。

在西部地区扩大试点，体现了对西部地区政法干警的关心爱护，是政法工作的需要，要严格在内部运作，不要对外宣传张扬。

电话：×××－86581101　　传真：×××－86581100 86581097

附：××省试点地区名单

省人民检察院政治部

经求证，才知道这是真事！已经实行了 2 年，这前 2 次“小司考”只限于西藏、新疆等少数民族地区，今年属第 3 次“小司考”，比前 2 年更是加大了步伐——扩大到 28 个省和自治区（除京沪京沪三直辖市之外）的贫困县。

脑海闪现了 10 年前参与司法统一考试考试制度论证的场景。10 年前的 2001 年，由最高人民法院、最高人民检察院和司法部联合组成一个《国家司法统一司法考试办法》起草小组，共 18 名成员，包括司法部法规教育司司长、最高院政治部法官管理部部长、最高检政治部教育培训部部长，以及有关部门的负责人，其中学者参与论证讨论的有丁相顺、刘凯湘、孙笑侠、陈卫东、贺卫方、葛洪义 6 位教授。

之所以把20世纪80年代开始的律师考试、法官和检察官资格考试用一种考试统一起来，就是为了保证法律职业的资质共同性和统一性。共同性是职业共同体的性质决定的，共同性决定了考试门槛要坚持统一性原则。这个统一性原则是如何确立的？当时与起草小组的成员讨论得最透彻的，是“统一性”问题，包括统一的目的、统一的理论基础、统一的具体方法。涉及报考资格的统一、试卷命题的统一、成绩划线的统一、录用职业资质和录用标准的统一等，甚至制度设计者与决策者敢冒政治风险对中央党校的本科毕业生要不要给予报名资格的问题，根据“非国民教育系列”这一标准，作出了否定性的结论，至今不允许中央党校本科毕业生报考。这一点还得感谢老部长张福森先生，他是我们司法考试制度统一化的坚定推动者和重要决策者。当时我们还对考试分数线划分上是否实行全国“一刀切”，出现了两种相反的意见，其中反对“一刀切”的成员认为，应该各省有各省的分数线，至少也应当考虑西部地区倾斜。后来协调的结果是少数民族考生有若干种少数民族语言的试卷。这一切都是为了保证这“统一性”所作的有限度的变通。

2001年7月15日，“两高”和司法部共同发布《公告》称，“九届全国人大常委会第22次会议通过的《法官法》《检察官法》修正案规定，国家对初任法官、检察官和取得律师资格实行统一的司法考试制度”。《公告》第1条就明确指出“国家统一司法考试制度是保证和提高法律职业人员素质，加强法律职业人员管理、保障依法独立行使审判权、检察权，保障法律职业人员依法履行职责，保障司法公正的一项基础制度。这一制度的确立，是我国司法制度的重大进步。”鉴于《法官法》《检察官法》修正案2002年1月1日起施行，根据“两法”关于实行国家统一司法考试的规定精神，司法部2001年的律师资格考试、最高人民法院初任法官考试和最高人民检察院初任检察官考试都不单独组织，并入拟于2002年1月举办的首次国家统一司法考试。

显然，“统一性”是国家司法考试制度的出发点和目标。2001年公布的《国家司法考试实施办法》第1条就规定了“为建立和规范国家司法考试制度，提高和保障法官、检察官、律师、公证员队伍素质……制定本办法”。第2条规定“国家司法考试是国家统一组织的从事特定法律职业的资格考试。”“初任法官、初任检察官，申请律师执业和担任公证员必须通过国家司法考试，取得法律职业资格。”这里用的是“必须”二字。第3条规定“国家司法考试应当公平、公正。”第9条和第11条分别规定“统一命题”和“统一评卷”。

现在可好，不仅不坚持法定的“统一性”原则和制度，而是进行了秘密的“小司考”。其弊端至少有三方面：

弊端之一，违反司法考试的统一性和公平性。经过统一的资质考试来保证司法职业岗位有资质合格的人来充实，可是有限的岗位被这样的“特殊手法”占据了，秘密进行这样的“小司考”，显然是给司法机关的部分在职人员开小灶。这对于参加国家统一司法考试的考生来讲是极不公平的，对本来能够通过正常司考得到正常证书的司法机关在职人员也是不公平的。合格的有资质的人却比以往更难进入司法机关了。

弊端之二，突破法律制度，损害了国家考试的公信力。司法考试是国家考试，和公务员考试一样被称为“国考”。也被称为“天下第一考”，因为它的通过率低，原因在于司法考试不是高考和公务员考试那样的“选拔”考试，而是职业“资质”考试，达到一个门槛的人才能够充当司法官。而高考和公务员考试是“从一定人数中择优录取一定数量的人”，所以各国司法考试的通过率都是很低的。最能反映这种考试性质的极端例子是日本，过去日本只有1%，现在调高了也只有5%。

弊端之三，让职业资质不合格的人充当了司法官，污染司法公正水源的源头。本来法院和检察院工作人员中通不过司法考试的人，就是职业资质不合格者，他们理当转岗到其他岗位甚至退出司法队伍，可是为何为他们突破法律制度而开启绿灯呢？

也许有人会跟我说，你对国情不了解，对基层和西部不了解，我们这样做也是不得已。其实有的贫困县并不是贫困县，而是当地政府不愿意放弃这个可带来好处的“贫困”帽子。暂且不说我对西部和基层的了解程度。从实体上讲，为了照顾贫困地区的基层，并不是没有实质合理性的。但是实行法治的国家，就应该把实质合理性与形式合理性统一起来，何况法治更强调形式合理性。我们完全可以有相对合适的法律途径来解决这种特殊性与普遍性的法律难题。比如，通过《法官法》和《检察官法》的整体修改，建立司法辅助人员制度，让已经在司法机关有一定经验的人员成为司法辅助人员，待遇和晋升制度都可以单独重新设计。或者建立“基层平民司法官”制度，允许西部地区和基层司法岗位上有一定比例的人员来自非专业非科班，这也是有“司法平民主义”原理依据的，进而来缓解西部和基层司法人员数量不足的矛盾。2007 年，我们在承担中央政法委和中国法学会的“深化司法体制改革，为社会公平正义提供法治保障”课题报告时，就在一系列建议中包括了这几点建议。

至少，法治国家不会采取这种不公开的方式来改变国家统一的制度，一般会遵循法治的路径和方式，通过正当的程序来论证和修订制度。为何“要严格在内部运作，不要对外宣传张扬”？即使决策者有一万个理由来突破国家统一司法考试制度，我们也要坚持修改法律制度的程序。这包括公开进行、征求意见、论证理由。修改法律制度并不是不可以，但要通过正当的修订程序，而不应该是这种不公开的秘密突破法律制度的方式。这样做虽然照顾了贫困地区的发展特殊性，但这种发展观是严重背离科学精神、背离法治精神、背离民主精神的，根本不符合科学发展观。

一种良好的具有某种法治精神的制度到了实施阶段却几乎被废掉了,这比法律制度形同虚设更可怕。为什么我们的一些决策者在对待法治的问题上,没有那么一点耐心呢?短期行为,就像为了GDP而牺牲环境资源的行为一样愚蠢和短视,为了解决眼前的矛盾,不顾制度的效力和权威,不考虑合理的修订制度的方案,简单、粗暴地突破法律制度,实际上是消费了法律的公信力,浪费了法治的公信力,更是贱卖了国家的公信力。

公安部的黄灯亮时，法治的红灯也该亮了

——对“闯黄灯”解释的解释

国务院制定的《道路交通安全法实施细则》第38条第2款规定“黄灯亮时，已越过停止线的车辆可以继续通行”。而公安部相关负责人在解释今年1月1日生效的《机动车驾驶证申领和使用规定》时，提出“黄灯亮起时，只要机动车车身任何一部分已经越过停止线，车辆可继续通行，不视为‘抢黄灯’”。这个解释引起舆论的广泛关注和热议。

公安部“相关负责人”把行政法规中的“黄灯亮时”改为“黄灯亮起时”，多了一个“起”字，是不是一回事呢？我们需要用法律解释方法中的平义解释来解剖国务院《道路交通安全法实施细则》第38条第2款的立法原义。在常识中，“黄灯亮时”是指“黄灯亮的持续期间”，也就是说，驾驶员在黄灯亮的持续期间，只要车的任何部位已越过停止线，车辆可以继续通行，不属于违章。

然而公安部“相关负责人”的“黄灯亮起时”是指“黄灯亮的一刹那起”。显然，这一字之差间，前后两

个词表达的含义是迥然不同的。众所周知，黄灯设置是为了缓冲绿灯与红灯之间的瞬间变换，以免驾驶员急速刹车而导致的危险。因而这新规对司机的要求显然是严格了，因为绿灯与黄灯交替时也一定是突然变换的，也就等同于绿灯与红灯变换时的情形，这就过于苛刻了，也与黄灯设置的本意相去甚远。更严重的是，两种情形带来的是不同的法律后果，前者是自由，而后者是处罚。这显然是用增加一个“起”字来改变驾驶员权利和义务，它隐藏着的是对《道路交通安全法实施细则》第38条规定的改变，也是对人们数十年已形成的交通基本习惯的改变。因此，它不仅是与国务院的上位法相抵触，还是对人们长期形成的交通习惯的改变。

从程序上看，公安部“相关负责人”这一字之改，影响到全国多少人的权利和义务，一个具有如此广泛影响力的条款，为什么不如开立法听证会讨论一下呢？为什么不在一定范围内征求一下利益相关主体（哪怕是局部地区民众代表）的意见呢？这反映的是政府的一种处事态度和工作观念。

接下来该怎么解决这件事？公安部的黄灯就是红灯。可是公安部的黄灯亮时，我希望法治的红灯也亮起来——应该撤销这一违法的规定。我们知道，公安部如果制定这一新规则，在《立法法》里充其量属于“部门规章”，而“部门规章规定的事项应当属于执行法律或者国务院的行政法规、决定、命令的事项”（《立法法》第71条第2款），而这种执行性规则的前提是不与上位法相抵触。据此，可以认定：如果公安部制定这个“新规则”，则无疑属无效条款。根据《立法法》第88条第3款，“国务院有权改变或者撤销不适当的部门规章和地方政府规章”，应当由国务院来改变或者撤销公安部的这一规则。

虽然公安部从当前车辆交通事故多发的规律出发，希望减少交通灯前事故的数量，这是可以理解的，其愿望也是与广大民众一致的。但是,我们的政府应该牢记,从十八大开始,国家机关及其工作人员均应当用法治思维和法治方式来处理公共事务:第一,包括制定规章在内的一切行政行为都应当符合上位法。第二,涉及利益关系人的规则制定,均应当有正当程序,并应当有明文规则予以公布。任何具有良好出发点的行政行为,也需要符合法律,这是法治的要求。第三,任何制定规则的行为都应当以人为本。规则制定者出于对人的关怀,却忘记规则本身也应当有人文关怀。这三点是我们在此次公共争议事件中获得的教训和启示。

我们的社会在成长,我们的政府也应当不断成长。

无因管理、“好撒玛利亚人法”和真假雷锋

笔者把与南京彭宇案（2006～2008年）类似的案件统称为“救助与非救助”的争议案。因为，这类案件双方均围绕着“救助与非救助”的争论即“真假雷锋”之争，被告方辩称是救助，而原告方认为是侵权。近年来，多起“救助与非救助”的争议案不断发生，除南京“彭宇案”（2006～2008年）之外，还有郑州“李凯强案”（2008～2010年）、天津“许云鹤案”（2011年）等，都是围绕着“救助与非救助”而引起全社会关注，最终“救助人”被法院判败诉。这些判决震动很大，导致民众害怕好心助人反受纠缠，尽管当下社会真假雷锋鱼龙混杂，但大家都在感叹再这样下去，真“雷锋”将永远消逝。

这类案件的证据复杂性并无特殊之处，因此事实认定的难度与一般案件没有什么两样。但是此类案件具有另一种特殊的复杂性和难度，那就是它触及人们的良心的敏感部位，也就是说，这类案件如果判被告败诉的话，具有道德风险。一个有可能是好心救助他人的助人为乐的人，有可能被诬为侵权而承担败诉

的后果。从个案来看,彭宇一个人受冤枉,虽然伤害的只有一个人,而且这个人受诬告危害只有50%的可能性。但是从全社会来看,人们的良心经不起这样冰冷而简单的法律干预。

由于法律介入这类案件往往是排除道德考量的,立法上把助人为乐的热心肠的行为,一律用冰冷的法律术语“无因管理”来概括。所以法官在适用法律的时候较少考虑案件中的道德情感关系的复杂性,这是一个方面;另一方面,法律职业思维规律要求我们法律人必须排除法律以外的其他因素,只考虑证据、事实和规范。“法律不讲道德情感,只讲法律逻辑”,似乎成为法学的通说而被法律人坚持。因此,冲突由此而来。当案件判决之后,被告败诉的可能性是50%,但它的负面影响却远远超出这个比例的消极影响。

例如,2011年10月13日下午,广东佛山南海黄岐的广佛五金城里,2岁女童小悦悦在过马路时不慎被一辆面包车撞倒并两度碾压,随后肇事车辆逃逸,随后开来的另一辆车直接从已经被碾压过的女童身上再次碾了过去。监控录像表明,7分钟内在女童身边经过的18个路人,或没有看见,或视而不见,只有最后一名拾荒阿姨陈贤妹上前施以援手,才使女童得以送医院救治,但最终还是医治无效而死亡。由此引发社会舆论广泛热议。在指责这18名路人的同时,很多人把原因归咎为“彭宇案”等同类案件的判决带来的负面效果。由此足见“救助与非救助”案的判决影响有多大。我们不得不对民法上的“无因管理”以及“救助与非救助”案的判决进行反思——是不是还存在比现行法律更合理的解决方案?

巧合的是,也是在2011年的9月初,家住武汉市汉阳区知音西村的87岁周婆婆,为自己写下并随身携带的一份声明:“本人在人行道上摔倒被人施救,施救者免责”。周婆婆88岁的老伴李爹爹,在路上摔倒后无人上前帮扶,终致鼻血堵塞呼吸道而窒息死亡。老人家为了避免自己与老伴同样的命运，才出此一招。[1]

看到这条消息，笔者发现了老太太声明中包含的一条重要的规则，也是法律原理——“撒玛利亚人法”原理。近年来，随着外国法律制度的引介，我国法学界开始了解美国的“好撒玛利亚人法”(The Good Samaritan Law)。“好撒玛利亚人”(The Good Samaritan)源于《新约圣经》“路加福音”中耶稣讲的寓言：一个犹太人被强盗打劫，受了重伤，躺在路边。有祭司和利未人路过却不闻不问。唯有一个撒玛利亚人路过，不顾教派隔阂善意照应他，还自己掏钱把犹太人送进旅店。因而“好撒玛利亚人”成为基督教文化中一个著名成语和口头语，意为好心人、见义勇为者。

“好撒玛利亚人”指心地善良、乐于助人的人，即没有法定义务也没有约定义务，仅仅出于道德良心无偿对他人进行救助的人。“好撒玛利亚人法”是关于在紧急状态下，施救者因其无偿的救助行为，给被救助者造成某种损害时免除责任的法律条文。美国联邦和大多数州的法律中都有相关的法律条款，被称为“好撒玛利亚人法”，或称“无偿施救者保护法”。用我们的话来说，“好撒玛利亚人法”就相当于“活雷锋”法，用法律来免除好心救助他人所可能引起的责任。

“好撒玛利亚人法”的目的是给予医生、护士和其他急救人员(包括非专业人士)责任豁免权，使他们在医院以外为伤患施以急救时没有后顾之忧——因为确实为紧急情况下的病人施救具有风险。假如一个美国雷锋看到一老人家摔倒在地，或者在一条人烟稀少的郊外道路上有人驾车看到另一辆出车祸的车里有人需要救援，那么他很有可能会担心在救援过程中出现其他意外，要他承担法律责任。为了解除这种顾

[1] 刘凯玲、王琦：《武汉 87 岁婆婆写下并随身携带“施救免责声明”》，载《湖北日报》2011 年 9 月 9 日第 6 版。

虑，为了鼓励更多的人在该出手时出手救援，好撒玛利亚人法就为自愿提供急救的医生和普通人提供了保护——责任豁免权。当某位医生在没有急救的法律义务情形下提供了救护，在这种情况下，除非他是出于恶意或构成严重过失，否则被救护的人就不能因医疗事故告倒他。这样，医护人员或非医护人员就能坚持自己帮助他人的信仰，而又受到法律保护不被伤害。同样，没有法律上的救助义务的人，实施了救援，那他万一在救援中发生赔偿责任，也被“好撒玛利亚人法”加以豁免。

在讨论这个问题时，有朋友担心说，好撒玛利亚人法“在实际操作时如何鉴别和避免真正的侵权者假装救助人来救助?”我的回答是，法律上认可他的救助有一定坏处，但没有太大的坏处。这种“真侵权假救助”的行为是不能被支持的。正如所有的案件一样都需要通过证据来证明事实，我们的大量侵权案和刑事案件的事实，不都是这样通过证据来艰难地予以证明的吗?

当然，除了立法上的确认之外，还需要得到司法的支持，特别是法官发挥主观能动性。“好撒玛利亚人法”要求，在司法过程中，法庭的判决也努力为急救人员的救护行为提供保护。

确实，南京“彭宇案”、郑州“李凯强案”和天津“许云鹤案”，甚至还有英雄流血又流泪的案例，给善良的人们带来了心理上极大的阴影，在遇到别人需要救助的危急关头，这援助之手伸还是不伸? 面对被救助人或其家属的追究甚至讹诈，类似案件的处理着实令法官头痛，司法是无奈的，而我们的法律只规定了“无因管理”——助人为乐、好心人做好事的应急救助等都只用这冰冷的法律术语概括了。如果在救助中对被救助人有损害的，就与普通民事侵权案件一样得承担赔偿责任。现行法律根本没有把好心救助反被索赔的尴尬而棘手的情形考虑进去。因此，我们不得不把问题引向立法环节。

根据无因管理的德国式理论，此类案件的法官首先应当明确请求权存在的先后顺序。这种理论认为,从基于无因管理产生的请求权与基于侵权行为产生的请求权来看,显然应先行考虑是否存在无因管理的请求权,换言之,一旦确认无因管理请求权成立,自然可以否定侵权行为请求权的成立。为了证成无因管理,还要证明“被告确实实施了管理他人事务的行为”以及“被告具有为他人利益进行管理的意思”,非常烦琐暂且不说,其理论上虽然清晰,却在实践中难以判定。理论总是假设了一个前提——这个社会是纯粹的,当事人和民众都是有道德良心的,都是敬畏规则的。但是,欧陆人的这种假设是以规范实证主义法学为基础的,其致命弱点在于,其精密的法律方法论可以在单纯社会关系中存活,却不一定能适用于中国社会的土壤。理论归理论,而现实是复杂的,尤其是中国的现实更复杂,我们的社会公德水平多年处在滑坡阶段,好心被讹的事例时有发生。对于这一点,类似于彭宇案的法官们最清楚不过了。在这种瞬间发生的动作或者危急关头发生的行为,怎么可能百分之百地查清事实呢?怎么可能百分之百地查清一个行为属于或不属于无因管理呢?好“撒玛利亚人法”的哲学基础是法律现实主义的,也是体现美国实用主义方法论的。它规定的救助人免责权,实际上表明它宁愿放弃对个别案件中的侵权的追究,这是一种制度理性。

道德的美好我们都懂,但它缺乏权利与义务的对应,也就是说,在道德上没有对“好人”提供权利,因为道德体系中“好人”本来就是不计较权利的。但在“好撒玛利亚人法”上,其规则不同于道德律令,也不同于普通的侵权法则。它既肯定和吸收了助人为乐的道德规范,又规定了救助人的免责权,为好人的权利加以保障。这是法律比之道德的现实功利之处。

所以,有必要反思我国民法的“无因管理”,不妨借鉴“好撒玛利亚人法”的优点。我们有理由相信,如果中国引进“好撒玛利亚人法”,那么,雷锋这样的好心救助者会受到法律保护,助人为乐的好心人就不会消逝。

法律的道德引导作用是客观存在的,也是无疑的,对于有的人来说,之所以守法是因为他认为违法是不道德的,有的人认为守法是道德义务。当然对有的人来讲,是害怕被惩罚而守法。不管怎么样,法律法规的道德引导作用是显而易见的。

但目前存在的问题是,有些道德难题如何在法律法规中加以规定?有人说当下现实的道德难题,无法通过法律规定。笔者个人认为,它取决于立法技术或立法者的技艺,存在三种情形:

第一,立法实践中,有些道德规范可以直接、简单地规定到法律里面,比如,不得杀人、偷盗,不得贪污,道德规范直接成为法律规则。所以,不能简单反对"道德法律化"。当道德上升为法律时,它就成为一种对全社会的刚性要求,道德则因此而得到强化和强制实施,即将道德义务转化为法律义务。霍姆斯曾言"法律乃是我们道德生活的见证和外部沉淀。"不过需要指出的是,道德法律化绝不意味着可以用法律调整取代道德调整,由道德规范上升为法律规范的仅仅是其中的一部分。

第二,有的涉及道德难题的问题,可以通过立法技术来作出规定,比如救助他人反被讹这样的难题,可以以"好撒马利亚人法"的技术性设计来实现。比如,拾得遗失物,可以设计成"拾得者先提交给有关机构,十个月后无人领取,此物归拾得人所有"。有的道德难题只能通过法律原则的形式来规定,而交由司法者来自由裁量地适用。比如,各国民法中的"诚实信用""公序良俗"原则的规定,反垄断法中的"合理"原则的规定,就属于此类情况。

第三,有的道德规范和伦理要求无法规定到法律法规中。要避免把那些人们自觉自律的较高道德标准如含有仁慈、博爱等内容的行为准则不当地上升为他律的国家标准即法律,这样的结果只会遭到人们的抵制而难以获得普遍遵守,也容易在执法与司法环节造成道德名义下的权利专断和枉法裁判。

当下司法与民意互动的八种情形*

当下，司法与民意的关系已经成为社会中一个敏感而又重要的问题。大多数案件的审判都属于典型的正常司法活动，但某些少数案件的审判，却是非典型的，因为它轰动全国、影响全社会。这类少数案件原本是很平常的案件，但由于某种特殊因素起作用，在社会上可以迅速演变成公共话题，引起媒体和民众的热烈评判，于是个案就成为公众议论的焦点和热点，笔者把它称为“公案”。根据民意对司法有无影响及其影响大小，笔者把它们大致分为 8 种情形，笔者所使用的案例大多数是已审结的公案。

1. 民意无法从道德情感上接受法律的逻辑而干扰司法。例如，“严禁刑讯逼供”“刑讯逼供取得的证据无效”这样的证据规则和观念是被法律人广泛接受的职业逻辑。可是在“刘涌案”中，民众面对刘涌这样犯有重罪的所谓“黑老大”，一时难以理解或难以接受“刑讯逼供取得的证据无效”这种法律规则。更准确地说，并非不能接受这种法律规则，而是不能接受这

---

* 本文原载《北京日报》2013 年 6 月 8 日。

种规则首先用在一个黑社会头子身上。

2. 民意迫使司法判决体现民众的道德情感。例如,“四川泸州继承案”受民意的搅扰导致法官不采纳遗嘱、不适用《继承法》的法律规则而适用了民法的基本原则。此案的民意几乎一边倒,支持发妻的继承权,而反对二奶的继承权。这是民众的一种朴素的道德情感。法官的判决最受法律专家批评指责的地方在于在有法律规则的情况下适用了法律原则。再如“张金柱案”中汹涌的民意强烈要求法院严惩酒后驾车过失致人死亡的公安局副局长张金柱,张金柱身为公安干部,还酒后驾车,驾车还撞了人,撞了人还逃逸,勾住被害人还拖了数里地,逃逸中还拖死了人,拖死的还是个教师,这教师还是个女教师……这都是根据朴素的道德情感来评论的,于是民意一口咬定“不杀不足以平民愤”,最后导致犯交通肇事罪的张金柱最终被法院按照间接故意杀人罪判处死刑。

3. 民意不理解专业问题却仍然干预了司法的专业准确性。有的案件因法律问题的高度专业化而使民众无法深入理解。例如,“许霆案”(恶意取款原审被判无期徒刑后改判为五年)中,在自动取款机上秘密取走不属于自己的款,是否构成犯罪?构成什么罪?如果是盗窃罪的话,是否构成盗窃金融机构罪?这是一个涉及法律解释的问题,涉及刑法条文在立法上是否合理的问题。因此,如此高度专业化的问题是民众难以讨论的,即使民众有兴趣讨论,也只是在立法范畴内,而不是在司法范畴内。可是,民意对此案高潮迭起的呼声,使本案刑罚陡然从一审的无期徒刑降为二审的5年有期徒刑。

4. 强烈的民意影响了司法程序。有的案件因民意的作用导致法院不敢判决,而多采取调解方式结案,如南京的“彭宇案”。彭宇在公交车站扶起倒地的大妈并将其送到医院就诊,大妈及其家人要求彭宇赔偿。彭宇是否推倒大妈的事实难以认定,但如果法院让彭宇赔偿则民意不答应。于是法院采取调解的办法了结此案,并以涉及当事人秘密为由而不公开调解结果的内容。这么复杂的案件,甚至可以说是个“疑难案件”,大家为法官捏了把汗,但在民意对司法的影响下,以调解结案,我们还算是为法官庆幸的。

5. 民意有很强烈的压力,但司法仍然很独立地判断。强烈的民意对司法确有压力,但由于司法机关坚持独立司法原则,因此民意并不对判决结果产生影响。例如,杭州“胡斌五—七飙车案”的审理过程中,公众舆论喧嚣,但杭州西湖区法院仍然坚持不受影响,以事实为根据依现行刑法作了判决。但是,也有这样的情形,在民意强烈的压力下,司法仍然很独立地判断,却导致不够合理的判决,如被告崔英杰、宋金宁抢劫轮奸案。两被告对安顺市一名出身寒微的高中女生进行两次抢劫、两次轮奸,并以沉水和乱石捶砸两种方式残暴地杀死被害人,随后抛弃遗体于水库之中。该案的终审判决却是,崔英杰因坦白认罪态度较好而被课以死刑缓期执行。据报道,在让崔英杰免死的判决公布后,当地社会舆论和网民仍然产生了强烈的反响和抗议。

6. 民意影响了判决,导致良好的效果。例如,在另一个“崔英杰案”(街头小贩杀死城管队长不判死刑而判死缓)中,民意对以摆地摊为生的崔英杰抱有很深的同情心,并对野蛮执法的城管队长期抱有成见。因此,希望法院从轻发落不判处极刑。律师的意见反映了民意并有事实为根据,办案的法官在搜查被告人住所时发现的一份能证明其极度贫穷的财产清单,与律师的意见形成印证,最后法官采纳了律师的观点——法院认为他不是非杀不可的,所以判死缓保住了崔英杰的头。这个结果的确更符合立法精神,也更体现法律的人本精神,更人性化。因此,在一定意义上说,这个案件不仅仅是民意的胜利,也是司法的胜利。推而广之,合理的方式应当是正当程序与法律方法。可见,通过正当程序和法律方法,合理的民意是可以被吸纳的。

7. 民意促使个案中引发更深层问题的理论思考。例如,陈凯歌诉胡戈“馒头血案”的诉讼,不仅在网络虚拟世界,还在现实世界都产生反响,此公案不仅限于著作权法上讨论的是否构成侵权的问题,还涉及更多深层次的关于文化、艺术、网络与社会的法律问题的思考,季卫东教授对此作过发人深省的阐述。另外,还有像“机场女工梁丽案”。在强大的民意之下,梁丽被检察院认定为“侵占罪”,因而,其法律责任追究问题就取决于被害人是否自诉。但不管本案结局如何,不少专家认为,“检察机关的处理结果存在一定的道德风险。梁丽的行为的确暴露出其法律意识的淡薄和道德的缺失。因此,有必要对社会的认知标准进行引导,让公众清醒地认识到法律上的免予公诉并非意味着道德上的‘豁免’,否则,法律的‘温情’将演变为对不当行为的纵容,进而混淆对行为认知和道德判断的标准,造成全社会难以承受的风险”。

8. 民意通过个案促进了司法制度的完善。例如,“孙志刚案”中的民意促成了其公正办理,还推动了流浪乞讨人员管理与保障制度的完善。民意的参与,体现了法律上的监督的民主性、正当程序等价值,促进了司法的公开透明和公正性。2009 年多起抗拆迁自杀案引起普遍的民意关注和呼吁,导致北大五位教授上书国务院,敦促修改《城市房屋拆迁管理条例》,这是另一例成功改变制度的典型案例。

从世界各国实践来看,司法机关的独立审判权与媒体的新闻自由权之间,具有天然的政治角力关系。在此,我把自己关于司法与媒体关系的观点整理为以下三点:

1. 司法慎待媒体的双重理由。当司法与言论自由之间出现紧张关系时哪个优先?司法优先。理由是:第一,司法慎待媒体原则的适用应当充分考虑当事人的公平受审的权利。正是因为当事人有公正受审的权利,法院要保障这项权利才拒绝受干扰。第二,正是因为司法的思维特点容易受干扰才需要拒绝受干扰。法院应当从这两个问题来考量,来谨慎对待新闻媒体,并限制其对审判的言论监督。

2. 司法慎待媒体原则不等于法院可一概拒绝媒体报道。新闻媒体对司法的监督,不能只取决于法院的态度。法院说不行,新闻媒体就不能监督司法了吗?言论与新闻自由的宪法性权利完全受制于法院的态度,显然也是不合理的。司法独立审判并不意味着媒体不能对司法进行报道。司法审判独立于政府、团体和个人,但不应当独立于媒体,至少“司法独立审判原则”在“言论自由原则”面前没有优越性。

3. 司法慎待媒体原则中应有之义是:要宽容甚至保护无恶意的错误言论。舆论对司法进行批评或评论时,难免出现非恶意的过激言词,所以司法机关应当对此抱着宽容的态度。“恰恰是在发生‘无恶意’的言论失实的时候,才更需要法律的保护,也是法律保护的价值所在”。无恶意的言论在失实的时候更加需要法律保护,这一基本判断是基于对言论自由意义的认识——言论自由不仅施惠于我们,而且还是一个正义的政治社会基本的和构造上的特征。在这样的政治社会中,政府将它的成年公民看成是富有责任心的道德主体。

法治思维的“器”与治国理政的“道”

一、法律人的“小技”与大道

法律思维和法治方法，在某些行外人士看来，只不过是“雕虫小技”。记得若干年前，中央政法委机关某领导给中国法理学研究会年会的全体代表讲话，就说道：你们搞法律的人，不能只懂“小技”，应当多学点“大道”。当时与会代表惊异得面面相觑。有朋友半开玩笑说，即便民法学、刑法学、行政法学真都是“小技”，恐怕也不能把宪法学说成是“小技”。

事实上对于这些外行领导而言，法律人不懂“大道”就是指不懂维稳与和谐的“大道”，就是不懂“顾全大局”和“社会效果”的“大道”，就是不懂“三个至上”的“大道”。再说透彻点就是不懂法律与政治关系的“大道”。

倘若继续追问这些行外人士，法律人的“小技”究竟是什么呢？他们未必都能够讲得清楚。因为要讲清楚法律人的“小技”，恰恰需要长期研习和应用法律的经历。所以行外人士批评、指责、讥讽法律人时，其语言总是笼而统之的抽象模糊，其立场总是站在政治与道德的制高点，态度总是不屑一顾的傲慢的优越感。例如，当法律人主张遵循规则、依法办事的时候，他们会教训你说，“你们别这么机械好不好，太教条主义了！”或者会说“不要只考虑法律效果，还要考虑社会效果和政治效果”“法律规则也是人制定的，要为人服务”，等等。

根据这种行外逻辑，我们可以把法律人的“小技”及其被曲解的情形概括为以下方面：(1)严格规则主义，遵循规则依法办事，被曲解为“教条主义”和“因循守旧”；(2)注重规则解释的精细方法，被曲解为“咬文嚼字”或“斤斤计较”；(3)程序优先的思维方式，被曲解为“形式主义”和“不尽人情”；(4)职业自治的理念，被曲解为法律人“脱离群众”或“自我封闭”的所谓“精英意识”。

颇为蹊跷的是，一些法治发达国家和地区的情况则有所不同，行外人士或民众虽然也批评指责法律人，但通常是批评法律人的“专业集体利益”，又或是“让当事人觉得花大钱委托律师是值得的”，又或是“法律人繁复的文体是为掩饰论点的瑕疵或不足”。[1] 这可能是法治发达社会的“富贵病”。中国法律职业目前还没有发展到一定的成熟程度，所以这种被批评指责的“富贵病”还没有出现在中国。我们的现状不是法律人过于职业化；而是还不够职业化；所以更迫切地需要强调职业化，而不是强调大众化和平民化。但话也说回来，如果真有那么一天出现这种“专业集体利益”情况的话，也就说明法律职业共同体已经成熟了，中国法治秩序已经建构成型了。因为在那样的时候，为政者已无力干扰法律人的专业活动，更无力要求法律人按照他的意志行事。

法律人“小技”的产生，首先与法学这门学科特点有关。因为法学是一种职业知识体系，是为培养造就法律职业而形成的专门知识系统，它只生存在特定的职业场景中，所以这种环境容易与大众隔离。法律

[1] 苏永钦：《司法改革的再改革》，元照出版有限公司1998年版，第145～146页。

世界里的人相对封闭，有一套自己的逻辑，而且使用自己的语言，容易引起交流上的隔阂。同时，法学追求务实，尊重规范，紧扣条文；与经济学等学科相比，法学研究的是固定的规则、制度、原理，所以不可能有太多的创新性；法学与人文艺术学科相比，极少讲境界，这是一门世俗的学科。这些特点直接导致了“法律职业病”的产生。此外，法律“小技”的产生还与法学职业特点、伦理特点有关。

二、法律思维方法的“器”源于职业技术特征

法学的本相正是法律职业知识体系，它为职业法律人提供基本功训练。所以科班法律人在接受法科训练的时候，就开始放弃他对社会与人生的许多常规的思维模式，因为法律人不需要普通大众所具有的那种“自然理性”。法律人须多事训练以掌握法律思维方法中的最具专业化程度的“器”。

其中，法律语言和概念的专业化是不可避免的。“由于社会生活中使用的自然语言具有多样与多义的特性，使需要高度精确的法律概念也多从假借而逐渐趋于脱离自然语言，和医学、物理学一样发展出一套一般人不大熟悉的专业语言，毋宁是非常自然的事。而且这种趋向会随着法律概念体系化程度越高而越加强”。要使法律语言和判决书的论述“达到白居易说的老妪都能理解的境界，恐怕也只会落得心余力绌”[1]。

从规范法学的向度来理解，法学就是一种职业知识体系与职业能力教程，它所具有的实践意义[2]在于：第一，规范分析能为法律适用提

〔1〕 苏永钦：《司法改革的再改革》，元照出版有限公司1998年版，第139页。

〔2〕 英国法学家梅因曾著文评价奥斯汀的规范法学，他虽然以批评为主，但也看到规范法学的优点：第一，对于语言分析的贡献，梅因说，“赋予法学理论严格而一贯的术语”；第二，使思考明确；第三，梅因认为奥斯汀的规范法学的方法是根据严密的科学手续来建设法学体系。H. Maine Lectures on the Early History of Institutions（London 1975），转引自林文雄：《法实证主义》（第5版），元照出版有限公司2003年版。

供科学严谨的概念体系与专业语言。规范法学之所以最接近司法实践,是因为它能够为实践提供一系列科学分析的专业语言。专业语言是同业对话的基础和前提。规范分析中的确定的专业语言和词汇对于法律适用具有重要意义。第二,规范分析是法律适用的方法之一。法律适用中的解释方法、推理方法大都属于规范法学的方法。第三,代表了法律适用的某种规范科学的思维方式,可据此改变普通人基于生活逻辑而形成的思维定势。因此,拉伦茨认为法教义学(即规范法学)“提供给法律实务界许多裁判的基准,它们常常被引用”[1],规范法学“不止对司法裁判提供助力,其最重要的任务之一是发现一些现行法迄今尚未解决的法律问题,借此促成司法裁判或立法的改变”。在立法准备工作上,拉伦茨认为规范法学有三方面的任务:第一,将待决之务当作法律问题清楚地显现出来,并指出因此将产生的牵连情事;第二,它必须与其他学科,特别是经验性的法社会学合作,研拟出一些能配合现行法的解决建议,供作立法者选择的方案;第三,它必须在起草技术上提供协助。[2]

麦考密克与魏因贝格尔的《制度法论》中有一篇是《论分析法学》,其中论述了规范分析法学对于法律适用的价值。麦考密克说:“我们需要法律的技术人员,能干和有想像力的技术人员。但是,要成为这样一个技术人员,其任务就是要仔细研究技术……这种技术的第一个必要的条件就是简单明确的法律知识。第二个条件是对法律知识是什么样的知识和法律事实是什么样的事实有一种熟悉情况的了解。第三个条件是对我们从这种知识得出的论证的逻辑有一种训练有素的洞察力。第四个条件是了解前两个条件的社会学方面和经济学方面。第五个条

[1] [德]拉伦茨:《法学方法论》,陈爱娥译,商务印书馆2003年中译版,第112页。

[2] 同上书,第124页。

件是以规范道德和政治哲学为基础对其他一切进行批判性思考的能力”。[1] 其中的技术人员就是职业法律人,其中的技术就是规范分析方法,也就是我前面所谓的法学“基本功”。由此可见,法律人的“器”或“小技”不仅是重要的,而且是法律人的基本功。

三、在治国理政意义上倚重法律思维方法

为什么西方国家那么多的国家领导人和部长出身于法律专业?为什么法律人的治理是值得期待的?为什么说法治即“法律人之治”?这些问题被我们关注并热议了十数年,最近的十八大和“两会”又出现了国家领导人的法学学位的热门话题,有网友评论称“清华大学法学博士、北京大学法学学士、西南政法大学和华东政法大学法学硕士,联袂出任国家主席、国务院总理、最高人民法院院长、最高人民检察院检察长”。该如何解读这个现象?这个现象令法律界和法学界感到兴奋不已,与其说是对这些法律人个人的欣慰和振奋,不如说是对法治充满期待。我想,尽管国家领导人的安排有许多因素在起作用,但至少可以从客观上给社会一个信号,党和国家确实在越来越重视法律,决心要走法治化道路。任何国家,当它意识到启用法律人治国的时候,一定是明白了一个道理——法律思维或法治方式,具有治国的独特优势。

十八大明确提出,要求领导干部提高运用法治思维和法治方式来深化改革、推动发展、化解矛盾、维护稳定的能力。它解决了一个重要问题——为法律思维和法律方法的正当性正名了。换言之,法律思维和法律方法不再是“小技”了。因此,还回答了另一个问题——法治作为一种工作思维和工作方式,仅仅是职业法律人专有的吗?国内对这

---

〔1〕[英]麦考密克、[奥]魏因贝格尔:《制度法论》,中国政法大学出版社1994年版,第131页。

个问题以前有过模糊认识，认为只有律师、法官、检察官是拥有专业的法律思维和法律的工作方式的人，但这次的提法把法治思维和法治方式从专业的法律人扩展到了领导干部，拓宽了它的主体范围。

从理论上看，法治不只是职业法律人的业务，还是国家机关工作人员，特别是领导干部的业务和任务。在考核领导干部素质和政绩的时候，法治工作能力、水平和效果，就成为名正言顺的指标。从前面十多年的实践来看，各级领导干部既可以成为法治的阻力，也可以成为法治的动力。领导干部如果有法治思维和法治方式，许多纠纷和矛盾就在行政阶段得以解决，司法机关的办案压力会得到缓解；领导干部如果有法治思维和法治方式，那么司法机关就可以依法独立办案；领导干部如果有法治思维和法治方式，那么法治国家与法治社会这两个格局就能够得以建立。

我国普法工作对象从公民转向干部已有多年，但是没有及时发现和总结其中的一个规律——对干部的普法内容仅限于法律知识，而没有从干部法律思维和方式上进行普及。这是对干部普法的关键内容。我们要通过普及法律思维和法律方法，来向公务员普及法律中的真正的“大道”，从更广泛意义上倚重法律思维方法。

四、通过“小计”彰显治国理政的“大道”

法律人的“器”或“小计”中藏着各种“大道”，包括依法治理、正当程序、民主平等、规则至上、尊重人权、以理服人等。

在法治发展到今天的背景下，有必要把法律“小技”普及公务员，尤其是领导干部，这是法治政府建设的应有之义，而我们却十分缺乏这方面的意识。如果在公务员中只强调学习法律法规是不够的，关键是要强调公务员尤其是领导干部的法律思维和法律方法的掌握程度，只有这样才能提高领导干部深化改革、推动发展、化解矛盾、维护稳定的能力,提高政府的依法执政能力。唯有通过“小计”方可彰显“大道”。

第一,注重术语思维和方法,即运用法言法语进行观察、思考和判断,是治国理政的能力和素养。所有的社会问题,不论它们来自民间还是官方,不论具体还是抽象,一概可以运用法言法语把它转化为法律问题进行分析。甚至连政治问题,也可以被转化为法律问题,尽量“使之转化为明确的权利义务关系”来处理。[1] 托克维尔说美国几乎所有的政治问题都迟早要变成法律问题。所有的党派在它们的日常活动中都要借助于法律语言。[2]

第二,注重程序思维和方法,即坚持正当程序优先的思考模式,有助于改善治国理政的日常工作方法。程序思维注重对立面的设置以及两造竞争,从而促进理性选择,排斥决策的任意性,形成稳妥的结论。法官习惯于在两造对簿公堂的状态下听取不同意见,取得“兼听则明”的效果,因此,有必要把听证程序引入行政决策和行政决定程序。而这种“兼听则明”的效果是指从对立的意见当中找到最佳解决方案,通过程序中的解释与论证使之成为具有规范效力的共识或决定,程序思维的方法正是实现“协商民主”的一种优良有效的工作方法。

第三,注重规则思维和方法,即坚持规则至上,尊重和遵循既定规则,有助于提高治国理政的的行政和执政能力。强调规则思维就是要改变“目标性思维”“结果性思维”“实质性思维”,不以政绩、GDP、领导指示为判准,一切事务的处理,都应当寻找法律依据,而不能只看政策文件或部门规章和地方规章。公务员要懂得法律渊源的效力位阶和选择,要懂得规则冲突的处理方法,要懂得法律保留原理。此外还要懂得

---

〔1〕 季卫东:《法律职业的定位》,载《中国社会科学》1994 年总第 86 期。

〔2〕 [法]托克维尔:《论美国的民主》(上卷),董良果译,商务印书馆 1997 年版,第 310 页。

“透过解释来理解”，把握“解释”的技术，要懂得法无明文规定下的权利推定和权力禁止，要懂得法律规范的各种解释方法的选择和运用，甚至要懂得法律漏洞填补的基本方法。

第四，注重权利思维和方法，即尊重和保障人权，善于从公民权利的角度来思考问题。法律思维方法中一个重要的规律是当进入程序之后，便优先考虑“请求权”之基础。法官进入办案程序后，通常首先关注这个问题，其具体方法是围绕权利（有时可能是权利请求）及其法律依据来理清法律关系，从而给待决事项作出一个基本判断。而政府公务员如果能够掌握这样的思维方法和工作方法，则不仅能够突出重点、抓住要害、提高效率，更重要的是树立了权利意识（人权意识）。

第五，注重逻辑思维和方法，坚持以理服人，有助于政府拟定规章制度及公务员在行政中提高说理的能力。法律人强调推理的逻辑性主要是基于这样的必要：对法律决定的结论要求合乎理性地推出，应当对决定理由进行说明和论证，从而使当事者和全社会看到这个结论是出自理性的，即具有了说服力。公务员在行政过程中加强以理服人，是依法行政的要求，也是以人为本的体现。

法治，要求以法律思维和方法来处理和解决问题。如果说法治是“法律人之治”，那么其实质是让掌握法律思维方法的人来治理国家与社会。法律思维与法律方法不应当只是法官、检察官和律师的职业技能，还应当是公务员尤其是领导干部的执政和行政能力。唯有如此，才能把法治推进到行政领域和执政领域，从而全面实现国家与社会的法治。

图书在版编目(CIP)数据

法治需求及其动力 / 孙笑侠著. —北京:法律出版社,2016.10
ISBN 978 - 7 - 5118 - 9140 - 2

Ⅰ.①法… Ⅱ.①孙… Ⅲ.①社会主义法制—建设—研究—中国 Ⅳ.①D920.0

中国版本图书馆 CIP 数据核字(2016)第 026876 号

法治需求及其动力 | 孙笑侠 著 | 责任编辑 易明群 黄倩倩 装帧设计 汪奇峰

开本 A5
印张 11.625　**字数** 285 千
版本 2016 年 10 月第 1 版
印次 2016 年 10 月第 1 次印刷
出版 法律出版社
编辑统筹 学术·对外出版分社
总发行 中国法律图书有限公司
经销 新华书店
责任校对 杨锦华
责任印制 陶 松
印刷 固安华明印业有限公司

法律出版社/北京市丰台区莲花池西里 7 号(100073)
电子邮件/info@ lawpress. com. cn
销售热线/010 - 63939792/9779
网址/www. lawpress. com. cn
咨询电话/010 - 63939796

中国法律图书有限公司/北京市丰台区莲花池西里 7 号(100073)
全国各地中法图分、子公司电话:
第一法律书店/010 - 63939781/9782
西安分公司/029 - 85388843
重庆公司/023 - 65382816/2908
上海公司/021 - 62071010/1636
北京分公司/010 - 62534456
深圳公司/0755 - 83072995

书号:ISBN 978 - 7 - 5118 - 9140 - 2
定价:45.00 元
(如有缺页或倒装,中国法律图书有限公司负责退换)